그리스는 교열 중

Greek to Me: Adventures of the Comma Queen

Copyright ⓒ 2019 by Mary Norris

Korean translation copyright ⓒ 2019 by Maumsanchaek

Korean edition is published
by arrangement with W. W. Norton & Co.
through Duran Kim Agency, Seoul.

이 책의 한국어판 저작권은 듀란킴 에이전시를 통해
W. W. Norton & Co.와 독점 계약한 마음산책에 있습니다.
저작권법에 의해 한국 내에서 보호를 받는 저작물이므로
무단 전재와 무단 복제를 금합니다.

▪ 이 도서의 국립중앙도서관 출판예정도서목록(CIP)은
서지정보유통지원시스템 홈페이지(http://seoji.nl.go.kr)와
국가자료공동목록시스템(http://www.nl.go.kr/kolisnet)에서 이용하실 수 있습니다.
(CIP제어번호: CIP2019019909)

그리스는 교열 중

〈뉴요커〉 교열자 콤마퀸의 모험

메리 노리스

김영준 옮김

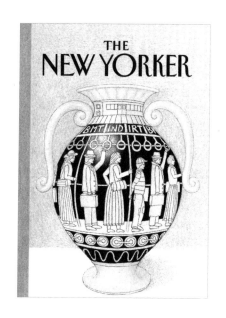

마음산책

그리스는 교열 중
〈뉴요커〉 교열자 콤마퀸의 모험

1판 1쇄 인쇄 2019년 5월 25일
1판 1쇄 발행 2019년 5월 30일

지은이 | 메리 노리스
옮긴이 | 김영준
펴낸이 | 정은숙
펴낸곳 | 마음산책

편집 | 최해경 · 최지연 · 이복규   디자인 | 이혜진 · 최정윤
마케팅 | 권혁준 · 김종민   경영지원 | 박지혜

등록 | 2000년 7월 28일(제13-653호)
주소 | (우 04043) 서울시 마포구 잔다리로 3안길 20
전화 | 대표 362-1452 편집 362-1451   팩스 | 362-1455
홈페이지 | http://www.maumsan.com
블로그 | maumsanchaek.blog.me
트위터 | http://twitter.com/maumsanchaek
페이스북 | http://www.facebook.com/maumsanchaek
전자우편 | maum@maumsan.com

ISBN 978-89-6090-581-8 03300

* 책값은 뒤표지에 있습니다.

인생의 겉면은 많이 변할지라도
그 내면은 거의 변하지 않으며,
우리가 통달할 수 없는 교재는
인간의 경험이라는 사실을 항상 유념하자.
— 이디스 해밀턴, 『고대 그리스인의 생각과 힘』

언어를 학습하면 다른 문화를 향한 창문이 생긴다.

저 밖에 더 큰 세상이 있으며

사물을 보고 듣고 말하는

다양한 방식이 있다는 것을 알게 된다.

그리스 알파벳

대문자	소문자	읽기	로마자 표기
Α	α	알파	A
Β	β	베타	B
Γ	γ	감마	G
Δ	δ	델타	D
Ε	ε	엡실론	E
Ζ	ζ	제타	Z
Η	η	에타	E
Θ	θ	세타	Th
Ι	ι	요타	I
Κ	κ	카파	K
Λ	λ	람다	L
Μ	μ	뮤	M
Ν	ν	뉴	N
Ξ	ξ	크시	X
Ο	ο	오미크론	O
Π	π	파이	P
Ρ	ϱ	로	R
Σ	σ, ς	시그마	S
Τ	τ	타우	T
Υ	υ	입실론	U
Φ	φ	피	Ph, F
Χ	χ	키	Ch
Ψ	ψ	프시	Ps
Ω	ω	오메가	O

일러두기

1. 이 책은 『Greek to Me: Adventures of the Comma Queen』(W. W. Norton, 2019)을 우리말로 옮긴 것이다.

2. 외국 인명·지명·독음 등은 외래어표기법을 따르되 관용적인 표기와 동떨어진 경우 절충하여 실용적 표기를 따랐다.

3. 옮긴이 주는 글줄 상단에 맞추어 작게 표기했다.

4. 원문에서 대문자, 이탤릭체 등으로 강조한 곳은 굵은 글씨로 표시했다.

5. 국내에 소개된 작품은 되도록 기존에 번역된 제목을 따랐고 그 밖에는 선택적으로 원문을 바로 싣거나 우리말로 옮긴 뒤 원어를 병기했다.

6. 신문, 잡지, 공연, 강의, 노래 등의 제목은 〈 〉로, 단편과 기사 제목은 「 」로, 장편과 책 제목은 『 』로 묶었다.

바라는 말

오, 내 안의 뮤즈여, 상상력을 자극하고 유쾌한 감각을 선사하고 유한한 생명을 확장하는 그리스의 모든 것을, 호메로스 시대 이전부터 3000년 이상 지속해온 것들을, 예전엔 낡았지만 지금은 새로운―그래, 영원한―것들을 찬양하라. 내가 너무 많은 것을 바라는 게 아니라면, 뮤즈여, 부디.

왜 내가 외국어에 소질이 있다는 생각을 갖게 되었는지 나도 모르겠다. 나는 고등학생 때 쿠야호가오하이오 북동쪽의 강 강변이 아닌 소르본에서 공부하고 싶어 했지만 프랑스어엔 흥미를 느끼지 못하는 학생이었다. 내가 초등학교 5학년쯤 되었을 때 우리 아버지는 나로 하여금 라틴어를 배우지 못하게 하셨다. 수녀들이 주말 라틴어 수업을 위해 학생들을 선별했는데, 난 무척 참여하고 싶었지만 아빠는 단호하게 반대했다. 우리 아버지는 실용적인 남자였다. 소방서에서 근무했고―하루 일하고 이틀 쉬면서―집에서 갖가지 일을 해냈다. 지붕 공사, 배관 수리, 목공, 마루판 깔기. 그는 일자리가 부족했던 대공황을 겪으며 자랐고 그래서 안정을 제일 우선시했다.

내가 라틴어를 배우려고 아빠의 허락을 구했을 때, 아빠는 현장에서 장화를 신은 소방대원이 그러하듯 그 불씨를 짓밟아 꺼버렸다. 아빠는 여성 교육에 반대했을까? 그렇다. 혹시 내가 수녀들에게 매료되어서, 결혼해서 근처에 정착해 살지 않고 수녀원에 들어갈까 봐 걱정했을까? 아마도. 존 밀턴의 아버지가 아들의 재능을 발견하고 일찌감치 그로 하여금 라틴어와 그리스어를 배우게 했다는 이야기를 몰랐을까? 뻔하다. 사어死語 때문에 마음의 상처를 입었을까? 그렇다! 우리 아버지는 10대 시절에 세 군데 고등학교에서 퇴학을 당했고 이후 우리 할머니는 그를 캐나다 온타리오주로 보내서 그의 삼촌과 함께 지내게 했다. 그 삼촌은 예수회 신학교 학생이었는데 최종 서약 직전에 자퇴하고—그들의 표현을 쓰자면, 담을 넘어서—온타리오로 돌아와 돼지를 길렀다. 짐 삼촌은 우리 아버지에게 몇 가지를 가르쳐줬고 나중에 우리 아버지는 그것을 저녁 식탁에서 우리에게 전했다. 이를테면 말에게 사과를 먹이는 올바른 방법(손바닥을 펴야 한다)과 시시포스 신화였다. 시시포스는 산 위로 굴려 올릴 때마다 번번이 굴러떨어지는 바윗덩이를 계속 다시 올리는 영원한 벌을 받았다. 되게 음울한 삶의 교훈 같았다. 시시포스 모양의 작은 조각상을 수상할 만한 행위는 무엇일까? 실패 후의 재시도? 끈질긴 희망? 일상적 고집? 하여튼 우리 아버지는 그 옛이야기를 징벌과 연관시켰다. 타르타로스그리스신화 속 지하 세계에서 영원한 저주를 받은 시시포스, 혹은 온타리오의 궁벽한 시골에 있는 외가의 본향으로 일시적으로 추방된 비행소년. 그래서 수녀들이 나를 주말 라틴어 수업에 초대했을 때 아빠는 "안 돼"라고 말했고, 나는 내 두뇌의 흡수력이 절정에 이르렀을 때 라틴어를 배울 첫 번째 기회를 놓쳤다.

나는 대학교에서 프랑스어를 한 해 동안 더 배우고 나서 포기했다. 3학년 때에는 언어학 강의를 들으며 라틴어를 향한 불타는 열망을 느꼈다. 나는 곧 졸업을 앞두고 있어서 그 후의 진로를 결정해야 했고, 4년간의 교양 교육에 엉뚱한 재미가 있다고 생각하던 터였다. 그것은 현실에서, 그리고 리처드 닉슨제37대 미국 대통령과 베트남전쟁에서 자유로운 합법적 도피이자 경력과 책임의 유예였다. 나는 라틴어를, 오히려 비실용적이라서 매력이 있는 그 죽은언어를 공부하기로 마음먹었다. 진짜 얼간이가 되는 기쁨을 누려보리라. 하지만 나를 가르치던 언어학과 휘트니 볼턴 교수가 만류했다. 그는 라틴어가 나에게 영어에 관해서만 가르쳐 줄 것이라고 말했다. 나는 그게 뭐가 잘못된 것이냐고 물을 생각이 들지 않았다. 기억하자. 많은 언어학자들은 우리가 언어를 습득할 능력을 충분히 타고난다고 믿는다. 난 영어를 알기 위해 라틴어를 배울 필요는 없었다. 내가 좋아했던—둥그스름한 까까머리라서 영화 〈겨울의 라이언〉에서 사자왕 리처드로 나오는 앤터니 홉킨스를 연상시켰던—볼턴 교수는 내가 여행을 가면 써먹을 수 있는 활어活語를 공부하는 편이 낫겠다고 내게 말했다. 내게 여행 욕심이 있다는 것을 그가 어떻게 알았을까? 라틴어는 바티칸에서만 쓰였다. 그래서 나는 여행 생각에 몸이 근질거려 1년간 독일어를 배웠다. 이후 난 여행을 많이 했지만 독일에 간 적은 없었다. 옥토버페스트매년 가을 독일 뮌헨에서 열리는 맥주 축제에 갔으면 내 혀가 막 돌아갔을 텐데. 아무튼 독일어는 영어에 관해 참으로 내게 많은 것을 가르쳐줬다.

죽은언어에 대한 나의 관심은 휴면 상태에 들어가 기원후 1982년경에 다시 활기를 띠었다. 내가 〈뉴요커〉에서 약 4년 동안 일해오면서 교열 작업을 위해 〈뉴요커〉 스타일의 비법을 열심히 익히던 시기였다. 나는 입사 후 취합부로 올라와서 모든 직원이 하는 일을 보면서 다양한 편집 경향과 기술을 알게 됐다. 이미 오래전에 워드프로세서로 대체된 취합 작업은 〈뉴요커〉의 편집 과정에서 간肝과 같은 역할을 했다. 담당 편집자와 저자, 편집장(당시 윌리엄 숀William Shawn), 엘리너 굴드Eleanor Gould(〈뉴요커〉의 유명한 문법학자), 교정자, 팩트체커, 명예훼손 소송 전문 변호사의 손을 거친 교정지가 도착하면 우리 취합자들은 편집자가 수용한 수정 사항들을 인쇄 전에 새 교정지에 옮겨 적으면서 불순물을 걸러 냈고, 그렇게 취합된 교정지를 팩스(당시의 기술)로 인쇄소에 보냈다. 하룻밤 사이에 교정쇄가 나왔다. 실수를 발견하여 난처한 순간을 예방하면 아주 신이 났다. 언젠가 내가 점심을 먹고 돌아오니 편집자 가드너 보츠퍼드Gardner Botsford가 내 책상에 있었다. 그는 요구 사항이 많은 저자를 피하고 있던 중이었는데 마침 그녀가 복도에서 나타나며 불렀다. "가드너?"

한번은 주말에 맨해튼 어퍼이스트사이드에 있는 극장에서 〈시간 도둑들Time Bandits〉을 봤다. 〈몬티 파이튼의 비행 서커스〉1969-1974년 방영된 BBC 코미디 드라마에서 활약했던 테리 길리엄이 감독을 맡고 존 클리스와 마이클 페일린이 출연하는 이 영화는 시간 여행을 하는 난쟁이들이 과거의 보물을 약탈하는 이야기를 다룬다. 고대 그리스가 배경인 한 장면에선 아가멤논 역을 맡은 숀 코네리가 카메오로 등장했다. 그는 황소 머리를 지닌 미노타우로스 같은 전사와 싸우고 있었다. 매우 황량하고 메말라 보이는 풍경이 갑옷을 입은 숀 코네리의 강인한 모습으로 더욱 부각되어 나는 당장 그리로 가보고 싶었다. 미노타우로스는 크레타에 있었고—그의 미로는 이라클리온 근처 크노소스에 있었고—널리 알려져 있듯 아가멤논은 펠로폰네소스반도 출신이었지만 상관없었다. 아가멤논과 그의 아우 메넬라오스는 아트레우스의 아들이었고 아트레우스는 이 반도 이름의 어원이 된 펠롭스의 아들이었다. 숀 코네리가 너무 멋있어서 나는 각본가가 왜곡한 신화를 따질 겨를이 없었다. 그리스 배경의 장면들이 실제로 모로코에서 촬영되었다는 사실도 의식하지 못했다.

이 영화를 보니까 내가 초등학생 때 지리 시간에 했던 프로젝트 수업이 떠올랐다. 난 우리 반의 익살쟁이였던 팀이라는 남자아이와 함께 그리스에 관한 보고서를 써야 했다. 우리(주로 나)는 그리스의 주요 산물을 보여주는 포스터를 만들었는데, 그렇게—풀도 없고 녹지도 없고 소보다 염소가 더 많은 그 영화 속 풍경 같은—메마른 돌투성이 땅에서 올리브와 포도가 나고 이로써 오일과 와인을 얻는다는 사실이 나는 신기하게 느껴졌다. 그토록 금욕적인 땅에서 그러한 사치품이 생긴다니 놀라웠다.

〈시간 도둑들〉을 본 다음 날, 나는 〈뉴요커〉에서 나의 상사 에드 스트링엄Ed Stringham에게 그리스에 가고 싶다고 말했다. 에드는 취합부장이었다. 그는 특이한 계획을 세우며 대단히 학구적일 뿐만 아니라 남들에게 책을 추천하는 능력이 뛰어나서 회사에서 유명했다. 그는 정오쯤에 나타나서 (항상 굳게 닫힌) 창문 옆 남루한 팔걸이의자에 앉아 담배를 피우고 테이크아웃 커피를 마시면서 사람들에게 재미난 이야기를 들려줬다. 그의 친구로서 종종 들르던 비에타는 아미티빌에 살던—그녀가 "위스턴"이라 부르던—오든Wystan H. Auden, 영국 태생의 미국 시인과 벤저민 브리튼영국 의 작곡가과도 아는 사이였다. 스코틀랜드 시인이자 보르헤스 작품 의 번역가인 앨러스테어 리드Alastair Reid도 들러서 담소를 나누곤 했다. 에드는 예사로 밤 1, 2시까지 남아 책을 읽었다. 당시 음악 을 공부하던 내 남동생은 야간에 우리 회사 영업부의 바닥을 청 소하는 일을 맡았는데 그도 에드를 찾아가 필립 글래스미국 작곡가 와 그레고리오성가에 관해 얘기하곤 했다.

내가 그리스에 가고 싶다고 말했을 때 에드는 한껏 흥분했다. 그는 벽에 걸린 유럽 지도를 보면서 그가 그리스로 처음 여행을 갔을 때 방문했던 곳들을 내게 알려줬다. 그의 변명에 따르면 그 는 이 나라를 개관하기 위해서 크루즈 여행을 택했었다. 아테네, 피레우스, 크레타, 산토리니(관광객들이 당나귀를 타고 오르는 칼데 라화산 중심부의 우묵한 지형의 안쪽 모서리에 위치한 티라Thira), 로도스, 이 스탄불. 그는 여러 번 다시 갔다. 북쪽으로 테살로니키와 메테오 라, 서쪽으로 코르푸까지 가는 도중에 이오안니나와 이구메니 차, 그리고 펠로폰네소스 아래로 튀어나온 세 반도 중 중간에 있 는, 누대에 걸쳐 종족 간의 싸움이 일었던 마니Mani반도. 그는 신 성한 산으로 여겨지는 아토스산을 가리켰다. 정통 수도승들이 거주하는 반도로서, 여성이라면 고양이조차 환영받지 못하는 곳 이었다. 곧이어 에드는 프링J. T. Pring이 저술한 얇은 문고본『현대 그리스어 기초 독본A Modern Greek Reader for Beginners』을 서가에서 뽑 았다. 그리고 허리를 굽혀 이 책의 지면에 그의 눈을 바싹 갖다 대고 번역하기 시작했다.

"읽을 수 있어요?" 난 놀라서 말했다. 다른 알파벳으로 쓰인 언어를 깨치는 사람이 있다는 생각을 나는 해본 적이 없었다.

"그럼." 그는 대답하면서 허리를 폈고, 그의 안와 속 파란 눈동자를 이리저리 움직이며 다시 초점을 맞췄다.

그리스어 문장을 해석하는 에드를 보면서 나는 헬렌 켈러가 된 듯한 기분이 들었다. 그리스어를 이해할 수 있겠구나! 셰익스피어의 『율리우스 카이사르』에서 카스카Servilius Casca는 "It was Greek to me(난 무슨 말인지 몰랐다)"라는 명언을 남겼지만 결국 그리스어는 불가해한 것이 아니었다. 그 문자들은 요해될 수 있었고 여기 증거도 있었다. 난 어린 시절부터 읽고 쓰는 법을 배우길 참 좋아했다. 문자와 소리를 서로 맞추고, 단어를 조합하고, 식당의 간판이나 콩이 든 통조림의 라벨을 보면 암호를 풀듯 판독했다. 대학교와 대학원에서 영어와 미국 문학을 꾸준히 섭렵한 이후에 나는 여전히 발음법을 음미했고 구문론의 요소에 흥미를 느꼈다. 이제 나는 아주 새로운 알파벳으로 새 출발을 할 작정이었다. 무지무지 설렜다. 다시 5학년으로 돌아온 것 같았다. 게다가 아빠도 동의했다!

❧

얼마 후 에드는 그리스의 모든 것에 관하여 내게 조언해주는 스승이 되었다. 우선 그는 현대 그리스어에 주요한 두 가지 형식이 있다고 가르쳐줬다. 민중의 언어인 민중어demotic와 카타레부사Katharevousa, 즉 19세기 초에 일부 그리스 지식인들이 현대어를 영광스러운 과거와 결부시키기 위해 고안한 순수 그리스어. 카타레부사는 1970년대까지 그리스의 공식어로서 법적 문서나 뉴스 보도에 쓰였지만 이를 입말로 사용하는 사람은 드물었다. 나는 민중 그리스어를 가르치는 수업과 현대 그리스어-영어 사전 최신판을 찾아야 했다.

물론 나는 그리스어를 몰라도 그리스를 여행할 수 있었지만 나의 첫 외국 여행으로 잉글랜드에 갔을 때의 기억이 자꾸 떠올랐다. 거기는 언어 장벽이 없을 줄 알았는데 난 이상하게 소외감을 느꼈다. 런던에 있을 때 elevator와 lift, 또는 apartment와 flat 중에 무엇을 말해야 할지 몰랐다. 난 마치 영국 단어를 사용하는 사기꾼 같았다. 게다가 발음도 문제였다. "스케줄"을 "셰줄"로 발음하려고 조심하니 너무 괴로웠다. 결론은? 난 어디를 가든 영락없는 미국인이었다. 그리스에 가면 소외감을 갑절로 느낄 것이다. 그래서 나는 뉴욕대학교 평생교육원에 등록해서 현대 그리스어를 수강했고 〈뉴요커〉에서 수강료를 대줬다. 이 잡지사는 직원이 자기 업무와 관련된 주제의 수업을 들으면 수업료를 지불해준다.

내가 제일 먼저 배운 그리스어는 ílios(태양)와 eucharistó(감사합니다)였다. 외국어를 배우면서 단어들을 기억하려고 애쓸 때면 자신의 모국어와 연관 짓기 마련인데, 그리스어 ílios가 영어에서 Helios(태양신)로 변했다는 사실을 알고서 난 신바람이 났다. 영어로 태양신을 뜻하는 것이 그리스어에선 태양을 가리키는 일상어다. 그리스어는 일상을 찬미하는 듯하다. 이와 마찬가지로 eucharistó는 빵과 포도주가 그리스도의 몸과 피가 되는 기적을 의미하는 단어 Eucharist의 어원이다. "에프카리스**토**"로 발음되는 이 단어는 그리스에서 한 시간에 몇 번씩이나 쓰인다. 영어 I thank you는 Eucharist가 발산하는, 선물을 주고받는 듯한 호혜적 의미가 없다. eu는 Eugenia(출생이 좋은) 또는 euphemism(친절하고 부드러워 듣기 좋은 어구)에서도 보이고, 그 뒤에 붙은 charis에선 charisma카리스마와 (종교 단체에서 특정한 소명이나 재능을 뜻할 때 사용하는) charism이 파생되었다. 그리스어 ευχαριστώ eucharistó는 모든 사소한 거래에서 은총과 축복을 표시하는 것 같다.

eucharistó, 감사합니다. 이와 더불어 나는 parakaló를 배웠다. 이것은 이탈리아어 prego(beg)처럼 please와 you're welcome의 의미를 겸한다. 나는 parakaló를 오순절(비둘기가 널름대는 화염같이 사도 위에 임하여 그들로 하여금 방언을 하게 만든 날)의 성령을 뜻하는 영어 단어 Paraclete와 연관 지었다. 나는 이런 연관을 뒷받침하는 어원학적 근거가 있는지 몰랐는데, parakaló의 본뜻은 '부르다' 또는 '호출하다'이고 Paraclete는 호출된 사람이다. 기억에 도움이 된다면 난 무엇이든 이용할 것이다. Παρακαλώ Parakaló! 뭐든 와라!

에드의 지도를 받으면서 나는 현대 그리스에 관한 여행 서적뿐만 아니라 호메로스와 헤로도토스 고전의 번역물도 읽었다. 에드는 책을 잔뜩 쌓아 올리며 그가 상상하던 독학자의 이미지로 나를 개조하려는 듯했다. 코르푸와 로도스, 키프로스에서 살았던 로런스 더럴Lawrence Durrell. 영국 소설가 겸 시인, 제2차 세계대전 이전에 그리스를 방문하여 그 나라의 가장 위대한 시인들과 교우했던 헨리 밀러, 혹은 영국의 전쟁 영웅이자 여행 작가로서—
『루멜리: 그리스 북부 여행기Roumeli: Travels in Northern Greece』와 펠로
폰네소스 남부의 외딴 반도에 관한『그리스의 끝 마니』를 저술
하여—많은 이들의 우상이 된 패트릭 리 퍼머Patrick Leigh Fermor. 여
기에 더해서 에드는 알렉산드리아 태생의 그리스 시인 콘스탄틴
카바피Constantine Cavafy의 귀한 시집 두 권을 내게 주었다. 발췌본
이 아닌 것을 내주며 그는 내게 말했다. "넌 나보다 더 깊이 빠져
들걸."

나는 그리스로 떠나기 전에 뉴욕대학교에서, 그다음 바너드대
학에서 1년 동안 공부했다. 에드는 공항에서 나를 배웅하며 그
의 비행 전 의식을 내게 전수했다. 일찍 도착해서 체크인하고 술
마시기. 비행을 두려워했던 그는 하늘의 신 제우스에게 술을 헌
상하면서 기원하라고 권했다. 비행기에 프로펠러가 충분히 달려
있게 해달라고.

나는 난생처음으로 그리스를 여행하면서, 주로 오하이오에 국
한되었던 나의 유년기에 대해 5주 동안 보상을 받았다. 에게해의
선상에서 우조ouzo. 그리스 전통주를 홀짝이던 나는 그 바다에 홀딱
반해 결심했다. 나보다 앞서 이 바다를 건넜던 그리스인들이 저
술한 모든 것을 읽기 위해서 고대 그리스어를 공부하겠다고.

뉴욕으로 돌아온 후 나는 컬럼비아대학교의 기초 그리스어 수
업에 등록하고 기쁜 마음으로 그 수업료 청구서를 신임 편집주
간 토니 기브스Tony Gibbs—〈뉴요커〉의 초창기 편집자들 중 한 명
이었던 울컷 기브스Wolcott Gibbs의 아들—에게 제출했다. 그런데
뜻밖에도 그는 고대 그리스어가 내 업무와 무관하다고 말하며

그것을 거부했다. 나는 일단 교열용 책상으로 갔다. 난감했다. 나는 서류를 분류하면서 〈뉴요커〉에 실린 내용 중 그리스어에서 유래한 단어의 목록을 작성하기 시작했다. P와 수학기호 π—고등학교에서 기하학을 배운 사람이라면 누구나 아는 그리스문자—에 대응하는 파이pi부터 시작해서, 그리스문자 피(φ)를 영어로 음역한 ph 대신—그리스어 수업 시간에 눈eye에 해당하는 고대 그리스어 ophthalmós를 배운 지 오래된 사람이라면—p를 써서 틀리기 쉬운 단어인 ophthalmologist안과의까지 모두 포함시켰다. 존 맥피John McPhee. 미국 논픽션 작가·저널리스트의 글 중엔 "autochthonous"가 있었는데(autos는 자신 + chthon은 대지) 이는 땅에서 자생한다는 의미이며, 연달아 있는 키(χ)와 세타(θ)가 음역되면서 까다로운 조합을 이루었다. 난 이런 게 좋았다!

　나는 나의 설득력을 강화하기 위해 편집자들의 제사장과 같았던 엘리너 굴드를 찾아가서 나의 교열 업무에서 고대 그리스어가 차지하는 비중과 그 상관성을 입증하는 편지를 써달라고 부탁했다. 엘리너는 자신이 수년간 그리스어를 공부하지 않았기 때문에 그 언어에 관한 자신의 지식이 시대에 뒤떨어져서 "무지한 실수"를 저지를 가능성이 있다고 썼다. 커튼이나 러시아 문학 등등 온갖 것에 관한 그녀의 매우 풍부한 지식을 감안하면 이건 극도의 겸어였다. 내가 이 편지를 내 친구인 편집자 존 베넷에게 보여줬더니 그는 이렇게 말했다. "벼룩 한 마리 잡는 데 대포를 쓰냐?" 딴은 맞는 말이었지만 어쨌든 난 성공했다. 토니 기브스는 결국 고대 그리스어가 상관이 있다고 수긍했다. 이리하여 나는 1980년대에 〈뉴요커〉의 후원으로 컬럼비아대학교에서 고대 그리스어를 공부했다.

∽

　이후 몇 년간 나는 현대 그리스어와 고대 그리스어를 오가며
지냈다. 여행 전에는 현대 그리스어를 주입하고 귀국하면 고대
그리스어로 돌아갔다. 나는 퀸스 지역뉴욕시 동부의 아스토리아로,
즉 그리스계 미국인들이 모여 사는 동네로 이사를 갔다. 거기서
진짜 그리스인들과 어울리며 투키디데스고대 그리스 역사가에 몰입
했다. 어느 해 여름엔 테살로니키에 있는 국제 어학원에서 현대
그리스어를 공부했는데, 펠로폰네소스전쟁 당시 소크라테스가
종군했던 포티다이아에 가려고 수업을 빼먹은 적도 있다.
　어떤 사람들은 그리스의 한 섬을 발견하고서 그곳을 여러 번
다시 찾지만 난 언제나 새로운 곳에 가고 싶어 한다. 나는 에게해
와 이오니아해, 리비아해에서 수영을 했고, 버스를 타고 레스보
스와 타소스, 이타카를 돌아다녔으며, 차를 몰고 올림피아와 칼
라마타, 스파르타에도 갔고, 터키 해안을 따라 대략 열두 섬으로
이루어진 제도를 일컫는 도데카네스(dodeka는 열둘 + nisi는 섬)에
서 이 섬 저 섬으로 옮겨 다녔다. 한 친구와 같이 산토리니와 낙
소스에 갔고, 다른 친구와 파로스를 방문했으며 다시 그녀와 안
티파로스('파로스 맞은편') 및 조그만 무인도 데스포티코에 갔다.
아주 국제적인 섬 미코노스를 나는 몇 년 동안 기피했었는데 일
단 가보니까 상업적이고 붐비는 곳인데도 왜 이곳을 사람들이
좋아하는지 알게 되었다. 로런스 더럴의 표현대로 이국적인 "입

체파" 도시였다. 하얀 블록 모양의 건물들이 바닷가 아래로 굴러 떨어지는 듯한 풍경 속에 부겐빌레아분꽃과의 덩굴식물가 흩뿌려진 듯 피어 있었다. 아폴론 신전과 델로스동맹의—나중에 아테네 제국의 연방 준비금으로 편입된—보고Treasury가 있었던 무인도 델로스에서 나는 하룻밤을 보내고 싶었지만 그러려면 현지 발굴 사업을 지휘하는 프랑스 고고학연구소의 허가를 받아야 했다. 나는 저 멀리 그리스 식민지에도 가봤다. 그중 나폴리는 그리스어 neapolis(신도시)에서 유래한 이름이고, 시칠리아 동남쪽 모퉁이에 있는 시라쿠사는 이른바 배수량의 원리로써 비중을 측정하는 방법을 발견한 순간 욕조에서 "유레카!(찾았다!)"라고 외쳤던 아르키메데스의 고향이다.

결국 나는 그리스의 모든 것에 반했다. 하기야 그리스에서 사랑스럽지 않은 것이 있으랴. 바다와 섬들, 고대 유적과 송신탑의 조합, 올리브나무를 부의 척도로 삼는 신전 감시원들, 신이나 철학자의 이름이 붙은 거리가 많으며 구글 지도로 검색이 가능한 로도스의 구시가. 그 재치 있는 사람들, 기다란 줄기가 달린 아티초크국화과의 식용식물를 파는 합죽이 농부들, 까만 옷을 입고 서로 팔짱을 낀 채 힘차게 걸으며 관광객들보다 앞서 연락선에 오르는 할멈들, 키클라데스제도에서 푸른 하늘과 바다와 강렬한 대조를 이루는 하얀 집과 교회 돔, 사악한 눈빛을 막기 위해 버스 운전사가 백미러에 걸어둔 묵주와 성상과 부적을 나는 모두 사랑한다.

나는 그리스의 풍경을 사랑한다. 그곳의 봉우리와 협곡, 올리브나무 숲과 오렌지나무, 그리고 이 땅이 태곳적부터 경작되었다는 사실까지. 나는 그곳의 동물을 사랑한다. 양과 염소, 당나귀, 타베르나그리스의 작은 식당에서 구걸하는 약은 고양이, 이리저리 떠돌다 아테네 거리에서 잠드는 개. 그 개들은 그 도시에 대해 어떤 인간보다 훨씬 더 많은 것을 알 테고, 페리클레스고대 아테네의 정치가·장군 시대 이래 그 노하우를 그들의 유전자에 저장해두면서 대대로 물려주었을 것이다. 나는 그리스인들이 그들이 가진 모든 것에서 그토록 많은 것을 짜내는 방식을 사랑한다. 올리브에서 오일, 포도에서 와인, 이것저것 넣어서 만드는—난 그게 뭔지 알지 못하고 굳이 알고 싶어 하지 않으면서 마시는—우조, 양젖과 소금으로 만드는 페타치즈, 자갈로 제작된 모자이크와 돌로 지은 신전. 그곳은 비옥한 땅은 아니지만 그들은 그곳을 국민 총생산으로 측정할 수 없는 방식으로 풍요롭게 만들어놓았다.

　나는 고대 세계를 일련의 환등기처럼 보여주는 무진장한 이야기로 점철된 그리스신화를 사랑한다. 올림포스산에 모여 사는—제우스와 헤라와 헤르메스, 아폴론과 아르테미스와 아테나, 포세이돈, 아레스와 아프로디테와 헤파이스토스, 하데스, 디오니소스, 데메테르와 페르세포네 등의—신과 여신은 모든 사람에게 무언가를 제공한다. 그리고 신화 속에 신만 있진 않다. 키클롭스 같은 괴물도 있고, 벨레로폰의 날개 달린 말 페가수스 같은 영물도 있다. 또 영웅과 희생자 들의 이야기가 지금도 우리에게 생각할 거리를 많이 준다. 오디세우스와 아킬레우스, 오이디푸스와 안티고네, 아가멤논과 엘렉트라. 이러한 이야기의 배경에는 수려한 자연경관이 있다. 날아가는 새 떼는 성공이나 실패의 징조이고, 옹기종기 모인 바위나 폭포엔 한 가족의 비극이 서려 있다.

그 위에 떠 있는 별들은 무궁무진한 이야기를 품고 빛난다. 사냥꾼 오리온, 아틀라스의 일곱 딸 플레이아데스성단, 클리타임네스트라아가멤논의 아내와 헬레네의 쌍둥이 동기로서 디오스쿠로이Dioskouroi를 이루는 카스토르와 폴리데우케스, 딱딱한 왕좌에 앉아 있는 카시오페이아와 그 맞은편에 조그만 성채를 구현한 남편 케페우스, 용자리 드라코.

그리고 나는 무엇보다 고대의 매끄러운 혀(glossa!)로 쓰인 그리스어를 사랑한다. 각종 논설부터 서사시까지. 그리스어는 까다로운 편이지만 현대 그리스어는 적어도 표음문자다. 묵음으로 처리되는 e가 없다. 몇 가지 규칙만 배우면 우리는 무엇이든 발음할 수 있다.(다만 강세의 위치가 바뀌면 평범한 부사가 돌연 쌍말로 변할 수 있기 때문에 조심해야 한다.) 지금도 라틴어를 모르는 나는 로마에 가서 비문碑文 앞에 서면 문맹이 된 기분이 들지만 피레우스에선 연락선의 승강구 위쪽 전광판에 표시되는 행선지를 알아본다. ΠΑΤΜΟΣ(파트모스), ΚΡΗΤΗ(크레타), ΣΑΝΤΟΡΙΝΗ(산토리니)…….

나는 그리스어에서 구원을 받아왔다. 한동안 그리스어에서 멀어져 있다가도 다시 돌아오면 이것은 내 안의 무언가를 소생시키고, 마치 그 모든 동사와 명사에 육감적 함의가 있는 듯 내게 에로틱한 스릴을 느끼게 한다. 최초의 문자는 점토에 새겨졌다는 생각, 그러므로 글쓰기는 땅에서 비롯됐다는 생각을 나는 즐겨 한다. 게다가 현존하는 최고最古의 문장은 신에게 호소하는 서사시이기에 글쓰기는 우리 지구인들과 영원불멸의 세계를 이어준다.

그리스 애호가가 그리스어에 관하여 쓴 글이 모든 사람을 만족시킬 수는 없다. 그리스 사람 또는 그리스어를 배우는 학생은 받음 구별 부호diacritical mark가 가득한 고대 그리스어뿐만 아니라 그리스문자를 영어로 음역하여 표기한 그리클리시Greeklish를 접하고 불쾌해질 수도 있다. 한편 고전학자들은 민중 그리스어를 미심쩍게 바라보며 악센트가 사라졌다고 의아해한다. 빅토리아 시대의 영국에서 여자들이 그리스어를 사용하다가 악센트를 빠뜨리면 그들의 말은 "숙녀용 그리스어"라고 조롱을 받았다. 1980년대 초 내가 그리스어를 배우기 시작한 직후에 언어학자들은 그리스어 특유의 악센트를 현대어에서 제거하면서 강세가 있는 음절을 나타내기 위한 양음acute accent만 남겨두었다.(필수적인 분음 기호diaeresis도 보존했다.)

　그리스어에 관한 글을 쓰는 사람은 저마다의 방식대로 쓴다. 나와 비교하면 그리스어에 조예가 훨씬 더 깊으면서도 그것을 과시하지 않는 작가들의 자제심을 나는 존경한다. 이디스 해밀턴Edith Hamilton의 글 중에 그리스어 단어가 있는가? 혹은 모두 음역되었던가? 번역가 에드먼드 킬리Edmund Keeley는 그의 저서 『천국 만들기Inventing Paradise』에서 현대의 위대한 그리스 시인들에 대해 설명하는 중에 외국어같이 생긴 단어로 독자를 멈칫하게 만드는 법이 없다. 그의 헌사에는 그런 단어도 있지만 그건 어차피 우리를 위한 글이 아니다. tzatziki차지키처럼 널리 알려진 음식 이름조차 "요구르트-마늘-오이 소스"로 적히기 마련이다.(그리스인은 tzatziki가 터키어에서 온 것이라고 지적할지 모르지만.)

그렇지만 때때로 나는 어쩔 수가 없다. 그리스어에 관한 책 속에 어찌 진짜 그리스어를 넣지 않을 수 있으랴. 여러분이 진미를 맛보도록 유혹하기 위해서 입맛을 돋우는 자잘한 맛보기가 필요하지 않을까? 여러분이 이미 알고 있는 그리스어는 여러분이 짐작히고 있는 것보다 많다. 그 대부분은 라틴어와 융합되었지만 그리스어 조각들은 수천 개의 영어 단어 속에서 발견된다.

하지만 그리스어는 불가해한 것으로 여겨지고, 그리스는 독일이 주도하는 유럽연합의 끝자락으로, 그 국민은 이탈리아의 가난한 친척처럼 취급되며, 국가 경제는 늘 위태로워 보인다. 아테네 거리의 네온사인에 갈수록 늘어나는 영어를 보면 나는 걱정스럽다. 그리스 고전은—가히 호메로스 작품 번역의 르네상스라 불릴 만큼—번성하고 있지만 현대 그리스어는 죽은언어가 되는 중인지도 모른다. 우리는 일상에서 신화 속 이름들을 사용한다. 아폴로 우주 비행 계획, 값비싼 에르메스Hermès 스카프, 되직한 올림포스 요구르트. 내가 "아테나 주차장" 간판을 본 곳은 '천사들의 도시'라는 뜻을 지닌 로스앤젤레스인데 이 지명은 그리스어가 스페인어를 거쳐서 들어온 것이다. ἄγγελος(ángelos), 천사, 메신저. 우리를 그리스어와 연결해주는 것은 그리스어에서 멀어지게 하는 것보다 더 많다. 나는 사람들이 그리스 알파벳에 겁먹지 않았으면 한다. 그리스는 우리에게 알파벳(αλφάβητο)을 **선사했다**. 약간의 상상력이라도 지닌 여행자라면 누구나 TABEPNA 타베르나라는 단어를 멀리서도 알아보고 가볼 수 있어야 한다. 저 타베르나에는 곧은 등받이가 달린 좁은 고리버들 의자(엉덩이가 큰 미국인에겐 좀 불편하지만 그래도 감수하자)와 우조, 물과 얼음뿐만 아니라—물개 먹이로 좋을 듯한 쪼그만 생선을 튀긴 요리나 주사위 모양과 크기로 썰린 페타치즈 같은—요깃거리가 있을 거라는 확신을 가질 수 있어야 한다. 참, 식탁 밑에서 구걸하는 고양이도 있겠다.

에드 스트링엄이 마치 여행사 직원처럼 에게해의 항로를 표시하고 정통 수도승과 그리스 뱃사람과 구운 양고기 파티에 관한 흥미진진한 얘기를 들려주면서 나를 신세계로 안내했듯이, 나 또한 평생 학생이자 열성적인 여행자로서 그리스와 그리스어에 대해 경험한 것을 밝히면서 이 횃불을 전하고 싶다. 나는 때때로 온 세상이 그리스어처럼 낯설게 느껴지는 마법에 걸린다. 이 책이 여러분에게 그런 마법을 걸면 좋겠다. 그리스인들의 말대로, Πάμε, 갑시다!

사물이 가장 아름다운 때는 우리가 그것을
마지막으로 보고 있다고 생각하는 순간이다.

알파부터 오메가

몇 해 전 나는 그리스에서 잊지 못할 시간을 보내고 귀국하는 도중에 프랑크푸르트공항에서 버지니아 울프의 『보통의 독자』 한 권을 샀다. 그녀의 에세이 「그리스어를 알지 못하는 것에 대하여」가 포함된 것이었다. 당시 내 수중에는 얇은 문고본 하나와 커다란 맥주 한 잔을 살 만한 유로 현금이 있었다. 그렇지 않았으면 맥주를 택했을 것이다. 난 목이 말랐고 거기는 독일이었으며 우리 집엔 이미 『보통의 독자』 한 권이 있었다. 하지만 나는 버지니아 울프의 작품은 무엇이든 공항에서 읽기에 안성맞춤이라고 생각했다.

「그리스어를 알지 못하는 것에 대하여」는—우리 아버지가 나로 하여금 라틴어를 공부하지 못하게 하셨듯이—울프의 아버지가 그녀의 그리스어 공부를 금지했다는 이야기일 듯싶었다. 나는 상상했다. 어린 버지니아 스티븐(버지니아 울프의 본명)이 자기 방 안에서 부루퉁한 얼굴로 불가해한 알파벳을 계속 떠올리는 동안 그녀의 아버지와 오라버니는 아래층 도서관에서 플라톤과 아리스토텔레스에 탐닉하고 있는 모습을.

그때껏 나는 '그리스어를 알지 못하는 것에 대하여'라는 제목만 보았으니 그럴 만도 했다. 사실 버지니아 울프는 그리스어를 잘 알았다. 이 에세이는 그리스어에 대한 찬가다. 그녀의 아버지 레슬리 스티븐Leslie Stephen은 편집자 겸 비평가였고, 버지니아는 열다섯 살 때쯤 고대 그리스어를 집에서 재미 삼아 공부하기 시작했다. 그녀의 오빠 토비가 케임브리지대학교에서 공부하는 동안 그녀는 킹스칼리지(의 여성부Ladies' Department)에 다녔다. 그녀는 학자는 아니었지만 수년간 재닛 케이스 양에게 개인교수를 받은 적이 있다. 케이스 양은 케임브리지대학교의 학생으로서, 1885년에 아이스킬로스고대 그리스비극 작가의 〈에우메니데스〉가 상연될 때 그녀 일생일대의 연기로 기억되는 아테나 역을 맡았었다. 케이스 양과 스티븐 양(당시의 울프)은 아이스킬로스의 작품을 함께 읽었다. 1925년에 울프가 그 에세이를 출간했을 때 "그리스어를 알지 못하는 것에 대하여"라는 말은 우리가 고어의 발음을 모르기 때문에 극작가의 의도를 온전히 알 수 없다는 뜻이었다. "우리는 그리스어 문장의 총체적 효과를 영어처럼 파악할 수 있다고 기대할 수 없다"라고 그녀는 썼다. 『아가멤논』을 예로 들면 트로이에서 전리품으로 미케네로 끌려온, 신뢰를 얻지 못하는 숙명을 지닌 예언자 카산드라의 첫 대사는 번역될 수 없고 이해되지도 않는다. ὀτοτοτοῖ는 사실 단어도 아니다. 절망에 빠진 이교도 공주가 외치는 소리를 나타내는 불분명한 음절들에 불과하다. 울프가 "발가벗은 부르짖음"이라고 부른 이것은 아마 격동적인 울음을 표현하는 의성어이리라. 합창단과 클리타임네스트라는 모두 카산드라의 탄성을 새소리에 비유한다. 이를 영어로 번역하자면 그리스문자를 음역하거나("Otototoi") "Ah me!(어쩌나!)"

내지 "Alas!(아아!)"로 옮기는 방법이 그나마 최선이다. 울프는 "그리스어의 번역문을 읽는 것은 (…) 쓸데없다"라고 적었다. 버지니아 울프가 그리스어를 몰랐다는 말은 벌이 꽃가루를 모른다는 말과 같다. 그녀에 비하면 나는 알파벳문자가 적힌 나무 블록들을 사과나 바나나와 함께 가지고 노는 어린애였다. Ὀτοτοτοῖ!

다행히 나는 블록을 좋아하고 알파벳을 사랑한다. 나는 두툼한 나뭇조각으로 제작된 영어 알파벳 퍼즐을 대학원 시절에 얻었다. 원래 이것을 어린아이에게 주려고 했는데 여태껏 가지고 있다. 나는 부드러운 천에 아마유아마의 씨에서 짜낸 기름를 묻혀서 그 문자들을 곧잘 닦는다. 그리스문자들이 아동용 알파벳책의 형태로 실린 것도 가지고 있다. 엘레니 게룰라누Eleni Geroulanou가 선보인 것인데 나는 이것을 아테네에서, 그리스의 최상급 박물관인 베나키박물관에서 구입했다. 이 박물관은 뛰어난 안목과 풍부한 재력을 지닌 한 개인의 수집품들을 소장하고 있다는 점에서 뉴욕의 모건라이브러리나 필라델피아의 반스파운데이션 또는 보스턴의 이사벨라스튜어트가드너박물관Isabella Stewart Gardner Museum과 유사하다. 베나키박물관에서 그런 인물은 알렉산드리아 출신의 그리스인 안토니스 베나키스Antonis Benakis인데 그는 1931년에 그의 재산과 저택을 국가에 기증했다. 그 알파벳책의 도판은 사과와 바나나와 고양이가 아닌, 베나키박물관의 소장품들로 구성되어 있다. 알파는 αεροπλάνο(비행기), 베타는 βιβλίο(책), 감마는 γοργόνα(고르곤그리스신화 속 세 자매 괴물). 나는 이것도 언젠가 아이에게 주려고 했는데 이게 내 손을 떠나지 않는다.

언어를 사랑하는 사람은 누구나 알파벳을 사랑한다. 아이들은 알파벳과 자연스럽게 친해지는데, 알파비츠Alpha-Bits 시리얼이나 알파벳 수프 같은 문자 모양의 먹거리가 한몫한다. 혹시 어린 학생 시절에 학교 칠판 위쪽에 알파벳문자들이 가로로 기다랗게 배치되었던 것을 기억하는가? 혹은 대문자들이 각자의 '자식'과 짝을 지어 벽을 따라서 천장에 대롱대롱 매달려 있기도 했다. 난 그들을 엄마와 아기라고 생각했다. 큰 B와 작은 b는 기꺼이 같은 곳으로 향했지만 작은 d는 큰 D를 거슬렀다. defiant반항적. 내가 어렸을 때부터 알던 단어다. 우리 엄마가 내 얘기를 할 때 "얘는 반항적인 아이야"라고 자주 말했기 때문에.

알파벳의 문자를 뜻하는 단어 letter는 알파벳문자들로 이루어진 편지를 뜻할 뿐만 아니라(a letter home 또는 a letter from a friend), 궁극적으로 알파벳문자들로 구성된 literature문학의 어원이기도 하다. to be lettered는 글을 읽고 쓸 수 있다는 말이고, to have letters after your name은 고등교육을 받았다는 말이다. 아이들은 알파벳을 순서대로 또 역순으로 노래하는 법을 배운다. 알파벳은 인류의 가장 위대한 발명품이고 심지어 신성을 지닌다. 우리는 알파벳으로써 단어를 적으며 과거나 미래와 소통한다. 우리는 뭔가를 기억하고 싶을 때 "적어놔"라고 말한다. 적어놓고 붙들어 두려고.

이와 다른 형식으로 적어서 소통하는 사례도 있다. 이집트인들의 상형문자, 미노아인들고대 크레타 주민이 저장한 식량에 대한 정보를 기록할 때 사용한 선문자A Linear A, 아메리카 원주민의 그림문자, 트위터와 문자메시지에 쓰이는 이모지와 이모티콘. 하지만 알파벳만큼 성공적인 문자 체계는 없었다. 영어의 매직넘

버에 해당하는 스물여섯 개의 문자는 어린이들이 배우기에 적잖은 개수이지만 그들이 극복할 수 없을 정도는 아니며(노래로 만들어 부르면 더욱 아니며), 이 문자들의 조합으로 생기는 유의미한 단위는 무궁하다. 우리는 알파벳으로써 말을 길게 할 수도 짧게 할 수도 있다. 예를 들면 유전학자는 데옥시리보핵산이라는 용어를 만들고 나서 이것을 단 세 문자로 압축하는데 그 효과는 동일하다. DNA.

알파벳은 화학 같다. 원소주기율표와 비슷하다. 큰 것들을 상징하는 작은 것들이 알려진 모든 물질을 대표할 뿐만 아니라 새로운 것을 합성하는 데에도 사용되기 때문이다. 우리는 주기율표의 기원을 안다. 1869년에 러시아 화학자 드미트리 멘델레예프가 발표한 것이다. 그런데 알파벳은 어디서 왔을까?

영어 알파벳은 그리스 알파벳에서 왔고 그리스 알파벳은 (우리가 아는 한) 적어도 기원전 11세기 이후에 쓰였던 페니키아 알파벳에서 왔다. 무역으로 유명했던 페니키아인들은 그들이 지중해를 통해 실어 나르는 상품을 기록할 시스템이 필요했다. 헤로도토스의 기록에 따르면 그들의 알파벳은 페니키아 왕자 카드모스에 의해 그리스로 수입되었다. 카드모스는 테베^{고대 이집트의 수도}의 전설적인 시조였고, 이 도시를 세운 전사들은 카드모스가 아테나의 명에 따라 지상에 용의 이빨을 뿌리자 들고일어났다. 초기의 알파벳 명문銘文을 상고해보면 그리스 알파벳은 기원전 8세기까지 거슬러 올라간다. 아이스킬로스는 다르게 이야기했다. 그는 알파벳이 프로메테우스 덕분에 생겼다고 했다. 그렇다면 글도 불처럼 신의 선물이었다. 문자는 성스러웠다. 설령 도자기 파편에 새겨진 문자들이라도, 잘 배열되지 못해 어떤 이름이나 조리 있는 생각을 나타내지 못할지라도 제우스 신전에 봉헌될 수 있었다.

알파벳은 신화의 소재에 불과한 것이 아니다. 신화가 있었기에 알파벳이 생겼을 것이다. 호메로스의 작품 속엔 가장 이른 시기의 서구 신화가 가장 많이 저장되어 있다. 호메로스의 서사시 『일리아스』와 『오디세이아』는 구전으로 전해지기 시작했고, 그리스 알파벳이 발전했던 기원전 8세기경에 문자로 기록된 이후에도 계속 구전되었다. 배리 파월Barry B. Powell이라는 학자는 알파벳이 특별히 호메로스의 시를 기록하려는 목적으로 고안되었을 개연성을 언급하며 논쟁의 여지를 남긴다. 파월은 "『일리아스』는 알파벳을 이용한 글로 기록된 최초의 문학작품이었다"라고 단언한다. 그것은 누군가 영감을 얻어서 고안한 신기술이었다. 호메로스의 작품은 "세계 최고最古의 알파벳 문서"라고 파월은 말한다. 파월의 주장이 옳든 그르든 고전학자들은 『일리아스』와 『오디세이아』를 고대 그리스 세계의 바이블로 본다. 그리스인들은 호메로스의 작품을 통해서 신들에 대한 관념을 얻었고 이이야기로써 전쟁과 평화, 사랑과 죽음 같은 윤리적 문제를 다루는 방법을 사람들에게 가르쳤다. 그리스 알파벳의 발명은 크나큰 각성이었다.

그리스인들이 개작한 페니키아 알파벳은 본래 스물두 자로 구성되어 있었고 모두 자음자였다. 당신이 스크래블낱말 맞추기 게임에서 자음자만 일곱 개 뽑았다고 상상해보라. 그럼 당신의 내면에서 페니키아인의 기질을 발휘하든지 아니면 손을 털고 포기해야 할 것이다. 그리스인들의 혁신은, 즉 그리스 알파벳을 그렇게 융통성 있는 표현 수단으로 만든 비결은 추가된 모음자들이었다. 스크래블 게임에서 모음자만 여러 개 갖는 상황 역시 이상적이지 않지만 모두 자음자인 경우보다는 가능성이 더 많다. 모음은 진정한 알파벳의 생명이요, 생기다. 이로써 한 문자 또는 문자들의 조합으로 그 언어의 모든 음가를 나타낼 수 있다.

그리스인들은 처음에 모음자를 네 개만 추가했다. 그중 하나가 첫머리의 알파(A)다. 알파는 페니키아 알파벳의 첫 자 알레프aleph에서 유래했다. 알레프의 소리는 사실상 음성이 아니었다. 숨의 방향을 살짝 바꾸면서 끙끙대는 소리 같은데 언어학자들은 이를 성문폐쇄음glottal stop이라 한다. 이것은 uh-oh어오에서 꺾이는 부분에 해당한다. 『아메리칸 헤리티지 칼리지 사전American Heritage Collegiate Dictionary』은 문자 A의 뜻풀이에 앞서 이 문자가 페니키아어에서 진화한 과정을 가계도처럼 보여준다. 알파는 황소를 상징하는 그림에서 진화하여 독립된 소리를 갖게 되었다. 원래 이것은 우리가 쓰는 K와 닮은 모양이었다. 한 직선에서 두 선이 쇠뿔처럼 뻗은 모양. 그리스인들이 페니키아 알파벳을 '개작했다'라는 말은 그들이 그것을 어질러서 우리가 그 원형을 알아보기 어렵게 되었다는 뜻이다. 그들은 알레프를 뒤집어 좌우를 바꾸고(K의 거울상), 수직선을 중앙으로 이동시킨 후, 뿔을 포함한 글자 전체를 왼쪽으로 90도 돌렸다. 봐라, 얼추 A다. 이러한 변화가 모두 스마트폰 카메라의 도움 없이 이뤄졌다.

플리니우스Pliny the Elder. 고대 로마의 학자의 기록에 의하면 트로이 전쟁의 영웅 팔라메데스는 페니키아 알파벳을 보완하는 문자들을 고안하여 그리스어에 적합한 알파벳을 만든 인물로 회자되곤 했다. 알레프 외에 페니키아의 다른 목구멍소리들도 그리스인이 사용하는 몇 가지 모음자의 이름이 되었다. 그리스어 모음자 중 에타eta는 우리의 H처럼 생겼고 긴 e 소리(ee)를 갖는다. 이에 반해 엡실론epsilon은 짧은 e 소리다. 눈동자처럼 동그랗게 생겼던 아인ayin은 '작은 O'라는 뜻을 지닌 오미크론omicron이 되었다.

나중에 그리스인들은 입실론upsilon을 추가했다. 이것은 원래 u 소리(oo)를 가졌을 테지만 e 소리(ee)로 변했다. 맨 끝의 문자 오메가(Ω)는 직역하면 '큰 O'인데, 케오스 태생의 서정 시인 시모니데스가 발명한 몇 가지 문자 중 하나로 알려져 있다. 오메가는 기원전 6세기 무렵에 확립되었고, 기원전 403-402년에 에우클레이데스그리스 철학자의 주장에 귀를 기울인 아테네 시민들은 투표를 통해 오래된 아티카식 알파벳을 이오니아식으로 교체하면서 오메가를 공인했다.

새로운 자음자들은 알파벳 끝부분에 추가됐다. 애초 그리스 알파벳은 숫자 체계를 겸했기 때문이다. 알파 = 1, 베타 = 2, 감마 = 3 등등. 나머지는 각자 시도해보길 바란다. 전통적으로 『일리아스』와 『오디세이아』 연작의 순서를 매길 때 쓰인 것은 숫자가 아니라 문자였다. 이 두 서사시는 각각 그리스 알파벳의 문자 개수와 같은 권수로 구성되어 있다. 24. 즉, 알파벳으로 텍스트의 구조가 결정됐고, 이런 기저의 구조는 알파벳에 경의를 표하는 듯 보인다.

각 알파벳의 문자들은 그냥 아무렇게나 떠다니지 않고 확립된 순서대로 줄지어 있다. 이러한 순서가 있기에 우리가 문자들을 배우기가 더 쉽다. 세실 애덤스라는 가공인물이 연재한 「스트레이트도프The Straight Dope」라는 신문 칼럼에 적힌 대로, 중요한 것은 "알파벳이 따르는 순서가 아니라 그 자체가 순서를 따른다는 사실이다". 초등학교 1학년 반의 아이들이 문자들을 제각각 다른 순서로 배운다고 상상해보라. 혼란에 빠질 것이다.

알파벳의 순서는 매우 안정적이다. 페니키아 알파벳의 첫 두 자 알레프 베트aleph bet는 면면히 이어져 그리스의 αλφάβητο알파비토, 로마의 alphabetum알파베툼, 그리고 영어의 알파벳이라는 명칭으로 변천했다. 이처럼 한 세트나 체계의 일부분만으로 그 전체를 일컫는 또 다른 단어를 생각해보니 딱 하나가 떠오른다. 솔페주solfège, 음악적 음절 체계. 이는 솔sol과 파fa만으로써 단어 대신 음을 읽는 체계를 의미한다. 알파벳 순서의 원리에 관한 이론은 몇 가지가 있는데 주로 문자의 형태나 소리에 주목한다.

그리스 알파벳은 첫밧부터 모음과 자음 관계의 중요성을 나타낸다. 알파 베타. 아래에 그리스어와 영어의 알파벳을 각각 나열하면서, 작은 구슬들을 실로 꿰면서 중간중간에 큰 구슬을 넣듯이 모음자만 강조해봤다.

$$\mathbf{A}\,\mathrm{B}\,\Gamma\,\mathbf{\Delta}\,\mathbf{E}\,\mathrm{Z}\,\mathbf{H}\,\Theta\,\mathbf{I}\,\mathrm{K}\,\Lambda\,\mathrm{M}\,\mathrm{N}\,\Xi\,\mathbf{O}\,\Pi\,\mathrm{P}\,\Sigma\,\mathrm{T}\,\mathbf{Y}\,\Phi\,\mathrm{X}\,\Psi\,\mathbf{\Omega}$$

$$\mathbf{A}\,\mathrm{B}\,\mathrm{C}\,\mathbf{D}\,\mathbf{E}\,\mathrm{F}\,\mathrm{G}\,\mathrm{H}\,\mathbf{I}\,\mathrm{J}\,\mathrm{K}\,\mathrm{L}\,\mathrm{M}\,\mathrm{N}\,\mathbf{O}\,\mathrm{P}\,\mathrm{Q}\,\mathrm{R}\,\mathrm{S}\,\mathrm{T}\,\mathbf{U}\,\mathrm{V}\,\mathrm{W}\,\mathrm{X}\,(\mathbf{Y})\,\mathrm{Z}$$

알파벳은 모음자와 자음자의 조합 덕분에 아주 신축적이다.
추가된 자음자들은 페니키아인은 내지 않았지만 그리스인은 냈던 소리들을 표시하며 입실론(Υ) 뒤에 놓였다. 무역의 도구였던 페니키아 알파벳을 이어받은 그리스 알파벳은 지중해 서쪽으로 번졌다. 이 알파벳을 도입한 모든 언어는 이것을 각자의 필요에 따라 개작했다. 일찍이 에트루리아인들이 그리스 알파벳을 들여갔다. 그들은 우리의 W처럼 발음되었던 그리스문자를 전용하여 F를 더했다. 이후 로마인들은 에트루리아 알파벳을 개작하면서 그들에게 필요 없는 몇 가지 문자를 버렸다. 하지만 기원전 1세기에 로마인들은 그리스어 단어를 쓰기 시작했고, 그래서 Y와 Z를 되살려 이 '새로운' 문자들을 끝에 추가했다.

앵글로·색슨족은 기원후 7세기경 기독교로 개종할 때 고대 영어를 표기하기 위해서 로마자를 사용하기 시작했다. 이전까지 그들은 룬문자고대 게르만 문자를 썼다. 러시아인들의 문자언어는 비잔틴 수도승이자 선교사 형제인 키릴로스와 메소디우스가 슬라브족의 말소리를 표시하는 문자들을 추가하며 그리스 알파벳을 개작해서(혹은 러시아인들의 말대로 "완성해서") 생겼다고 알려져 있다. 고로 키릴 알파벳이라 불린다.

이와 같이 본래의 페니키아어 알레프 베트는 (때때로 한 사람에 의해서) 상업적 목적을 초월하는 문자 체계로 변형되었다. 기억을 보존하고 역사를 기록하고 예술을 실현하는 도구가 되었다. 뮤즈의, 뮤즈를 위한 선물이다.

∾

그리스 알파벳의 문자들을 익힐 때 각 문자를 캐릭터character로 생각하면 도움이 된다. 캐릭터는 언어를 기록하기 위한 기호다.

예전에 우리가 트위터에 올리는 글은 구두점과 띄어쓰기를 모두 포함해서 140글자characters 이내로 제한되었다.(이렇게 제한되는 글자 수는 나중에 280자로 두 배 늘었는데 난 이게 실익이 있는 결정인지 모르겠다.) 이 단어는 고대 그리스어 charásso에서 왔고 '고랑을 깊이 파다, 새기다'라는 뜻이다. 돌에 새긴 기호가 뚜렷한 성격이 부여된 인물캐릭터로 도약했으니 이는 한 단어가 은유로 번진 좋은 예다.

알파벳문자에 속하는 글자가 독특한 추상적 특징이나 성질을 가질 수 있을까? 이런 연관성은 학교에서 등급을 매길 때 사용하는 문자들에서 잘 보인다. A는 우수하고 B는 A에 미치지 못하고 (B급 목록, B급 영화) C는 보통, D는 실망스럽고 F는 낙제, 수치스러운 표시다. 그렇지만 A는 또 간통adultery이고 너새니얼 호손이 헤스터 프린소설『주홍 글씨』의 주인공에게 낙인으로 찍었던 주홍 글씨다. 슈퍼맨은 커다란 빨간 S가 있다. 블라디미르 나보코프는 자서전『말하라, 기억이여』(뮤즈의 어머니에게 호소하는 제목)에서 알파벳문자와 색깔을 연관시키는 데 몇 단락을 할애한다. 그의 "청색 그룹"은 "강철 같은 x와 뇌운 z, 허클베리 h"를 포함한다. 그는 이어서 말한다. "소리와 형태 사이에 미묘한 상호작용이 있기 때문에 내가 보기에 q는 k보다 더 갈색을 띠고 s는 옅은 파란색 c와 달리 하늘빛과 진줏빛이 묘하게 어우러져 있다. (…) 무지개를 의미하는 단어를 (…) 나의 사적 언어로 옮기면 발음이 거의 불가능한 kzspygv다." 그렇다면 나보코프는 환각을 일으키며 무지개 색깔(red orange yellow green blue indigo violet)을 영어 두문자 Roy G. Biv로 기억하는 방법에 유념했을 듯싶다.

그리스문자들은 고유한 신비감이 있다. 기하학 수업에서 접한 파이(π)를 제외하면 나는 대학생이 될 때까지 그리스 글자를 볼 일이 없었기 때문에 대학 동호회 건물 정면에 걸린 기호들을 보고 어리둥절했다. 거대한 X(키), 쇠스랑 Ψ(프시), 불가침성 Φ(피). 동호회 회원이 아니면 이 글자들이 상징하는 은밀한 표어의 내막을 아무도 알 수 없었다. 만일 사람들이 이런 그리스문자만 접하기 십상이라면 우리는 그리스문자들을 이해하기 위해서 그리스인들의 삶을 관찰할 필요가 있겠다.

미국에서 최초의 그리스 동호회는 1776년 윌리엄앤드메리칼리지에서 존 히스John Heath라는 학생에 의해 설립됐다. 그는 라틴어 이름이 붙은 연구회에 들어가려다 거절당한 듯한데, 이후 스스로 연구회를 만들고 여기에 보란 듯이 그리스어로 이름을 붙였다. 그리스어는 라틴어보다 더 젠체하는 느낌이 있다. 그래서 그가 지은 이름은 피 베타 카파. 회원은 공부를 열심히 하고 성적도 좋은 당당한 학생들이었다. 피 베타 카파(ΦBK)는 Philosophia Biou Kybernetes의 약자로서 "the love of wisdom is the guide of life(지혜에 대한 사랑은 인생의 길잡이)"라는 뜻이다. Philo + sophia는 지혜에 대한 사랑이고, Kybernetes에선 ('조종하다'를 뜻하는 라틴어 guberno 떠올리면) 언뜻 govern이 감지되며, Biou는 biology생물 탐구와 biography인생 기록에서 보이는 bio(life)의 소유격이다. 이제 앞의 영역문에 있는 교접동사 "is"가 이해된다.

남학생 또는 여학생 동호회의 회원들은 그들의 비밀 서약을 매우 중시한다. 영어를 전공하는 우등생들이 모여서 만든 시그마 타우 델타(ΣTΔ)는 나의 설득으로 그 표어(Sincerity, Truth, Design)를 내게 공개한 유일한 그리스 동호회다. 이렇게 공개하면 그 회원들이 이미 쓰이던 영어 약자 STD성병와 함께 연상되는 것을 방지할 수 있으리라.

허구적인 델타 타우 키(ΔTX)는 피 베타 카파와 거의 반대되는 동호회다. 그 회원들은 행동이 거칠어서 '동물'로 알려져 있고 이로 말미암아 그들의 하숙집을 가리키는 별칭과 영화가 생겼다. 〈애니멀 하우스의 악동들Animal House〉.대학 내의 소동을 다룬 1978년작 코미디 영화로 점잖은 오메가 동아리와 천방지축 델타 동아리가 등장한다. 만약 우리가 저 문자들의 이면에 숨은 표어가 무엇인지 알았다면 (Drink to Excess과음일까?) 이 영화 속 등장인물들characters을 그리스 글자들characters과 연관 지었을 것이다.

나는 알파벳에 관한 책을 몇 권—그리스 알파벳에 관한 책 한 권과 영어 알파벳에 관한 책 두 권—가지고 있는데, 이런 책은 나 같은 알파벳 애호가가 읽어도 'D는 델타'쯤에 이르면 지루해진다. 우리는 알파벳이 어떻게 끝나는지 알고 있으니까 그 내용이 너무 빤하고, 절반에도 못 미치는 K와 L 정도에 이르면 숨이 차다. 그러니 훌쩍 건너뛰어서 끝부분으로, 즉 페니키아인들에게 없었던 소리를 표기하기 위해서 그리스인들이 자음자 세 개를 추가한 부분으로 가보자. 그중 피phi는 f처럼 발음되지만 고대 그리스어에서 흔히 ph로 음역된다. 마케도니아의 군주이자 알렉산더대왕의 아버지 필리포스는 그리스어로 Philippos였다. 말들(hippos)을 사랑하는 사람(philos). hippopotamus하마는 '강에 사는 말'이다.

추가된 또 다른 글자 프시psi는 내가 아주 좋아하는 문자라 할 수 있다. 이것은 psyche^{정신}에서 파생한 모든 영어 단어의 첫머리에서 보인다. psychology^{심리학}, psychotherapy^{정신요법}, psychiatry^{정신의학}, psychoanalyst^{정신분석학자}, psychosomatic^{심신의}, psychopath^{정신장애자}, psychopharmacopeia^{정신 약전藥典}는 모두 아프로디테의 아들인 에로스의 연인 프시케^{Psyche}에서 유래했다. 프시는 바다의 신 포세이돈의 표상인 삼지창처럼 생겼고, 물고기를 뜻하는 현대 그리스어 단어의 첫 자다. ψάρι(psári).

세 번째는 키^{chi}인데 이것은 X 모양으로 생겼지만 chaos^{카오스}가 예시하듯 대개 거센소리 ch로 음역된다. 이것은 그리스 알파벳 중에서 협잡꾼이다. 결코 영어 X와 같은 것이 아니다. 영어 X에 해당하는 그리스문자는 전혀 다르게 생긴 크시^{xi}(Ξ)다. 영어 사용자들은 ch가 있는—melancholy^{우울}, chalcedony^{옥수玉髓}, chiropodist^{발 치료사}, chimera^{키메라} 같은—단어들을 발음할 때 어려움을 자주 겪는다. 왜냐하면 ch는 church, chicken, cheese 같은 일상적인 영어 단어에서 나는 소리도 겸하기 때문이다.(영어 알파벳이 불완전하다는 말도 일리가 있다.) 공평하게 말하면, 그리스인은 영어의 ch를 발음하지 못한다. 그래서 예전에 〈새터데이 나이트 라이브^{Saturday Night Live}〉에서 존 벨루시는 그리스 식당을 배경으로 한 유명한 촌극에서 항상 이렇게 외쳤다. "찌즈버거, 찌즈버거, 찌즈버거."

일부 번역가들은 로마 전통을 건너뛰어 키를 kh로 써서 그리스 풍미를 더 내고 싶어 한다. 우리는 로마식 철자 Achilles^{아킬레우스}에 익숙해져 있지만 『일리아스』와 『오디세이아』의 몇몇 번역판에는 이 이름이 Akhilleus로 적혀 있다. 현대 그리스어에서 자음

키 소리는 k와 h에 걸쳐 있어서, 히브리어 단어인 Chanukah하누카 (유대교 축제)와 Chasidic하시딕(유대교도의 신앙부흥 운동)의 ch 발음과 유사하다. 어떤 사람들은 이 소리를 발음할 chutzpah후츠파(배짱)가 없어서 옆 사람에게 challah할라(유대인들이 축일에 먹는 빵)를 집어 달라고 부탁하지 못한다. 키는 다시 히브리어의 Hanukkah, Hasidic처럼 ch 대신 h로 음역될 때도 있다. 그러니까 X 모양을 닮은 이 키는 영어로 세 가지 형태를 취한다. ch, kh, h. 그런데 이러한 음역 과정을 거꾸로 하면, 예컨대 그리스인이 Athens Hilton에서 Hilton의 철자를 쓰고 싶을 때면 Chilton으로 쓰기 일쑤다. 미국인은 이것을 보고 웃을 테고—이러면 회사 방침에 어긋나지만—그 웃음소리를 그리스어로 표기하면 키가 쓰인다. χα-χα하하.

X같이 보이는 이 글자는 양쪽 언어에서 알파벳 외의 기능으로도 쓰인다. 그리스와 로마의 문학이 보존되어 후세에 전해진 역사를 추적한 레이놀즈Leighton Durham Reynolds와 윌슨Nigel Guy Wilson의 저서 『서기와 학자Scribes and Scholars』에 의하면 알렉산드리아 도서관의 학자들은 문서에서 흥미로운 지점을 표시하기 위해 여백에다 키 문자를 쓰기도 했다. 요즘도—책을 더럽히길 원치 않는—보수적인 독자는 나중에 다시 찾고 싶은 행의 옆 여백에 연필로 X 자국을 남긴다.

호메로스, 아이스킬로스, 소포클레스, 에우리피데스, 아리스토파네스, 헤로도토스, 아리스토텔레스를 포함한 그리스인들의 많은 작품이 살아남아 현재 상태로 우리에게 전해진 것은 모두 알렉산드리아도서관에서 부지런히 일했던 사서들의 덕분이다. 그들은 프톨레마이오스 필라델포스고대 이집트 왕가 통치하던 기원전

280년경부터 정전canon을 확립했다. 만약 고대의 사서들이 없었다면 우리는 이런 문헌의 보고를 갖지 못했을 것이다. 『옥스퍼드 고전문학 안내서Oxford Companion to Classical Literature』에 의하면 비잔티움의 아리스토파네스는 기원전 200년경에 수석 사서로서 발음 구별 부호들을 발명했거나 정식화했다고 알려져 있는데, 이 부호들은 고전을 배우는 학생들에게 꽤나 골칫거리다. 사서들은 목록을 작성하고 분류 작업을 거쳐 출처를 밝히면서 권위 있는 서적들을 출간했다. 아이스킬로스의 『오레스테이아』가 단 하나의 해진 원고를 통해서 간신히 살아남았다고 생각해보라. 이 장대한 3부작의 첫 희곡 『아가멤논』은 여러 단편斷編을 종합하는 작업을 거쳐야 했다. 사서들은 텍스트를 원형대로 보존하려고 노력하면서 문학을 존중하는 전통을 장려했다. 고전 주석자scholiast로 알려진 그들은 최초의 학자이자 편집자, 문학비평가에 속했다. 그들이 남긴 주석은 오늘날에도 연구의 대상인데 그 분량어 원작을 웃도는 경우가 많다.

내가 〈뉴요커〉 취합부에서 서기처럼 일(겉보기와 영 딴판으로 모험이 따르는 아주 어려운 일)을 하던 시절에, 윌리엄 숀은 종종 교정지 여백에 X 자를 쓰고 이 둘레에 동그라미표를 함으로써 그가 다음 교정쇄로 넘기려는 질의가 있다는 것을 우리에게 알렸다. 중요한 질의라 할지라도 이것을 다루기엔 그가 가진 정보가 불충분한 시점이었다. 우리 서기들은 이런 부분에 파란색 동그라미표를 남기고 해당 페이지를 옆으로 빼놓은 후 이것을 그다음 날의 교정쇄에 옮겼고, 그러면 숀 씨는 이를 보고 그가 저자에게 물어볼 것을 상기했다. 혹 취합자가 질의 사항을 교정지에 직접

기입하거나 편집자가 저자의 의도를 파악하지 못한 채 교정하려 든다면 글을 왜곡할 위험이 있었다.

X는 원시의, 어쩌면 토착적인 부호인 듯하다. 모든 보물 지도에서 X는 으레 목적지를 표시한다. 두 선이 교차하며 일정한 점을 만든다. X는 또한 문맹의―카우보이가 끝내 욱하며 양동이를 건어차기 전에 힘들게 긁어 남기는―전통적 서명이라서 정확하고 일반적이다. 누구나 X로 서명할 수 있다. X는 가장 유용한 기호일 것이다. 페니키아인들은 이것 없이 어떻게 살았을까? X는 문맹자들을 평등하게 만든다.

$$\sim$$

지금 여러분이 그리스어를 읽기 어렵다고 생각한다면 그리스 인들이 처음으로 문자를 쓰기 시작하던 시절의 글을 살펴보길 바란다. 그때는 대문자만 있었다. 소문자는 글을 쓰는 속도를 높이고 양피지를 절약하기 위해서 중세에 고안되었다. 나는 소문자를 lowercase라고 부르고 싶지 않다. 이 용어는 대문자에 해당하는 uppercase와 마찬가지로 가동 활자movable type의 산물이라서 시대착오적이기 때문이다. 식자공은 활자를 서랍이나 상자case 속에 정리해뒀는데 대문자는 위쪽 상자에 담아놓고 소문자가 필요하면 그 아래 상자에서 꺼내 썼다. 고로 lowercase다. uppercase와 lowercase 문자를 라틴어에서 유래한 용어로 바꾸면 각각 majuscule과 minuscule이 된다.(major와 minor.)

그리스인들은 각 단어를 띄어 쓰지 않아서 독자는한단어가어디서끝나고다음단어가어디서시작하는지일아내야했다. 처음에 그들은 페니키아인들처럼 글을 오른편에서 왼편으로 썼지만(히브리어는 여전히 오른편에서 왼편으로 쓰이지만), 이후 방향을 바꾸어 왼편에서 오른편으로 썼다. 아마도 그래서—알레프가 알파(A)로 변하기 전에 K에서 뒤집어진 K 모양을 거쳤듯이—몇몇 문자가 뒤집어지는 현상이 나타났을 것이다. 한동안 그들은 두 방향으로 글을 썼다. 일단 왼편에서 오른편으로 글을 쓰다가 여백이 모자라면 반대로 오른편에서 왼편으로 쓰고, 그러다 다시 왼편에서 오른편으로 쓰기도 했다. 이런 글쓰기 방식을 boustrophedon이라 한다. bous(소) + strophe(돌다). '소가 도는 듯이', 즉 소가 쟁기를 끌고 오락가락하며 밭을 가는 듯이. 글쓰기와 토양의 깊은 관계를 암시하는 비유다.

띄어쓰기는 여전히 논란이 된다. 요즘은 보통 타이핑할 때 마침표 뒤에 한 칸만 띄우면 충분하다는 생각이 당연시되지만, 차라리 자신의 엄지손가락을 절단할지언정 두 칸을 띄울 권리를 포기하지 않으려는 사람들도 있다. 교열자는 작가의 타이핑 습관을 보고 그의 나이를 추정할 수 있다. 마침표 뒤에 두 칸을 띄우는 사람들은 1960년대 말이나 1970년대 초 혹은 그 이전에 대학에 다녔고, 자신의 부모님에게 선물로 받은 휴대용 타자기를 사용했다. 〈뉴요커〉도 활판인쇄hot type를 하던 시절에는 마침표 뒤에 두 칸을 띄웠는데, 기원후 1994년경 워드프로세서가 도입될 때 편집부원들이 제일 먼저 배운 것은 "마침표 뒤에 한 칸 띄우기"였다. 두 칸씩 띄운 글도 나름대로 장점이 있다. 가외의 빈 칸을 제거하는 사람들에게 일자리를 제공하니까.

21세기에 들어서 복고적으로 보이는 다른 경향도 눈에 띈다. 예를 들면 오디오북은 구전 전통으로 회귀하는 것이고, 토크쇼나 인터뷰, 라디오방송에 이용되는 팟캐스트는 문자 기록을 완전히 배제한다. 코덱스codex(앞뒤 표지 사이에 책장들을 제본하여 넘기며 읽는 책)는 권자본scroll. 두루마리 책자을 크게 개선한 것이었지만 지금 온라인 출편 시대에 우리는 다시 스크롤질을 하기 때문에 도중에 이전 내용을 참조하기가 불편해졌다. 그리고 신이나 천재의 발명품 같은 모음자는—공간을 너무 많이 차지한다는 생각 때문인지 모르겠으나—요즘 장난스럽게 생략된다. 혹자는 (인쇄물이 아닌) 온라인에 "srsly seriously"라고 쓰면서 (은근히) 익살을 부리거나, 공식적인 Yours 대신 특이한 "yrs"로 글을 끝맺는다.(그래도 감히 "sncrly yrs"라고 적는 사람은 없다. sincerely에 모음자가 없으면 진정이 느껴지지 않으니까.) "GRK"라는 식당 체인점 상호는 마치 공항의 약칭 같은데 이를 Gork식물인간, 천치를 가리키는 속어나 Grak역겹고 추한 것을 가리키는 속어으로 오인할 사람은 없을 것이다. 사람들은 으레 그곳에서 그릭샐러드(GRK sld)를 먹을 수 있다고 생각한다. 뉴욕에 있는 한 교회 건물은 라임라이트라는 나이트클럽으로, 이후 쇼핑몰로 또 체육관으로 바뀌었는데 이 건물의 외부 간판엔 "MNSTR"이라는 문자가 걸려 있다. 이것을 바라보는 사람은 monster괴물와 minister목사 중 하나를 떠올릴 뿐이고 이 건물 안에 무엇이 있는지 더 이상 알 길이 없다. 페니키아인들 중에 어느 누가 그들의 알파벳이 훗날 이렇게 홍보용 수단으로 유행하리라는 것을 알았으랴.

본래 띄어쓰기는 구두법의 부정적 형식이요, 큰 진전이었다.

텍스트에서 독자를 돕는 확실한 부호는 매우 적었다. 올려 찍은 점 한두 개만으로 연극 속 화자의 전환을 나타내었고, 그래서 일례로 〈프로메테우스〉 속의 한 대사는 이오Io와 합창단 중 어느 쪽에 속하는지 불분명해서 지금도 논란을 빚는다. 비잔티움의 아리스토파네스는 발화 중의 휴지를 표시하기 위해 점을 찍었다고 알려져 있다. 키스 휴스턴Keith Houston이 구두점의 역사를 다룬 그의 저서 『수상한 글자들Shady Characters』에서 상술했듯, 그 점이 행의 중간 높이에 있으면 짧은 휴지(콤마), 행의 하단에 있으면 더 긴 휴지(콜론), 상단에 있으면 종지(마침표)를 의미했다. 마침표를 뜻하는 현대 그리스어 teleía는 '끝마치다, 완결하다, 완성하다'라는 동사와 관련이 있다. 콤마는 '잘린 것', 단편segment을 뜻하는 그리스어 komma에서 왔다. 콤마의 형태는 인쇄업자들이 그리스 고전을 새로이 호화판으로 제작했던 르네상스 시대에 비로소 확정됐다. 콤마는 혼동을 방지하기 위해 창안되었다. 구두점은 언제나 독자의 편의를 위한 것이었다. 고대 그리스어는—철자를 비트는 어형변화를 통하여—단어들 속에 힌트를 담았기에 때때로 구두점이 불필요했다. 그렇지만 문장 끝에 마침표를 찍었던들 큰 하자가 생겼을까?

❧

이따금 나는 〈뉴요커〉에서 그리스어를 공부하는 중에 내 사전과 알파벳을 제대로 분간하지 않아서, 그리스어-영어 어휘집 『리들 앤드 스콧Liddell and Scott's Greek-English Lexicon』을 찾아봐야 하는 경우에 『웹스터 사전』을 펼친다. 그러다 끝부분에서 오메가 대신 Z를 보고 깜짝 놀란다. 이게 왜 여기 있지? 이렇게 자문하다가 이내 나는 고대나 현대의 아테네가 아닌 맨해튼 미드타운에서 미국 영어로 일하고 있다는 사실을 자각했다.

문자 Z를 홀대하려는 의도는 없다. 이게 없으면 어떻게 될까? 벌은 붕붕거리시^{buzz} 못하고, 동물원^{zoo}은 영영 폐쇄되고, 지그재그^{zigzag}는 활기^{zing}를 잃을 것이다. 하지만 영어 알파벳은 그리스 알파벳과 달리 끝에서 김이 빠지는 듯하다. 문자 Z는 뒷북 같은 느낌이 있다. 실제로도 그렇다. 로마인들은 처음에 그리스 알파벳에서 이것을 도려냈고 나중에 알파베툼의 끝에다 꼬리같이 다시 붙여놓았으니까.

그리스 알파벳에서 제타^{zeta}는 여섯 번째로, 엡실론과 에타 사이에 있다. 이 이름은 베타와 같은 유형이고 여기서 "제타 에타 세타"로 기분 좋게 이어진다. 두 알파벳 모두 뒤로 갈수록 좀 불확실해진다. 나는 QRS와 XYZ 사이의 문자들을 순서대로 기억해내려면 언제나 알파벳 노래 전체를 불러봐야 한다. 그리스 알파벳은 이런 대목이 그리스문자 Y(입실론) 이후에 나타나는데, 페니키아의 알레프 베트에는 없었지만 그리스인들에겐 꼭 필요했던 자음자 세 개(순서가 자연스러워 보이지 않는 피, 키, 프시)를 끼워 넣은 뒤에 알파벳의 대미를 오메가로 장식한다. ⟨Twinkle, Twinkle, Little Star⟩나 ⟨Baa Baa Black Sheep⟩과 같은 곡조를 지닌 알파벳 노래를 생각해보자. 사실 이 노래는 문자 Z에서 끝나지 않고 그 리듬이 더 이어지면서 "Now I know my ABC's. Next time, won't you sing with me(이제 ABC를 알겠어. 다음엔 함께 부르지 않으련)"로 좀 어색하게 마무리된다. 만약 내가 초등학교 2학년 학생들을 가르친다면 알파벳을 역순으로도 노래하게 하여 철저히 습득하게 만들 것이고, 이로써 그들은 알파벳 순서가 반드시 위계적이진 않다는 사실을 알게 될 것이다.

영국 영어에선 Z가 여전히 제드zed로 불린다. 그리스의 제타가 이월된 것 같다. 미국인들은 노어 웹스터Noah Webster. 미국 어학자·사전편찬가 덕분에 이것을 제드 대신 지zee라고 부른다. 웹스터는 알파벳에 일가견이 있었다. 미국어 대사전을 편찬하기 전에 수십 가지 언어를 공부했다. 그는 교사로 첫발을 내디뎠기에 아이들을 가르치는 교수법도 알고 있었다. 그의 첫 사전은 중등학교grammar school에서 철자법 교재로 쓰이게끔 기획되었다. 웹스터는 알파벳의 순서를 바꾸려는 시도는—미친 짓이었을 테니까—하지 않았지만 몇 가지 개선책을 내놓았다.

무엇이든 운율이 있으면 외우기 쉽다.(제타 에타 세타.) 그래서 웹스터는 영어 알파벳에서 몇몇 문자의 이름을 바꾸면 식자율을 높이는 데 일조할 것이라고 생각했다. H(에이치)는 B, C, D, E의 유형을 따르면서 그 자체의 자음을 표현하도록 '히'라고 불리면 더 논리적일 것이다. H는 복잡한 역사가 얽힌 자음자다. 그리스어에서 이것은 에타라는 모음자다. 이 문자는 분해되었고 그 위쪽의 양단은 기본모음자 위에 자리 잡은 작은따옴표처럼 생긴—거칠고(') 부드러운(')—기식 부호breathing marks로 활용되었다. 그리고 W(더블유)는 영 잘못됐다. 나는 유치원에서 이것을 보고 '아니, 이건 더블브이잖아'라고 생각했던 기억이 난다. 웹스터는 W를 간단히 '위'라고 부르고 싶어 했다.(고대 그리스 알파벳에는 W

소리를 나타내는 디감마^{digamma}가 있었지만 이것은 트로이 함락 이후에 사라졌고 단지 외진 학계와 에트루리아인들 사이에서 쓰였을 뿐이다.) 이와 비슷한 이유로 웹스터는 Y(와이)를 '이'로 부르는 편이 낫다고 생각했다. 정말 기인이다. 이 모든 신안은 인기를 얻지 못했지만 웹스터가 알파벳의 끝에 이르렀을 때에는 그가 반대 세력을 지치게 한 것 같다. 그는 미국인들로 하여금 그 최종 글자를 제드 대신 '지'로 칭하게 만드는 데 성공했다.

처음과 끝에 놓인 것들은 특별히 강조되는 위치에 있다. 영어에서 "A to Z"라는 표현은 우리가—패션, 모금, 섹스 등에 관해서—예측 가능하게 규정된 순서대로 알아야 할 모든 것을 의미한다. 가령 연극비평가가 한 여배우에 대하여 "감정의 전역을 A부터 Z까지 보여줬다"라고 썼다면, 연극이 끝날 무렵에 그녀는 더 이상 보여줄 것이 없을 만큼 소진되었다는 말이다. 영어 알파벳은 결국 김이 새버린다. 그런데 그리스 알파벳은 다르다. 거의 쓰이지 않는 자음자가 아니라 위풍당당한 모음자로 끝난다. 오메가, 커다란 O, Ω, ω. 오! 오메가는 활력이 있고 생기가 있고 영감을 준다. 오메가는 Z와 달리 우리를 맨 앞의 모음자로, 알파로 되돌리며 중간에 있는 모음자 오미크론, 작은 O와 상응한다. 오메가는 한쪽 끝이 열린 형태. 그리스 알파벳은 그리스 문장법과 마찬가지로 선형으로 보이지 않는다. 순환하는 것 같다. 「요한계시록」 중에 전능하신 분의 말씀으로 기록된 "나는 알파와 오메가요"를 진지하게 번역할 때 "I am A through Z(나는 에이부터 지요)"라고 옮기는 사람은 없다. 그리스 알파벳은 무한하다.

A는 아테나

내가 그리스신화를 처음 접했던 곳은 라이시엄Lyceum이었다. 이곳은 아테네에서 아리스토텔레스와 그의 제자들이 이리저리 소요하면서 철학과 미학을 논했던 저 유명한 리케이온Lykeion이 아니라, 클리블랜드에서 내가 우리 오빠며 남동생과 함께 주말 오후에 자주 찾았던 풀턴로드의 영화관이었다. 라이시엄은 고전적이진 않았지만 전형적인 곳이었다. 빨간색과 하얀색 줄무늬 상자에 담긴 팝콘, 우리가 밖에서 몰래 들여오는 사탕을 압수하던 엄격한 숙녀 안내원, 좌석 밑에 달려 있는 흥미로운 버저 장치.

라이시엄은 매주 두 편을 동시 상영했는데 주로—〈미라〉〈고질라〉〈검은 산호초의 괴물〉 같은—공포 영화에 은근히 외설적인(그리고 상당히 교육적인) 것을 곁들였다. 어느 토요일 오후에 상영된 영화에서 나는 처음으로 키클롭스를 목격했다. 커크 더글러스가 우여곡절을 겪는 남자 주인공으로 등장하는 〈율리시스〉(기원후 1954년)라는 영화였다. 어찌 보면 이것도 공포 영화였다. 괴물과 환영이 가득했다. 남자들을 돼지로 변하게 만드는 마녀, 큰 바다뱀, 짧은 타이트스커트를 걸친 앤터니 퀸.

율리시스는 오디세우스의 라틴어식 이름이고, 할리우드와 제임스 조이스가 좋아한 인물이다. 그리스와 로마 사이에서 일어난 수많은 일이 그렇듯 오디세우스가 율리시스가 된 내력은 불확실하다. 이오니아식 그리스어에서 '오디세우스'의 D 또는 델타는 원래 도리스와 아이올리스 지방의 방언에서 L 또는 람다였을 것이라고 학자들은 추정해왔다. 델타(Δ)와 람다(Λ)는—밑에 선이 있는 쐐기와 없는 쐐기 모양으로—서로 비슷하게 생겼는데, 내가 아는 한 오디세우스를 율리시스의 고대 오자typo로 여기는 사람은 없었다. 아마 이 이름은 "Ulixes"로 별도로 표기되어 키클롭스의 고향 시칠리아를 통해서 로마에 도달했을 것이다.

주로 매끈한 검은 용암으로 이뤄진 에트나산시칠리아 동부의 화산 아래에 있는 도시 카타니아의 기념품 가게에서는 세라믹 재질의 키클롭스 인형을 판다. 키클롭스Cyclopes(복수형)는 티탄Titans과 유사한, 인간의 어색한 원형 같은 거인 종족이었다. 키클롭스는 에트나산에서 일하며 제우스를 위해 번개창을 제작했다. 카타니아 출신의 한 친구가 내게 들려준 얘기에 따르면 시칠리아 사람들 중 일부는 키클롭스가 에트나산이었다고 믿는다. 그리고 오디세우스가 뾰족한 막대기로 폴리페모스키클롭스 중 한 명의 눈을 찔렀을 때 터져 나온 눈알처럼 분출했던 이 산이 바다에 돌을 토해내어 카타니아만에 기묘한 암석들(파랄료니 디 아치트레차Faraglioni di Acitrezza. 영어로 Cyclopean Isles)을 쌓아 올렸다고 믿는다. 하여튼 키클롭스 이야기는 그 서사시보다 먼저 세상에 알려졌음 직하다. 내가 호메로스를 알기 전에 라이시엄에서 영화로 키클롭스 장면을 보았듯이. 고풍적인 키클롭스는 우리의 주목을 엄청 끈다.

그 영화에 틀림없이 아테나도 나왔을 것이다.『오디세이아』

에 아테나가 없으면 안 되니까. 그녀는 율리시스의 보호자다. 그녀가 없었으면 그는 살아남지 못했을 것이다. 분명히 이 영웅은 그녀에게 호소한다. 난 틀림없이 그녀의 이름을 들었을 것이다. 하지만 나는 호메로스가 묘사한 그 회색 눈을 지닌 여신을 라이시엄에서 본 기억이 없다. 우리 집 서가에는 불핀치Thomas Bulfinch 나 돌레르d'Aulaires 부부, 이디스 해밀턴이 저술한 신화 대작이 놓여 있지 않았다. 사실 우리 집에는 서가도 없었다. 그래도 만화책과 도서관 카드는 있었고, 나는 그림 형제의 동화집과 리틀 룰루만화 캐릭터를 보며 행복하게 지냈다. 난 열네 살에 『일리아스』 번역본을 읽는 그런 신동은 아니었다. 낸시 드루와 트릭시 벨든 같은 소녀 탐정이 나오는 장르에 빠져 있었다. 포와 디킨스와 마크 트웨인도 좋아했고, 호손(하품)과 월터 스콧 경(코골이)과 도스토옙스키(혼수상태)를 읽어보려고 시도했다. 나는 그리스신화에 관한 지식을 대중문화나 영어권 작가들을 통해서 얻을 뿐이었다. 클리블랜드에서 내가 다녔던 루르드아카데미라는 가톨릭 여자 고등학교에서 우리 2학년 학생들은 조이스의 『젊은 예술가의 초상』을 강독했는데, 당시 다이앤 브랜스키 수녀는 이 작품의 교훈을 요약해주었다. 비록 조이스는 그의 신념을 잃었지만(그리고 아일랜드를 떠났지만) 결코 교회(혹은 더블린)에서 벗어날 수는 없었다고. 그리고 우리도 그럴 수 없을 거라고.

혹 아테나의 기운이 이리호미국과 캐나다 접경의 큰 호수 수면 위를 맴돌고 있었는지 모르겠지만, 그 시절에—20세기도 여전히 미래처럼 느껴졌던 1950·60년대—평범한 대다수의 소녀들과 마찬가지로 나의 주요 모델은 우리 엄마였다. 우리 엄마는 요리하고 잠자리를 준비하고 바닥을 쓸었다. 우리 엄마는—남들이 "너희 엄마 진짜 말 잘한다"라고 말할 만큼—세계 일류의 달변가였고 설거지하면서 〈Fascination〉이나 〈I've Got You Under My Skin〉 같은 노래를 불렀다. 내게 설거지는 노래할 기분이 들게 하는 것은 아니었는데. 엄마의 행동은—내가 아홉 살이었을 때 장난감 카펫 청소기를 갖고 싶어 할 만큼—강력한 본보기가 되었지만 나는 앞으로 엄마처럼 살아야겠다고 다짐하긴 어려웠다. 우선 우리 엄마는 외출을 거의 하지 않았기 때문이다.

우리 엄마와 나는 우리 남성 가족에 대해 수적 열세에 놓였고 나는 엄마와 한패가 되는 게 싫었다. 집 안에 틀어박힌 기분이었다. 나는 너무나 밖으로 나가고 싶은 마음에 내 혀를 대고 문질렀던 현관문의 맛을 기억한다. 겨울엔 얼얼하게 차가운 유리의 맛, 여름엔 쓰디쓴 금속성 방충망 맛. 나는 늘 우리 엄마를 다른 친구들의 엄마와 비교하면서 서로 교환하길 원했다. 우리 엄마 외에 수녀들도 나의 모델이었는데, 난 수녀원에서 유명해질 것 같다는 예감이 들었다. 내 이름을 바꾸면—새 출발이 될 테니까—좋겠다고 생각했지만 종소리에 일찍 일어나고 매일매일 미사에 참석해야 하는 것이 걱정스러웠다. 수녀원은 내가 결혼하지 않을 경우에 의지할 곳이었다. 나는 결혼하지 않을 것 같았다. 하지만 수녀의 삶은 우리 엄마의 삶만큼 제한되어 보였다.

한번은 초등학교 6학년 신앙 수업 중에 우리는 모둠별로 직업에 관한 과제를 수행했다. 이 수업을 담당한 수녀는 각 소명마다 예상되는 결과(당신은 결혼했다, 당신은 신부나 수녀가 되었다, 혹은 당신은 독신으로 남았다)가 적힌 팸플릿을 나눠줬다. 나는 "독신"

패널에 배정됐다. 독신으로 남는 것은 선택의 결과가 아닌 듯했다. 그건 그런 상황에 처하게 된 결과였다. 올드메이드카드놀이의 일종에서 짝이 없는 카드처럼. 하지만 팸플릿에는 우리가 선택하지 않을지라도 만약 내일—비극적으로 열두 살에—죽을 운명이라면 독신이 될 수밖에 없을 것이라고 적혀 있었다. 교회가 소녀에게 제시했던 신성한 모델은 동정녀 마리아뿐이었다.

아테나는 내가 미처 의식하기도 전에 나의 모델이 되었나 보다. 이를테면 제3의 길이다. 아테나는 마리아처럼 동정녀(parthéna)이지만 역설적인 모성의 부담을 지지 않는다. 그녀는 제우스의 머리에서, 전투에 적합한 체형과 무기를 완비한 전사로 태어났다. 통설에 의하면 그녀의 어머니는 메티스이고, 메티스는 올림포스 신들과 경쟁했던 티탄의 일원이므로 아테나는 뿌리 깊은 가문 출신이다. 아테나는 메티스가 곁에 없었기 때문에(안타깝게도 제우스가 임신 중인 메티스를 삼켜서) 엄마와 딸 사이에 으레 일어나는 갈등을 전혀 겪지 않았다. 그녀는 제우스의 아내와, 즉 가장 까탈스러운 여신 헤라와 사이좋게 지낸다. 제우스는 아테나에게 결혼하라고 강요한 적이 없다.

다른 여자들은 다른 여신들을 선호할 수도 있겠다. 다수는 사냥꾼 아르테미스를 택하겠고, 아이를 간절히 바라는 사람은 데메테르를 찾겠다. 최고의 미인들은 아프로디테의 점지를 받는다. 헤라는 인기가 없다. 그녀의 로마 화신 유노는 위엄이 있고 당당하지만 무지하게 심술쟁이다. 내게는 아테나가 딱 맞는다. 동정녀 마리아가 겸양과 순종의 모델인 반면에 아테나는 해방된 여성의 모범이다.

아테나는 구속받지 않는다. 용인해야 할 남성 신도, 얼러야 할 아이도, 그녀의 이력에 걸리적대는 살림도 없다. 그녀는 아무에게도 신세를 지지 않는다. 제우스는 그녀를 존중하고 그녀에게 관대하다. 귀염을 받는 딸처럼 그녀는 그를 다루는 방법을 알고 있다. 그는 그녀의 판단을 신뢰하고 그녀가 하는 일에 간섭하지 않는다. 아테네 사람들이 그녀를 그 도시의 후원자로 선택한 데에는 그녀의 처녀성도 한몫했을 듯싶다. 그녀는 전념할 수 있을 테니까. 아테네의 건립 신화에 따르면 아테나는 그 도시에서 최상의 영예를 차지하기 위해 포세이돈과 경쟁했다. 아테나는 아크로폴리스 언덕 위에 올리브나무를 심었고, 포세이돈은 그 비탈에서 소금물이 솟아나게 했다. 신들은 올리브가 더 큰 선물이라고 판단했기에 그 도시를 아테나에게 수여했다.

아테나에게 가정적인 면이 없진 않다. 그녀는 직공이자 문명을 촉진한 공예의 후원자다. 그녀는 데메테르나 아르테미스 같은 풍요의 여신이 아니라 생존자에 가깝다. 올리브나무는 놀랍도록 회복력이 강하다. 한 그루를 베거나 불살라도 그 그루터기에서 새순이 돋아난다. 게다가 아테나가 올리브나무를 심기만 한 것은 아니었다. 누군가 이것을 재배하는 법과 그 쓰고 딱딱한 초록 열매에서 대지가 선사한 귀한 진액을 짜내는 노하우를 배워서 전했다. 올리브유는 샐러드부터 샴푸까지 온갖 것의 재료로 쓰이고, 그리스인들은 심지어 이것을 램프에 불을 피우는 연료로 사용한다. 아테나는 우리의 자원을 지혜롭게 활용하는 훌륭한 예를 제시한 것 같다.

무엇보다 아테나는 여성의 엄청난 힘을 보여준다. 『일리아스』

에서 제우스가 신들로 하여금 인간들과 함께 무장하고 참전하게 했을 때 아테나는 아레스를 때려눕혔다. 전쟁의 신 아레스를! 아테나도 무시무시할 수 있다. 그녀는 메두사의 머리를 그녀의 가슴에, 그녀의 방패(aegis) 중앙에 달고 다닌다. 고르곤 중 한 명인 메두사의 머리는 페르세우스가 준 선물이었다. 그는 자신이 돌로 변하지 않도록 메두사의 얼굴을 직접 쳐다보지 않고 그의 방패에 비친 그녀의 모습을 보면서 이 괴물을 처치했다. 미술사에서 메두사는 둥근 테두리 안에서 우스꽝스럽게 흘겨보는 모습으로 표현된다. 뱀투성이 머리털, 송곳니, 돼지 같은 코. 그녀는 우리를 향해 혀를 내밀고 있다. '까불지 마라, 이 애송이야'라는 메시지다.

아테나는 직설적이다. 다른 이를 유혹하거나 감언으로 꾀려고 들지 않는다. 그녀 특유의 지혜는 상식적인데 난 이것이 부족했다. 이것은 내가 대학교나 대학원 시절에 별로 단련하지 않은 근육이었다. 사실 나는—식당 종업원으로 일했을 때에만 진짜 형편없었을 뿐—괜찮은 일꾼이었는데 〈뉴요커〉에 입사해보니 다른 종류의 여자들이 눈에 띄었다. 대학원으로 돌아가려는 활발한 접수처 직원, 다양한 유형의—열정적인, 샘바른, 말없이 뛰어난—교정자들, 폴린 케일Pauline Kael과 재닛 맬컴Janet Malcolm같이 끝내주게 글을 잘 쓰는 작가들. 내가 꿈에 그리던 교열자로 승진해서 홀로 글과 마주했을 때 난 자신감을 많이 잃었다. 내가 뭔가 올바르게 했을 때에는 아무도 내게 고맙다고 말하지 않았지만 내가 실수하면 그들은 갖가지 방법으로 내게 알렸다.

교열은 산문을 거르는 체와 같았다. 교열자는 새로운 것을 추가하지 않고 불순물을 걸러냈다. 나는 덧붙이는 대신 덜어내려고 노력하면서, 이와 동시에 남들의 이목을 끌지 않기 위해 터무니없는 것을 놓치지 않으려고 애쓰면서 극과 극을 오갔다. 나는 글도 쓰고 싶어 했기에 우리 회사의 동년배 중 한 명이 「장안의 화제The Talk of the Town」코너에 글을 게재했을 때는 부러웠다. 내 동료의 글을 교열할라치면 나는 나 자신의 불순물을 걸러내야 했다. 어느 날 저녁 나는 승강기 앞 복도에서 윌리엄 숀과 마주쳤다. "기분이 안 좋아 보이네요"라고 그가 말했다. 그때 내가 숀 씨와 승강기를 같이 타야 하니까 불편해서 그렇게 보였을 수도 있겠지만, 난 그에게 내가 교열 일을 잘해낼 날이 올는지 모르겠다고 말했다. 그는 나를 가만히 쳐다보았다. 우리는 키가 거의 같았다. 165센티미터였던 그는 나와 같은 눈높이에서, 내가 삼투현상에 의해 배우게 될 거라며 나를 안심시켰다.

아테나는 결국 교열자의 좋은 모델이었다. 그녀는 작가를 불쾌하게 만들든 혹은 작가가 그녀를 좋아하든 싫어하든 신경 쓰지 않고 그 누구라도 조금도 봐주지 않을 것이다. 나는 다만 나의 동기가 순수하다고 믿어야 했다. 나의 상대는 언어였다. 일단 내가 교열의 기풍을 체득하고, 틀린 것을 보더라도 그것을 함부로 고칠 수 없는 곳이었던 교열 책상을 떠나, 내가 매우 존경하는 교열자들이 자리 잡은 그다음—〈뉴요커〉의 용어로 페이지 오케이어OK'er—단계에 오른 후에는 별로 걱정하지 않았다. 한 박물관에서 고르곤이 우습게 혀를 빼물고 노려보는 모습이 담긴 그림에 나는 마음이 끌렸다. 난 이 그림을 사서 내 책상 위에 붙여놓았다.

아테나는 『오디세이아』 제2권에서 오디세우스의 친구 멘토르 Mentor로 등장한다. 오디세우스는 이타카에서 트로이로 떠나기 전에 그의 아들을 이 친구에게 맡기며 돌봐달라고 부탁했다. 상담사나 교사를 뜻하는 멘토mentor라는 단어는 호메로스로부터 우리에게 직접 전래되었다. 수천 년 전에 생긴 것이다. 윌리엄 숀이 승강기 앞 복도에서 내게 말을 건넸을 때 그는 참을성 있게 조언하는 멘토다웠다. 때로는 물 한 잔 속에 떨어진 요오드 한 방울 같은 힌트 하나면 충분하다. 그것이 우리의 세상을 달리 보이게 하고 우리가 미래를 바라보는 데 도움을 준다. 나는 어렸을 적에 언니가 있는 친구들과 사귀는 습성이 있었다. 내게 든든한 친언니가 있었으면 내 삶이 많이 달라졌을 것이다. 내가 나이가 들면서 나의 멘토들은 점점 젊어졌다. 나보다 경험이 많은 사람이면 나의 멘토가 될 만했다. 하지만 우선 멘토가 나를 선택해야 한다. 누군가에게 나를 받아달라고 강요할 수는 없으니까.

〈뉴요커〉의 교열부에도—고참이 다음 세대를 책임지고 훈련시키는—멘토 전통이 있었는데, 때때로 나는 그것이 스킬라와 카리브디스그리스신화 속 바다 괴물과 소용돌이 사이를 항해하는 법을 배우는 일처럼 느껴졌다. 스킬라는 엘리너 굴드, 즉 타의 추종을 불허하는 가공할 지력을 지닌 천재였다. 카리브디스는 사람들의 머리에 사전을 내던지는 현장감독 루 버크Lu Burke였다. 회사 밖에는 내가 바너드대학에서 만난 더 온화한 여성 멘토가 있었다. 내가 그리스어에 깊이 빠져들 무렵에 그녀는 내게 현대 그리스어를 가르쳐주기로 했다. 그녀의 이름은 도로시 그레고리Dorothy Gregory. 이제껏 내가 만났던 최고의 선생님이었다.

아담한 몸매에 가뭇한 머리와 눈동자, 날렵한 턱선을 지닌 도로시는 예쁘고 고풍스러운—마치 머나먼 옛일을 즐기듯—미소를 지었다. 언제나 옷도 잘 차려입었다. 트위드 스커트, 양털 스웨터, 벨트 달린 코트. 그녀는 너그러웠고 자주 사람들을 칭찬했다. "모델 같아요"라고 말하곤 했다. 이 말을 내게 한 적은 없었지만. 내가 직장에서 급히 업타운으로 오느라 그녀의 사무실에 헐레벌떡대며 도착한 적이 한 번 있었는데 그때 그녀는 "항상 뛰어오네"라고 말했다.

도로시는 그리스 본토의 서쪽 이오니아해에 있는 코르푸에서 왔다. 그녀는 미시간과 인도네시아에서 살았고 컬럼비아대학교 대학원에서 월트 휘트먼을 전공했다. 돌이켜보니 우연은 아닌 듯싶다. 휘트먼은 가장 열광적인rhapsodic 미국 시인이고, 도로시는 노벨상을 수상한 그리스 시인 오디세우스 엘리티스의 작품을 사랑했는데 이 시인은 에게해의 모든 섬과 그리스의 모든 지역 및 주민을 열광적으로 노래했다rhapsodized. rhapsodos(ραψωδός)는 ράπτω(깁다)와 ῳδή(송시)가 합해져 '노래들을 꿰매는 사람'을 의미한다. 고대에 서사시를 낭송하던 사람을 가리키는 단어였다. 현대 그리스어에서 ράφτης(ráftis)는 재봉사를 의미한다. 나는 이 단어를 잊지 않고 있다가 한번은 테살로니키에 있는 호텔 로비에서 셔츠에 단추를 꿰매고 있던 작가 친구를 보고 거만하게 "Ο ράφτης(오, 재봉사)"라고 말할 뻔했다. 영어 rhapsodic은 제재를 다루는 시인에 대한 경이감을 수반한다.

도로시는 끝없는 인내심을 가지고 나를 대하며, 무지하게 복잡한 이 언어를 배워서 언젠가 테이블 위에서 그리스인 조르바 못지않게 춤추고 싶어 하는 나의 욕심을 너그럽게 봐주었다.

도로시는 종종 우리 중에 내가 멘토라고 느끼게 만들기도 했다. 한번은 우리가 길을 건너는데 무단 횡단을 하고 있다는 사실을 나는 알아차렸다. "뭐라고?" 도로시가 말했다.

"Jaywalking^{무단 횡단}. 신호를 무시하고 건너는 거요." 난 이 단어의 어원을 모르지만 이것을 항상 jail^{감옥}과 연관 지었다.

"Jaywalking!" 그녀는 반복했다. "하나 배웠네!"

당시에 나는 그리스어에서 위안을 얻었고 그 덕분에 나의 모국어에서, 또 모국어와 함께하는 삶에서 벗어나는 기분이 들었다. 나는 빨래방에서 내 옷을 세탁하는 일에 대해 가량맞은 글을 썼다. 나의 더러운 리넨을 종이 위에 떠벌렸다. 내가 사용하는 외국어가 무척 천박하게 들릴 때도 있었다. 예를 들면 내가 기침약을 사러 내 친구 클랜시와 약국에 갔던 이야기를 도로시에게 하다가 그랬다. 그 약사는 거담제와 기침 억제제 중에 무엇이 필요하느냐고 내게 물었다. "클랜시가 '여기서 기침해봐'라고 말했어요. 난 했어요.^{I did.}"

도로시는 웃었다. 그리스어 káno는 프랑스어 faire와 이탈리아어 fare처럼 I do와 I make를 모두 의미하되, 영어 용법과 달리 강조 동사의 기능을 갖진 않는다. 과거형 ékava는 그리스 아이들이 변기에 앉아서 변통에 성공했을 때 외치는 소리다.("I made!")

말하지 **말아야** 할 것들을 배우는 일은 어학에서 큰 비중을 차지한다.

그래도 대체로 외국어 공부는 신나는 일이었고 나의 공책은 새로운 어휘로 가득 찼다. 도로시는 그리스의—독립전쟁 중인 1821년에 함대를 지휘한 전설적인 여성 부불리나Laskarina Boubou-lina를 포함한—근대사를 내게 조금 가르쳐줬다. 그녀는 정교회의 부활절 의식을 설명하면서 이 명절에 가족들이 정원에 모여서 양고기를 꼬챙이에 꽂아 숯불 위에 구워 먹는다고 알려줬다. 빨갛게 물들인 삶은 달걀을 다 함께 두드리는 풍습은 특히 흥미로웠다. 누구든 그의 달걀에 금이 가지 않으면 승자가 된다. 나는 왜 그리스인들이 달걀을 빨간색으로만 물들이느냐고 도로시에게 물었는데, 그녀는 오히려 서구에서 달걀을 그렇게 흐릿한 파스텔 색조로만 물들이는 것이 이상하다며 활기찬 빨간색이 마땅하다고 대답했다. "빨강은 피의 색깔이고 기쁨의 색깔이야"라고 그녀는 말했다.

도로시와 공부를 시작하면서 나는 로버트 피츠제럴드Robert Fitz-gerald가 번역한 『일리아스』를 읽었다. 이전까지 난 『오디세이아』를 선호했고 전쟁 이야기들이 가혹하다고 생각했다. 내가 살펴본 바에 의하면 호메로스가 아카이아인들이라고 불렀던 그리스인들은 (암브로시아 외에 아무것도 먹지 않는) 신들을 고기 굽는 냄새로 달래기 위해서 소를 왕창 잡을 때마다 이를 잔치의 명분으로 삼는다. 그들은 그리스 식당에서 하듯이 고기를 큰 접시에 놓고 각자 덜어 먹거나, 아스토리아의 거리 모퉁이에서 팔듯이 고깃덩이를 꼬챙이에 꽂아두고 돌리면서—정통 수블라키souvlaki, 즉 작은 꼬치구이(소형 수블라souvla)를—먹는다. 그들은 술을 마시기 전에 신들에게 술을 부어 바친다. 나도 이렇게 술을 바치는 습관이 생겨서 화분에 자라는 식물에 맥주를 뿌렸고, (나와 저녁을 함께 먹는 사람들은 경악했지만) 우아한 야외 식당 입구의 난간 위에 값비싼 와인을 조금 부었다. 그리스인은 신들에게 감사하거나 신들의 축복을 바라면서 헌주했다. 이것이 단지 음주를 위한 핑계였을 수도 있겠지만, 그 첫 모금을 대지나 바다에 부으며 신들로 히여금 첫맛을 보게 하는 행위는 식사 전에 의례적으로 올리는 감사 기도와 같은 관습이 되었다.(오, 주여, 우리를 축복하시고 우리 주 그리스도를 통해 주님의 은혜로써 우리에게 주신 주님의 이 선물을 축복하소서, 아멘.) 혹 우리가 실수로 술을 엎지르더라도 괜찮다. 자연스레 헌주한 셈이니까. 때로 헌주는 술을 넉넉히 붓지 않는 시늉으로 이루어진다. 예컨대 비행기 안에서는 내 옆에 있는 신사의 바짓가랑이에 얼룩을 남기지 않길 바라며 살짝 적신 손끝을 튕겨 한 방울만 카펫에 떨어뜨린다. 나는 그때그때 상황에 가장 적합한 신에게 선의를 구한다. 항공 여행을 할 때는 제우스, 육로 여행을 할 때는 헤르메스, 의사를 만나거나 스스로 훈련할 때는 아폴론, 엔진이 고장 나거나 긴급한 배관 문제가 생기면 헤파이스토스, 그리고 언제나 항상 아테나가 나를 인도해주기를 바란다.

어느 날 도로시의 사무실에서 우리가 미래완료 시제에 관한 수업을 시작할 즈음에 난 숨을 고르다가 묘한 흥분기를 느꼈다. 나는 도로시를 바라봤다. 그녀는 책상 위로 몸을 숙이고 내 공책에 어형변화표를 그리고 있었는데(그녀는 나를 위해서 필기를 자주 해주었다) 난 문득 의아했다……. 나는 늘 남자 선생님에게 반했었는데 여기서 난 이 여자에게 에로틱한 감정을 느끼며 끌리고 있었다. 방 안은 따뜻했고 난 숨을 거칠게 쉬고 있었다. 몸이 후끈거렸다. 나는 나를 흥분시킨 것이 언어였다고 판단했다. 그리스어는 섹시하다.

∾

그해 봄, 나는 처음으로 그리스를 여행했다. 야심 찬 일정이었다. 원래 난 오디세우스처럼 섬에서 섬으로 이동할 생각을 품고 있었는데, 현재 터키의 해안을 배경으로 삼은 『일리아스』를 읽으면서 소아시아도 그리스인들의 역사에 포함된다는 사실을 떠올렸고, 에게해라는 극장에서 호메로스를 탐구하고 싶었다. 앞서 에드 스트링엄은 그리스가 유럽 쪽 서양이 아니라 아시아 쪽 동양같이 보인다고 내게 가르쳐줬다. 나는 야간 연락선을 타고 피레우스에서 크레타로 가던 도중에 호메로스의 유명한 rhododác-tylos(새벽의 장밋빛 손가락들)를 보기 위해 일찍 일어나서 갑판 위로 나갔다. 지중해를 찾은 나를 반기는 장관이 동쪽에서 펼쳐지길 기대하고 있었다. 갑판 위에 다른 승객들은 별로 없었는데, 남자 몇 명이 난간에 기대어 담배를 피우고 있었고 검은 옷차림의 한 노파는 멀미 때문에 네커치프로 그녀의 얼굴을 가리고 계단실에 웅크리고 있었다.(그리스인들은 유별나게 뱃멀미에 약하다. 뱃멀미를 그들이 발명했다고 말해도 될 정도로. nausea구역질라는 단어는 배ship를 뜻하는 고대 그리스어 naus에서 왔다.) 하늘엔 구름이 많았지만 나는 계속 갑판 위에서 달달 떨면서 수평선을 바라보며 신들이 보낼 신호를 기다렸다. 이라클리온 항구가 가까워질 무렵에 그 남자들 중 한 명이 내게 담배를 권했다. 마침내 구름 사이로 분홍빛이 번지다가 이내 사라졌다. 그게 다였다. 나는 '새벽의 장밋빛 손마디'에 만족해야 했다.

당시 여행 중에도, 이후 몇 차례 여행하는(그리고 호메로스의 작품을 읽는) 동안에도 알지 못했던 것을 나는 뉴욕에 있는 집에서 겨우 깨달았다. 어느 날 나는 잠에서 깨어 이른 아침 햇살이 건물들의 꼭대기를 분홍색으로 물들이는지—나의 침실 창문에 커튼을 단 적이 없을 정도로 내가 아주 좋아하는 현상을—보려고 평소처럼 몸을 굴려 창가 쪽으로 가다가 벌떡 일어났다. rhododáctylos(rhodos는 장미, dactylos는 손가락)는 동쪽 수평선을 따라 뻗치는 가느다란 분홍빛 손가락들의 형상이 아니라 그 손가락들에 닿는 것을 형용하는 말이다. 급수탑과 마천루같이 높이 솟은 것들이 먼저 닿는다. 오늘날 "골드핑거"라 불리는 미다스를 생각해보자. 그의 손가락들은 금으로 되어 있지 않았고 그가 손대는 것이 모두 금으로 변했다. 애덤 니컬슨이 『지금, 호메로스를 읽어야 하는 이유』에서 말했듯 "호메로스가 묘사한 새벽의 '장밋빛 손가락들'을 누구나 알고 있는데, 이는 손가락들을 쫙 펴는 듯한 광선이 아니라 그 손가락들이 나무나 바위의 끝을 건드릴 때 생기는 것이다".

이 첫 여행에서 나는 한곳에 너무 오래 머물지 않았다. 장거리 이동을 마다하지 않으면서, 한 장소에 도착하면 그곳에 도착한 것만으로 충분하다고 생각하고 그곳을 훌쩍 떠나는 것이 나의 여행 스타일이었다.(요즘도 그럴 때가 있다.) 내가 클리블랜드에서 자라던 시절에 함께 살았던 우리 아버지는 제2차 세계대전 때 육군에서 복무했던 경험에 근거하여, 어느 곳을 가든지 비슷비슷하고 별다를 것이 없기 때문에 새로운 곳에 갈 필요가 없다고 믿는 사람이었다. 달리 말하면 우리는 어디를 가든 자신으로부터 벗어날 수 없다는 믿음이었다.

그래서 나는 에게해를 핀볼같이 쏘다녔다. 크레타에서 로도스, 키프로스, 사모스, 키오스, 레스보스. 여행했던 2주 동안 나는 식당 종업원들, 치근덕대는 갑판원 및 하급선원과 만났고 대학교 영어 교수의 구애를 받았다. 피레우스에서 출항한 연락선에서 나는 미미(드미트리의 애칭)라는 남자가 권하는 담배 한 개비를 건네받았다. 크레타 남부 연안에서 토마토 농장을 경영하는 남자였다. 그는 미노스 궁전이 발굴된 크노소스 유적지를 내게 보여주겠다고 했다. 미노스는 트로이전쟁이 일어나기 훨씬 전에 번성했던, 이르면 기원전 3000년경에 발달하기 시작했던 미노스문명의 전설적인 왕이었다. 기원후 1900년에 이르러 아서 에번스 경이 이 지역을 발굴했는데, 그때 이곳에 페인트칠을 하고 1920년대 아르데코 양식으로 장식을 덧붙이고 프레스코화를 복구하여 논란을 빚었다. 미미는 내게 미노스 유적의 미로 같은 통로를 지나가기를 재촉하며 나를 가장 으슥한 폐허 구석으로 데려갔다. 여기는 사람의 몸에 소의 머리를 지닌 미노타우로스의 동굴이었을까? 미노스의 아내 파시파에가 낳은 그 괴물이 다이달로스의 디자인에 의해 여기에 갇혀 있지 않았을까? 이런 의문이 막 들기 시작하는 순간에 미미가 성행위를 하듯 내게 몸을 비볐다. 난 미미를 좋아했지만 우리의 관계가 발전하려면 시간이 더 필요하다고 생각했다. 우리가 성관계를 가지려면 그 전에 내가 그의 토마토 농장을 방문하거나 적어도 점심 한 끼는 같이해야—혹은 영화 한 편이라도 같이 봐야—하는 것 아닌가? 나는 그의 행동이 내게는 너무 빠른 일이라고 말하려 했다. 그리스어로 '빠른'은 grígora이고 그리스인들은 무언가를 강조할 때 그것을 두 번 말하므로 (내 딴에는) '너무 빨라요'라는 뜻으로 "Grígora, grígora"라고 나는 말했다. 하지만 내가 했던 이 말은 "더 빨리, 더 빨리"였다.

미미는 내게 미노스문명에 대해서 별로 가르쳐주지 못했지만 나는 미미로 인해서 '지중해를 홀로 여행하는 여자는 남자를 원한다'라는 선입견이 만연해 있다는 사실을 알아챘다. 백내장이 있던 한 점잖은 노인을 제외하면 남자들은 하나같이 내가 혼자 여행하는 까닭을 물었고 내가 일부러 혼자 다닌다는 말을 믿으려고 들지 않았다. 내 남편은 어디 있었을까? 식당에서 혼자 식사하면 내가 구경거리였다. 식사는 사교적이고 보통 그리스인들은 다양한 요리를 여럿이 나누어 먹는다. 내가 올리브와 차지키, 칼라마리오징어튀김에다 χωριάτικη σαλάτα(choriátiki코리아티키)라고 불리는—제법 그럴싸했던—'마을 샐러드'가 먹고 싶어서 주문하면 4인 가족이 먹을 만한 양이 나왔다. 거의 항상 남자였던 식당 종업원들은 내게 사적인 질문들을 하면서 집적거렸고, 저와 단둘이 모터바이크를 타고 가면 아크로폴리스를 구경시켜줄 수 있다고 했다. 내가 공공 벤치에 앉아 있으면 어김없이 삼각관계의 초대를 받았다. 난 그렇게 성적인 관심을 많이 받는 일에 익숙하지 않았다. 한편으로 우쭐한 기분이 들었지만 혼란스럽기도 했다. 차라리 남편을 꾸며내어—그를 메넬라오스라고 부르면서—

내 영감은 호텔에 남아 있다고 설명하거나, 아니면 그리스 남자들이 스스로 자신을 위로할 수 있도록 내가 아예 남자를 좋아하지 않기 때문에 그들에게 별로 관심이 없다는 인상을 주었으면 더 편할 뻔했다.

나는 남자들을 사랑했지만 호전적인 성향이 있어서 꿋꿋이 혼자 다녔고, 호색에 빠진 토마토 농사꾼에 휘둘려 탈선할 생각도 없었다. 내 여행의 종착지는 콘스탄티노플(Konstantinoúpolis)이었다. (콘스탄티누스의 도시 이스탄불은 '도시로' 또는 '도시에서'를 뜻하는 그리스어 stin póli의 전와어이기 때문에) 내가 한사코 콘스탄티노플이라고 불렀던 그 도시로 가기 전에 나는 터키 차나칼레 근처의 고대 유적지 트로이에도 가보고 싶었다. 난 호메로스의 자취를 좇고 있었다. 『일리아스』와 『오디세이아』는 그리스어 중 이오니아 방언으로 기록되었기 때문에 레스보스섬과 대륙의 스미르나(오늘날 터키 이즈미르) 지역과 관련이 있다. 내가 크레타를 떠나 에게해 동쪽으로, 또 도데카네스제도의 로도스에서 위쪽의 키오스까지 타고 갔던 배들에는 파랑과 하양 줄무늬로 이루어진 그리스 국기가 걸려 있었는데, 거기서 맞은편 연안으로 건너갈 때 탔던 배는 터키 국기를 휘날렸다. 빨간색에 초승달과 별.

터키에 가까워질수록 배는 점점 작아졌다. 대형 연락선에는 번듯한 바bar에 위스키와 맥주, 포도주도 있었지만 내가 키오스에서 터키로 갈 때 탔던 마지막 배에선 우조만 한 잔씩 팔았다. 나는 난간 앞에 앉아서 작은 유리컵에 담긴 우조에 물과 얼음을 넣어 마시며 바다를 바라보다가 문득 호메로스의 명구 "포도주같이 짙은 바다"의 의미를 이해하게 됐다. 바다는 파란색인데?

그리스는 교열 중

〈뉴요커〉 교열자
콤마퀸의 모험

메리 노리스

독자님, 안녕하세요. 마음산책입니다.

미국 안팎으로 담론을 주도하는, 고유한 표지로 유명한 〈뉴요커〉의 책임 교열자 "콤마퀸"이 돌아왔습니다. 유명 잡지 막후의 에피소드와 영어, 유머로 빚은 첫 책 『뉴욕은 교열 중』으로 일 얘기, 언어 얘기는 다 했다 싶었는데 웬걸요. 이번엔 그리스로 넘어가 전통주 '우조'를 홀짝이며 그의 오랜 사랑이던 그리스의 말과 문화, 그곳에서 겪은 해프닝을 이야기합니다. 지혜의 신 아테나에 빙의한 교열자답게 탁월한 눈치로 이해시켜주는 그리스신화도 재밌지만 이 책이 애틋할 이유는 많아요. 40년 근속 뒤 보스에게 얻어낸 장기 휴가의 넘치는 흥취, 여유롭지만 가끔은 지나치게 상냥하고 급한 그리스 남자들과의 만남, 거대 미디어 회사에 인수당한 〈뉴요커〉의 굴욕과 트로이전쟁의 상관성, 무엇보다 일흔에 가까운 여성이 홀로 이국을 여행하며 돌아보는 자아. 웃기고 감동적인 얘기가 쏟아지는 가운데 '외계어' 같던 그리스어도 시나브로 눈에 익으니 무섭지 않네요. 그래요, 어차피 그리스어는 미국인에게도 어렵다죠. 그리스어 울렁증은 버리고 고대와 현대, 신화와 현실이 공존하는 세계로 함께 발 들여볼까요.

마음산책 드림

물론 맑은 날엔 그렇다. 포도주 같은 자줏빛이 아니다. 구름이 낀 날의 바다는 회색 내지 연둣빛이 감도는 회색이다. 지중해의 얕은 가장자리는 청록색일 테지만 저 먼 가운데 부분은 군청색이다. "포도주같이 짙은"이라는 말 때문에 생긴 것인지 모르겠지만 고대 그리스인들이 파란색을 보지 못했다는 설이 있는데 나는 이를 믿지 않는다. 그리스인들은 파란 세상 속에 살았다. 그들에겐 드넓은 바다와 천구가 있었다. 그들이 파란색에 흠뻑 젖은 눈동자를 통해서 바라봤을 수도 있겠다. 그럼 공기처럼 투명하게 보였을 것이다. 파란빛은 물고기에게 필요한 물처럼 그들을 감싸는 매체였다. 그들에겐 파란 빛깔의 돌 가운데 가장 미려한 청금석이 있었고, 고운 분말 같은 파란 꽃을 피우는 아마가 있었다. 나는 우조를 홀짝이며 에게해를 응시하는 동안 호메로스가 바다의 색깔이 포도주와 같다고 말한 것은 아니라는 생각이 들었다. 그는 바다가 포도주 한 잔처럼 심오하다고 말한 것이다. 최면을 거는 신비롭고 위험한 것이라고. "포도주같이 짙은"은 색깔이 아니라 특성이었다. 우리를 끌어들여 무아경에 빠뜨리는 것이었다.

고대 트로이 유적지에서 가장 가까운 도시 차나칼레는 좀 실망스러웠다. 나는 터키어를 세 단어만 알고 있었다. 물, 버스, 감사합니다. 터키인들은 고마울 때 "메르시merci"라고 말했다. 관광객들에게 기본적으로 쓰이는 언어는 독일어였다. 난 급할 때 독일어가 떠올랐다. Es ist besser wenn ich nicht in dein Zimmer gehe. 나는 당신의 방에 가지 않는 게 좋겠어요. 나는 어린 소년을 동반한 한 남자를 따라다니게 되었는데 그는 내가 하는 모든 질문에 "가능해요"라고 답했다. 무엇이든 가능했다! 이런 생각이 항상 좋은 것은 아니었지만 하여튼 가능한 생각이었다. 그는 나와 내 짐을 모두 미니버스에 싣고 트로이의 유적으로 갔다. 당시 터키인들은 관광산업에 눈을 뜨지 못했다. 그곳엔 관리인이나 안내원도 없었고 박물관이나 안내 책자, 매표소, 자판기도 없었다. 먼지가 쌓인 터에 게시된 불가해한 안내판에는 서로 다른 정착 시기가 실선이나 점선으로 층층이 표시되어 있었다. 터키인들이 기념비적으로 만들어놓은 목마가 전망대로 이용되고 있어서 나는 나무 계단을 통해 그 위로 올라가봤다. 트로이는 나의 예상보다 훨씬 더 내륙 쪽에 있었다. 일찍이 독일의 아마추어 고고학자 하인리히 슐리만Heinrich Schliemann은 호메로스의 작품에 담긴 단서들에 근거하여 그 고대 도시의 위치를 알아냈다고 믿고 이곳을 찾아 발굴했다. 그는 프리아모스트로이 최후의 왕의 트로이를 바로 지나게 파 들어갔다. 그때는 1870년대, 그러니까 근대과학 및 고고학의 윤리가 확립되기 전이었고, 우리가 오늘날의 기준으로 보면 경솔했던 슐리만은 트로이를 약탈했다.

트로이전쟁이 실지로 있었다고 믿지 않는 사람들이 있다는 사실을 알고서 나는 놀랐다. 트로이전쟁은 물론 있었다. 호메로스를 비롯한 친구들은 기원전 1200년경에 벌어진 그 전쟁을 수백 년이 지난 뒤에 노래했으니 그것은 이미 그들에게도 아주 오래된 역사였다. 내가 보건대 『일리아스』 속의 현실적인 요소들은 트로이전쟁이 정말로 일어났다는 증거다. 예컨대 아이아스라는 이름을 가진 인물이 두 명이다. 만약 아이아스라는 이름을 가진 두 남자가 실존하지 않았다면 왜 호메로스는 구태여 두 인물에 같은 이름을 붙였을까? 피츠제럴드는 이 둘을 "큰 아이아스와 작은 아이아스"라고 부른다. 또 다른 현실적 요소는 두 이름을 지닌 한 인물이다. 파리스/알렉산드로스. 그리스인들과 신들은 대개 그를 알렉산드로스라고 부르는데 그의 가족은 파리스라고 부른다.

현지 안내인의 도움을 받지 못하고 이 나라의 언어를 깨치지도 못한 채 홀로 여행하니 아쉬움이 많았지만 그럴수록 내가 성공했을 때, 이글네넌 항구에 들어와 선체에서 닻줄을 덜커덩덜커덩 내린 배의 트랩을 종종걸음으로 오를 때 내가 느끼는 만족감은 배가되었다. 연인, 가족, 배낭여행자 등 다른 관광객들은 선미에 모여서 그들이 막 떠나려는 곳을 향해 작별 인사를 하기 마련이었는데, 그사이 나는 나의 다음 목적지로 가려는 마음이 앞서서 뱃머리로 나아갔다. 이 여행의 추진력은 확실히 앞쪽으로 작용했다.

∾

이 여행에서 나는 에게해를 허리케인처럼 나선형으로 돌면서—내가 여행 일지에 "다르다넬스 해협을 건넜다"라고 적을 때 참으로 국제적인 곳이라고 느꼈던—콘스탄티노플을 지나 육로로 테살로니키에 도착하여 뉴욕에서 사귀었던 친구들을 만났고, 우리는 원을 그리듯 델포이와 펠로폰네소스반도로 내려갔다가 다시 아테네로 올라왔다. 뭔가 틀어지는 일이 생기더라도 전화위복이 되었다. ('바다에 흩뿌려진 섬들'을 암시하는 이름을 지닌) 스포라데스Sporades제도의 스키아토스로 가는 연락선을 놓친 우리는 낮에 차를 타고 펠리온산 주변을 돌아다녔고, (라이시엄에서 히트를 친 또 다른 영화에도 등장하는) 이아손과 그의 원정대가 아르고선을 타고 황금 양털을 찾으러 떠났던 항구 볼로스에서 밤을 보냈다. 우리는 체리와 달콤한 간식을 샀고, 자기가 직접 가꾸는 나무에서 딴 과일을 파는 여인에게서 쪼그만 살구도 샀다. 그녀는 그녀의 정원에서 치자나무의 꽃을 따서 우리에게 작별 선물로 주었다. 아폴론의 신탁의 땅 델포이는 거짓말쟁이와 그리스풍의 부자연스러운—관광객을 상대하는 식당에서 팁을 받으려는 소년들이 무미건조하게 추는 춤 같은—가식이 가득했지만, 파르나소스산의 구릉지 아래쪽 길 건너편에 있는 아테나 성소의 관리인은 나를 진실로 친근하게 반겨주었다. 그가 관리하는 이른바 톨로스Tholos는 기원전 4세기에 지어진, 둥근 궁륭지붕이 있던 신전으로 주위의 풍경과 완벽하게 어울렸다. 회색과 흰색 띠무늬가 있는 대리석 기둥 세 개가 재건되어 그 지붕의 일부분을 받치고 있었다. 그는 내게 "stous Delphoús(to Delphi)"라는 말—이곳에 신화적인 '돌고래dolphin 인간들'이 살았던 듯 복수형인 이 도시의 이름에 대격accusative을 취한 말—을 가르쳐줬고, 땅에서 손톱만 한 돌 조각 두 개를 집어 들어 내게 건네주었다. 하나는 매끄럽고 짙은 회색, 다른 하나는 조가비 모양에 등마루가 있는 연분홍이었다. 부적이었다.

델포이에서 펠로폰네소스반도로 내려가서—돔 형태의 무덤과 거대한 벽, 고대 에피다우로스의 층진 극장 등의 관광 명소가 있는—미케네 유적으로 향하던 우리는 고속도로에서 빠져나와 시골길로 접어들었다. 사실 우리는 그동안 순식간에 지나친 풍

경 속에서 수국꽃 속의 호박벌처럼 뒹굴었어야 했다. 펠로폰네
소스는 헤라클레스의 땅인지라 그를 연상시키는 장소가 많았다.
티린스는 그가 태어난 곳이고 네메아는 그가 사자를 처치한 후
아무도 뚫을 수 없는 그 가죽을 망토처럼 걸친 곳이다. 좁은 도로
엔 우리 차밖에 없었고 양옆은 너른 포도밭이었다. 우리는 네거
리에 다다를 즈음 거기에 표지가—고속도로에서 빠져나온 우리
의 결정이 옳았다는 것을 신들이 확인시켜주는 천상의 표지이자
우회전하면 나프플리오Nafplio로 갈 수 있다는 것을 교통국에서
알려주는 세속적 표지가—있기를 바랐는데, 거기서 우리의 눈에
띈 대형 플래카드가 가리킨 곳은…… 클레오네스 유적지? 우리
가 교차로에 이를 때마다 클레오네스 유적지로 가는 길이 표시
되어 있었다. 우리는 전설적인 전원 풍경으로 유명한 아르카디
아 지방으로 가고 있었고 길손 헤르메스는 우리를 혼란에 빠뜨
리고 있었다.

　마법이 조금 풀린 나프플리오에서 우리는 묵을 곳을 알아봤
다. 작은 호텔을 운영하는—헤라의 추종자인 듯한—한 여인은
전망이 좋은 방을 내게 주려고 하지 않았다. 그 방은 2인실인데
난 혼자였기 때문이다. 난 이때 감정적으로 반응하지 말았어야
했다. 사람들은 생계를 꾸려야 하고 이건 경제학의 문제였다. 2인
실에 한 사람을 넣을 수는 있어도 1인실에 둘을 넣을 수는 없다.
내게 전망 좋은 방을 내주지 않던 이 주인은 결국 멋지고 발랄
한 남녀 한 쌍을 맞아들였으니 관광산업에서 더 많은 돈을 짜낸
셈이었다. 내 친구들이 바다를 보러 간 사이에 나는 뚱하게 나프
플리오 거리로 나섰는데 뚱한 기분은 곧 풀릴 수밖에 없었다. 난

생처음 보는 자줏빛 꽃을 피운 나무들이 눈앞에 나타났다. 자카란다 나무인가? 트럼펫 모양의 꽃송이들이 나무를 뒤덮었고 마치 행렬을 위해 준비된 양 그 길에도 깔려 있었다. 이후 저녁 식사 자리에서 우리는 와인 목록을 보고 네메아Nemean 레드 한 병을 주문했는데(그때 우리는 Nemean을 "**니이** - 메 - 언"으로 발음했지만 나중에 나는 "네 - **메이** - 언"이라고 배웠다), 이것은 아까 우리가 차를 타고 관통했던 포도밭에서 수확한 포도로 만들어졌고 그 향기는 헤라클레스급이었다. 그리스에서 이런 경우는 다반사였다. 깐깐한 여주인과 기만적인 도로표지가 있는 현실 세계가 쩍 갈라지면서 신화가 쏟아져 나오곤 했다. 우리는 현실 세계 속에서 먹고 살아야 하지만, 이 세계와 영원이 교차하는 순간들을 포착하지 않는 것은 미친 짓이다.

이 여행은 나의 방랑벽에 비하면 불충분했지만 그리스의 모든 것에 대한 나의 욕구를 더욱 자극했다. 귀국 후에 나는 다시 가리라 마음먹었다. 그사이 고대 그리스어를 배우고 고전을 읽을 작정이었다. 나는 호메로스의 작품을 원문으로 읽으려고 애썼다. 그리스의 땅과 바다, 언어와 문학에 한껏 몰입하면서 내가 그리스인이 되는, 아니 적어도 그리스인으로 여겨지는 길이 있기를 바랐다. 오디세우스는 내게 영웅이었고 나 또한 그처럼 아테나를 내 편으로 만들고 싶었다. 어쨌든 그녀는 교육을 후원하는 여신이었다. 내가 그리스인의 정신을 지닐 수는 있으리라.

모든 올림포스 신들 중에서 아테나는 가장 정의하기 어려운 속성을 지닌 여신이다. 오디세우스가 우여곡절을 겪는 남자라면 아테나는 변신의 귀재다. 호메로스의 작품 속에서 그녀는 여러 가지 모습으로 나타난다. 멘토, 가족의 오랜 친구, 조숙한 꼬마 소녀, 돼지를 기르는 사람의 오두막집 문밖에 있는 훤칠하고 잘생긴 여자, 제비. 그녀는 그녀의 아버지의 방패(뱀들이 달린 염소 가죽)를 지니고 있고 이것은 메두사의 머리로 장식되어 있다. 그녀는 전쟁과 연관되지만 교전보다 외교를, 무력보다 지력을, 무작정 달려드는 공격보다 전략을, 무질서보다 끊임없는 주의를 장려한다. 그녀는 우리를 무섭게 할 수도 희망차게 할 수도 있다. 그녀는 침략자인 동시에 보호자다. 아테나는 우리에게 많은 것을 기대하고 우리의 잠재력을 최대로 끌어낸다. 그녀는 확실히 오디세우스의 친구이고, 어쩌면 어딘가로 가려고 노력하는 모든 이의 친구일 것이다.

죽었는지 살았는지

죽은언어는 공부할 만한 가치가 없다고 생각하는 사람은 ESPN의 생방송 프로그램 〈스크립스 내셔널 스펠링비Scripps National Spelling Bee〉를 시청할 필요가 있다. 올림픽경기를 방불케 하는 이 프로그램은 사전편찬자들의 생생한 해설을 들려주고 참가자 개개인에 대한 밀착 인터뷰도 보여준다. 나도 그리스어를 좀 안다고 생각했지만 정서법orthography에 일가견이 있는 이 엘리트 선수들은 그리스어에서 유래한—내가 그 의미와 철자는 고사하고 아예 듣도 보도 못했던—단어들의 철자를 예사로 말한다. 2018년 대회에는 그리스어에서 유래한 단어가 많이 나왔다. ephyra해파리류의 유생, pareidolia변상증, ooporphyrin우포르피린, lochetic먹잇감을 노리며 잠복한, ecchymosis반상출혈, ochronosis조직흑갈병, gnomonics(해시계 제작법), propylaeum(아테네 아크로폴리스의 기념비적 입구 같은 관문). pareidolia는 예기치 못한 곳에서 어떤 이미지를—『웹스터 사전 무삭제본』의 인용례를 따르면 "구운 치즈샌드위치의 한 면에서 동정녀 마리아의 얼굴을"—인식하는 지극히 인간적인 경향을 가리키는 말이었다. 나는 ooporphyrin이란 단어를 보고 이것이 계란(고대 그리스어 ᾠόν)하고 자주색(porphyry는 심홍색 돌)과 연관이 있을 거라고 추측했다. 그럼 자주색 알을 낳는 신기한 동물인가? 비슷했다. 이것은 갈색 계란 껍데기 특유의 색소다.

우승자를 결정지은 단어는 koinonia였다. 난 이것을 어림짐작했다. Koine라는 성서 속 그리스어 단어를 알고 있었기 때문이다. Koine는 국제어lingua franca 같은 공통어. 그래서 koinonia는 신자들의 공동체에서 일어나는 교감이다. 이전 대회의 우승자로서 〈스펠링비〉 발음을 담당한 자크 베일리Jacques Bailly는 koinonia에서 가능한 두 가지 발음을 알려줬다. 고대 그리스어의 oi 발음과 현대어의 ee 발음. 베일리는 1980년 〈스펠링비〉에서 elucubrate라는 단어로 우승했는데 이는 '등불 아래서 창작하다' 또는 '밤늦도록 공부하거나 일하다'라는 뜻을 지닌 라틴어에서 비롯됐다. 현재 그는 버몬트대학교 고전학 교수다.

한 소년은 Mnemosyne(네-**모즈**-에-니이)를 맞혀서 다음 라운드로 진출했다. 우리에게 기억술mnemonic device을 선사한 기억의 여신이자 뮤즈의 어머니. Mnemosyne는 틀림없이 〈스펠링비〉를 주재하는 신일 것이다. 이 대회에 참가한 아이들은 밤늦도록 수많은 복합어를 공부했음이 분명하다. 〈스펠링비〉에는 독일어에서 유래한 다음절어("Bewusstseinslage의식 상태")뿐만 아니라, 영어에서 차용한 인상주의적인 프랑스어 단어("cendre재灰")도 많이 나왔다. 이러한 차용어는 원어의 특징을 간직한다. 독일어의 응집성과 프랑스어의 비음화 경향. 베일리가 그러하듯 〈스크립스 내셔널 스펠링비〉의 우승자는 단어들로써 출세할 수도 있겠다.

우리가—그리스어, 라틴어, 히브리어, 독일어, 프랑스어, 스페인어, 포르투갈어, 일본어, 타이노어 등등—언어를 학습하면 우리의 마음이 열리고 다른 문화를 향한 창문이 생긴다. 이로써 우리는 저 밖에 더 큰 세상이 있으며 사물을 보고 듣고 말하는 다양한 방식이 있다는 것을 알게 된다. "난 외국어에 소질이 없어요"라고 말하거나 "난 영어밖에 몰라요"라고 떼를 쓰는 사람을 보면 나는 늘 답답하다. 외국어를 배우려면 겸손해야 하고, 자신의 무지를 인정해야 하고, 어리석게 보일 각오를 해야 한다. 우리는 언어를 실수하면서 배운다. 뭐, 하여간 난 그런다.

그리스어에서 유래한 영어 단어들의 철자를 적는 일도 꽤 어렵지만 그리스어 단어들의 철자를 그리스어로 적는 일은 강신술 같다. 그리스어는 표음문자라 할지라도 강세의 변동이 심하기 때문에 발음이 까다롭다. 우리가 영어를 사용하면서 악센트를 엉뚱한 음절에 주더라도 보통 사람들은 (어쩌면 우리의 면전이나 등 뒤에서 비웃으며) 그 말을 이해하겠지만, 그리스어에는 강세가 틀리면 그리스인들이 사실상 알아듣지 못하거나 우리가 의도했던 바와 전혀 다른 의미를 갖게 되는 단어가 많다. 가끔 나는 내가 사랑하는 도로시 그레고리 선생님이 처음으로 그리스로 가는 나를 배웅할 적에 무슨 생각을 했을지 궁금하다. 그녀는 부활절에 가는 것은 좋지 않다고 생각했고 나는 부활절에 거기서 소외감을 느꼈다. 부활절(Pascha)은 가족이 함께 보내는 큰 명절이라서 나는 철저히 남(xéni)이었다. 내가 부활절 인사에 맞장구치려고 했던 말을 도로시가 들었다면 그녀는 움찔했을 것이다. "그리스도가 부활하십니다"라고 누군가 말하면 상대방은 "정말로 부활하시네요"라고 응수하기 마련인데 나는 부사의 어미를 잘못써서 말했다. "정말요? 그래요?"

물론 그리스에서 아일랜드인처럼 보이는 미국인이 그리스어를 조금이라도 할 것이라고 기대하는 사람은 없다. 대체로 그들의 영어 실력이 나의 그리스어 실력보다 훨씬 낫기 때문에 그리스어 연습을 위한 상대를 찾기가 어렵다. 로도스의 농산물 시장에 진열된 아티초크를 보고 나는 기뻤다. "Αγκινάρες!(agkináres!)" 난 채소 가판대 옆에 있는 쪼글쪼글하게 야윈 노인에게 말했다. 이에 그는 영어로 "사고 싶은 걸 말해요"라고 말했다. 거기서 내가 기다란 줄기가 달린 좋은 것으로 두 개를 사서 막 떠나려고 할 때 그가 그리스어로 말하는 소리가 들렸다. "그걸 영어로 뭐라고 불러요?" 난 걸음을 멈추고 뒤로 돌아서서 말했다. "아르티 초크." 그는 이것을 반복했다. "Αρτι τσοκ." 그들에게 그리스어를 배울 기회가 없으니 내가 그들에게 영어를 가르치겠다.

한번은 피레우스에서, 연락선들이 오가는 거대한 선거docks가 있는 반도의 반대편에 위치한 요트 계선장을 살펴보다가 한 식당 주인의 초대를 받고 그 식당의 아주 좋은 자리에 앉게 되었다. 식당의 주방 앞 도로 너머로 말편자 모양의 항구와 전 세계에서 건너온 요트들이 이루는 그림 같은 풍경이 한눈에 들어왔다. 그 주인은 처음에 영어로 말을 건넸고 나는 그날 몹시 곤해서 영어로 주문했다. 식사 후에 나는 길 건너편 지하에 있는 화장실에 갔다가 계단을 오르던 중에 층계참에서 거북 테라리엄작은 동물 사육용 용기을 발견했다. 거북에 해당하는 그리스어는 내 머릿속을 떠나지 않는 단어들 중 하나다. 예전에 나는 테살로니키의 교외에 위치한 파노라마에서 잔디밭에 있는 거북 한 마리를 찾은 꼬마 소년이 "Χελώνα!"라고 외치는 소리를 들은 적이 있었기 때문이다. 이전까지 난 그리스인들이 거북을 실제로 chelóna라고 부른다는 사실을 믿지 않았던 것 같다. 거북을 보고 즐거워서 나는 그들을 그리스어로 세어봤다. Mía, dúo, treis, téssereis, pénte, éxi, eftá, októ. Októ chelónes! 나는 밖으로 나오는 길에 아까 식당에서 만난 종업원과 마주쳐서 영어로 말했다. "여기 거북이 여덟 마리나 있네요!" "아니요!"라고 그는 소스라치게 놀라며 말했다. "우린 거북이는 안 먹어요!"

여러분은 내가 무엇 하나 제대로 하지 못한다고 생각할 수도 있겠다.

그리스어 수업 첫 시간에 나는 음식과 숫자, 계절에 관한 단어들을 배웠다. 그리스어에서 계절을 나타내는 단어들은 특히 아름답다. 봄은 ánoixi. 동사 ανοίγω(열다, 마개를 따다)에서 비롯된 것으로 한 해가 열린다는 뜻이다. 여름은 kalokaíri인데 이를 직역하면 '좋은 날씨'다. phthinóporo는 가을이며 마지막 수확과 무르익은 열매를 연상시킨다.(첫머리에 자음으로 뭉친 phth는 마치 체리씨를 뱉는 소리 같아서 영어권 화자에겐 첫눈에 무례하게 보인다.) 겨울, kheimónas는 근근이 살아가는 시기다.

이후에 배울 것은 명사와 동사, 동사와 명사다. 우선 명사로써 사물의 이름을 부른다. 그다음 이곳저곳을 가고 이것저것을 하는 등등의 동사. 곧이어 동사의 시제를 분별해야 하는데 이때부터 복잡해지면서 본격적으로 다른 언어가 전개된다. 스페인어를 배울 때 나는 현재 시제를 벗어난 적이 없이 내 오른손 엄지를 내 어깨 위로 넘겨서 과거를, 그리고 내 왼손을 내 앞쪽으로 흔들어서 미래를 나타냈다. 난 멕시코에서 이렇게 얼간이 행세를 했지만 먹고 마실 수 있었고 반창고도 샀다.

나의 〈뉴요커〉 상사 에드 스트링엄은 yes와 no에 해당하는 그리스어를 내게 가르쳐줬는데 우리는 이 둘이 너무 혼동돼서 애가 탔다. 독일어 ja와 nein은 각각 yes와 no와 자못 유사하다. 프랑스어 oui, 이탈리아어 sì와 스페인어의 sí도 비교적 수월하게 떠오르고, 모든 로망어에는—심지어 포르투갈어에도—no를 뜻하는 말에 기본적으로 "no" 소리가 있다. no, non, não. 하지만 그리스어로 yes는 nai(ναι 네)라서 부정어 "no"나 "nah"처럼 들리고, 이와 반대로 no는 ὄχι 오키라서 yes를 의미하는 "OK"처럼 들린다. 인생은 왜 이리도 가혹할까? 나는 그리스 여행 중에 때때로 yes에 해당하는 단어를 얼른 떠올리지 못하고 일련의 낱말을 죽 되새긴다. ja, oui, sì, nai, yes. 우리가 ὄχι를 말하는 데 익숙해지면 이 말이 재밌어진다. 아이들은 반항적으로 말할 때 종종 이 첫음절을 길게 끌면서—ὄοοχι 오오오키—음높이를 떨어뜨린다. 때때로 그리스계 미국인들은 그리스가 제2차 세계대전에 참전했던 10월 28일을 "Οχι Day 오키 데이"라고 부른다. 알바니아에서 그리스로 넘어오려는 무솔리니의 군대를 당시 그리스 총리였던 메탁사스 Ioannis Metaxas가 거부했던 날이기 때문이다. 나중에 나치 앞에선 ὄχι도 소용없었지만.

그리스인들은 흔히 yes를—"Nai nai"라고—"Yeah yeah"처럼 두 번 말함으로써 확신하거나 안달하는 태도를 드러낸다. nai에 따르는 몸짓은 (우리가 고개를 끄덕이는 것과 같이) 머리를 우아하게 한 번 아래로 비스듬히 기울이는 것이다. ὄχι라고 말할 때에는 턱을 비쭉 치켜드는데 이것은 왕왕 필요 이상으로 퉁명스럽게 보인다. 우리가 신문 판매점에 가면 무뚝뚝한 판매원이 신문이 다 팔렸다는 뜻으로 우리에게 그런 턱짓만 할 때가 있다. 간혹 그가 말을 덧붙이기도 한다. "피이니이스." 이는 '끝났다finished' 내지 '매진'이라는 뜻이다.

그리스인들이 OK라는 의미로 사용하는 또 다른 말이 있다. entáxei(εντάξει엔타시). '질서정연하다'로 직역되는 이 말은 우리를 교실로 옮겨놓는다. τάξη탁시(현대 그리스어에서 주격)는 질서와 규율이 요구되는 교실의 '수업'을 뜻한다. εντάξει에서 강세는 알파에 있는데, 여기서 주의할 점은 당신이 택시를 원할 때에는 강세를 끝음절에 두어야 한다는 것이다. ταξί탁시. 그러지 않으면 당신은 길모퉁이에 서서 바보같이 "수업, 수업!" 또는 "질서, 질서!"라고 외치는 꼴이 된다. 이러면 누가 당신을 보고 택시를 잡으려는 사람인 줄 알겠는가?

나는 유아기로 돌아가 요람에서 그리스어를 배울 수 없기 때문에 차선책을 택했다. 난 그리스어를 배우는 데 영어를 써먹는다. 영어엔 그리스어가 많다. 내가 공손해지려고 배운 첫 두 단어 parakaló와 efkharistó처럼 영어에 그 흔적이 남아 있는 단어들은 쉽게 잊히지 않는다. 아테네에 있는 아킬레우스호텔에 도착한 나에게 접수원이—이용자가 도르래와 하중을 걱정하게 만들 만큼 작은 유럽식 권양기 같은—엘리베이터의 위치를 알려줬을 때 나는 나의 그리스어를 시험하며 물었다. "Λειτουργεί;(Leitourgeí?)" "작동해요?"(그리스어에서 물음표는 세미콜론처럼 생겼다.) 이 단어는 교회에서 주관하는 예배 및 기도를 의미하는 liturgy와 관계가 있어서 내 머릿속에 저장되어 있었다. 그리스어뿐 아니라 독일어와 영어, 프랑스어도 술술 구사한 그 접수원은 "Nai"라고 말했다. 엘리베이터는 물론 작동했다. 막상 타보니까 좀 흔들흔들해서 난 기도하고 싶어졌다.

도로시 그레고리는 내게 많은 어휘를 알려주었다. 나의 '그리스어 상자' 속엔 그녀가 손수 적어준 것들도 들어 있다. 하지만 오래도록 기억에 남는 단어들은 그녀가 우리의 대화 중에 직접 사용한, 그래서 사전 속에서 실제 상황으로 튀어나온 것이다. 예를 들면 그녀가 내게 "Διψάς;(Dipsás?)"라고 말했을 때 나는 이것이 "목말라?"라는 질문이라고 이해했다. dipsomaniac이 한없이 갈증을 느끼는 사람이라는 것을 난 알고 있었지만, 동사 διψάω를 2인칭 단수 현재 시제로 말하는 도로시의 음성을 나의 바싹 마른 목구멍과 연관 짓는 경험은 계시였다. Ναι, διψάω.(네, 목말라요.) 우리 어쩌면 좋을까? 저기 복도에 음수대가 있을까? 식물에 물을 주거나 개 앞에 물그릇을 놓아두는 그리스 사람을 볼 때마다 내가 감동하는 이유는 이런 기억이 있기 때문이 아닐까 싶다. 누군가에게 물을 주는 행위에는 보살피는 마음이 담겨 있다.

이러한 단어들은 모두 현대 그리스어로서 활발하게 살아 있다. 영어권 세계에서 사물에 이름을 붙일 때에는 고대의 언어를 참조한다. 자연물을 가리키는 단어들 중에는 그리스어에서 유래한 것이 많다. ocean, dolphin, hippopotamus, peony모란, elephant, pygmy쪼끄만 것. 고대 그리스어에서 유래한 (그리고 현대 그리스어에도 남아 있는) 단어들 중 일부는 이국적인 생물을 지칭한다. octopus문어는 그리스어에서 비롯했다. οκτώ(여덟) + πους(발) = 다리가 여덟 개 달린 동물.(난 문어의 지능이 높다는 사실을 안 뒤부터 식당에서 문어구이를 주문하지 않는다.) 문어와 더불어 medusa(해파리)는 원시적인 바다 괴물이다. hippocampus(해마)도 그렇다. elephant의 이원은 우리의 옛 친구인 페니키아어 알레프, 황소까지 거슬러 올라갈 수 있다.

그리스어에서 직접 유래한 듯 보이는 단어를 막상 조사해보면 그것이 더 먼 길을 돌아온 경우도 있다. 예를 들면 eucalyptus유칼립투스는—ευ(좋은, 잘) + καλυπτος(덮인) = 잘 덮인, 즉 덮개가 있는 꽃을 지닌 나무로서—원산지가 오스트레일리아이고, 이 단어가 쓰인 최초의 기록은 기원후 1788년에 작성된 것이다. 물론 이것은 고대 그리스어에 의하여, 영어를 거쳐서 현대 그리스어로도 ευκάλυπτος가 되었다. 한번은 펠로폰네소스에서 내 눈에 하얀 야생 등나무처럼 보였던 향기로운 나무를 누군가 ακακία아카키아(acacia아카시아)라고 일컬었을 때, 그리스어 ακακία가 영어의 음역인지 잠시 생각해봤다. 단어와 나무 중 어느 것이 먼저 생겼을까? 가시가 있는 acacia는 원산지가 아프리카와 중동이고 신대륙으로부터 이식된 것이 아니므로 ακακία가 acacia보다 앞서지만, 이 단어보다 그 나무가 먼저 있었다는 점은 확실하다.

꽃이나 곤충 같은 자연물의 이름은 국지적인 경우가 많다. 예를 들면 내가 어렸을 때 무더운 여름밤에 클리블랜드 전역에서 우글거렸던 각다귀나 깔따구를 우리는 Canadian soldier라고 불렀다. 당시 나는 이 단어를 무심코 사용하면서 이것이 이리호 건너편 지역에 사는 우리 이웃들을 비방하는 말로 들릴 수 있다고 생각하진 못했다. 난 그냥 벌레 이름인 줄 알았다. 우리 할머니는 집과 차도 사이의 길고 좁은 땅을 live-forever돌나물라고 불리는 고약한 작은 관목으로 장식했다. 나는 이 식물을 어렸을 때도 싫어했고 지금도 싫어하지만 내 정원에서 내 친구가 sedum이라는 이름으로 몇 그루를 심도록 내버려뒀다. 멋없는 식물인데 그 속칭은 매우 일리가 있다고 나도 인정해야겠다. 이건 정말 영원히 사는 것 같다.

꽃의 이름에 해당하는 그리스어 중 일부는 사실 그리스어가 생기기 전부터 있었다. 즉, 고대 그리스어보다 앞선 시기에 존재했던 사람들과 그들의 언어에서 비롯했다. 예를 들면 narcissus(nárkissos)는 원산지가 남유럽이고 우리가 흔히 daffodil수선화이라고 부르는 꽃을 지칭하는 원시적인 그리스어 단어다. 물에 비친 자신의 모습에 반했던 미소년 나르키소스의 신화는 이 꽃의 영속적인 화신을 상기시키며 이것이 존재하는 이유를 설명한다. narcissus라는 단어는 그리스어 nárke, 무감각, 마비 또는 마취 작용과 관계있다. daffodil은 하데스와 사자死者의 꽃을 뜻하는 그리스어 asphodel아스포델이 전와된 것으로 보인다. jonquil은 이와 같은 꽃의 한 종을 일컫는 프랑스풍의 이름이다. hyacinth히아신스도 신화와 결부된 꽃이다. 히아킨토스는 아폴론의 총애를 받던 그리스 소년이었지만 아폴론의 과실로 죽고 말았고, 그러자 이 신은 그를 꽃으로 변하게 만들었다.

그리스어에는 꽃을 뜻하는 단어가 두 개 있다. 고대의 ánthos와 현대의 경박한 louloúdi. 그리스 서정 시인들의 걸작을 수집한

『그리스 사화집The Greek Anthology』에 실린 시들은 꽃처럼 선별되었다. 단어 부케.

조지 오웰은 영국에 흔한 꽃에 그리스어 명칭을 덧씌우는 경향을 한탄했다. 그는 이렇게 적었다. "금붕어꽃snapdragon은 이제 안티리눔antirrhinum이라고 불리는데, 사전 없이 이 단어의"—발음은 고사하고—"철자를 말할 수 있는 사람은 없다". 그리고 "물망초forget-me-not가 미오소티스myosotis로 불리는 경우가 점점 더 잦아지고 있다". 오웰은 "금잔화marigold 대신 칼렌둘라calendula를 선호하는 현상이 영어의 앞날에 좋은 조짐으로 보이지 않는다"라고 덧붙였다. 나도 패랭이꽃pink이 디안투스dianthus로, 또는 심장병풀foxglove이 디기탈리스digitalis로 불리면 왠지 허한 느낌이 든다. 어쨌든 꽃은 사람들이 그 이름을 소개하는 책을 갖기 전에 피어났고, 꽃이 피어난 곳에서 사람들은 나름대로 그 이름을 짓기 마련이다.

근대에 그리스로 수입된 것을 칭하는 단어들은 주로 다른 언어에서 그리스어로 음역되는 과정을 거쳤다. 예를 들면 그리스인들은 이렇다 할 맥주가 없었는데 유럽의 열강이 1832년에 바바리아 왕국의 오토 폰 비텔스바흐를 그리스의 왕으로 세웠을 때 그가 양조업자를 데려왔다. 그리스인들은 맥주를 칭하는 그리스어 μπίρα를 이탈리아어 birra로부터 빚어냈다.

그리스에서 비롯된 의학 용어도 많다. 우리가 의학으로 여기는 것은 대개 그리스에서 시작됐기 때문일 것이다. 내과의는 히포크라테스의 이름을 딴 '히포크라테스 선서'를 하는데 이것이 "우선 해를 입히지 말라"라는 문장으로 시작한다는 말은 속설

일 뿐이다. 히포크라테스는 질병을 신이 내린 벌이 아닌 자연현상으로 다룬 최초의 인물로 알려져 있다. 구급차 뒷면의—뱀 두 마리가 지팡이를 휘감고 있는—상징은 그리스신화에서 비롯했다.헤르메스의 지팡이다. 치유자이며 아폴론의 아들인 아스클레피오스는 이와 비슷한 막대기를 들고 있는데 여기엔 뱀이 한 마리만 기어오른다. 나는 그리스인들이 뱀에게 너무 많은 기대를 했다고 생각한다. 그래도 거머리보다 뱀이 나아 보인다.

otorhinolaryngologist(이비인후과 의사. 영어 약자로 ENT ear, nose, throat), ophthalmologist안과 의사, orthodontist치열교정 의사. 오랫동안 나는 이런 단어들의 어원이 그리스어일 거라고 짐작했고 나의 짐작은 옳았다. 그렇지만 고대 그리스인들이 이러한 전문의와 상담하거나 치아에 금속 교정 장치를 달았다는 말은 아니다. 웅변가 데모스테네스는 연설 치료사와 상담하지 않았다. 전설에 의하면 그는 그의 입안에 자갈을 가득 넣은 채로 바다를 향해 말했고, 이후 자갈을 빼고 청중 앞에서 연설하니 그 목소리가 낭랑하고 강력했다. 앞서 예시된 영어 단어들은 그리스어의 일부분이—프랑켄슈타인의 자잘한 언어학적 괴물같이—조합된 것이며 이와 더불어 각각의 전문 분야가 생겨났다.

빅토리아시대에 교육을 받은 전문 의료인은 라틴어와 그리스어를 공부했을 테지만 당대의 의사들이 모두 고전학자는 아니었다. 하지만 그들은 사물을 명명할 필요가 있으면 그리스어에 의지했다. 아마 이 언어가 가장 유서 깊고 가장 안정적이며 가장 품위 있는 연원이었기 때문에 그랬을 것이다. 여기에 신비적인 요소도 가미된 듯하다. 근사한 단어는 사람들에게 그럴듯한 인상을 준다. 고대 영어에는 신체 부위를 가리키는 고유한 단어들이 있었다. lungs폐, blood피, kidney콩팥, gut창자, elbow팔꿈치, knee무릎. 우리는 이에 해당하는 그리스어 단어가 없어도 무방하지만 그 언어가 단어를 더 풍요롭게 만든다. 우리는 동일한 대상을 일컫는 두 가지 방식이 있다. 그리스어 단어는 우리와 우리의 몸 사이에 완충지대를 만드는 것 같다. 여러분은 이왕이면 tennis elbow팔꿈치 관절염와 epicondylitis상과염 중에 무엇을 앓겠는가? water on the brain물뇌증과 hydrocephalus뇌수종 중에는? 한 엄마가 자식이 bleeder출혈자라서 슬퍼할 때 의사는 그 아이를 hemophiliac혈우병 환자이라고 부른다. 그리스어 용어는 질환을 사라지게 만들지는 못할지라도 이를 고상하게 만든다. hepatitis간염는 간 질환의 일종이고, nephritis신장염는 콩팥을 괴롭힌다. arthritis관절염. 아스라이티스는—우리 엄마가 "아서라이티스"라고 불렀던 질환으로—관절에 생기는데 아무튼 joint disease보다 더 추상적이다.(나는 둘 다 원치 않지만.)

그리스어는 신체 부위와 의사를 중시하는 듯한 마법을 건다. 내과의는 이 마법에 매력을 느끼고 이를 써먹을 수도 있겠다. 어느 여름에—내가 맨발로 해변에 너무 오래 있었던 탓인지—내 발가락에 녹색 반점이 생겨서 나는 의사를 찾아가 문의했다. "그냥 색소pigment예요"라고 그는 말했다. 진찰 중에 그가 했던 일은 색깔을 뜻하는 근사한 단어를 사용한 것뿐이었다. 만약 외과의들이 surgery수술라는 단어의 어원을 알았다면, 그 어원이 고대 그리스어 cheirourgía로서—χειρ(손) + ἔργον(일)—'수작업'을 뜻하며 뇌수술뿐 아니라 자수刺繡에도 적용된다는 사실을 알았다면 그들은 그렇게 거만하지 않을 것이다.

우리는 모두 여전히 우리의 머나먼 조상들이 품었던 꿈과 같은 꿈을 추구하는 인간이다. 근대 헬리콥터의 아버지 이고르 시코르스키Igor Sikorsky는 태곳적 발명가 다이달로스의 작품을 발전시켰다. 다이달로스는 깃털과 왁스로 날개를 만들었고 이로써 그의 아들 이카로스와 함께 크레타를 탈출했다. 누구나 그 결말을 안다. 이카로스가 태양에 너무 가까이 다가가서 왁스가 녹는 바람에 그는 현재 이카리아해라고 불리는 바다에 추락했다. helicopter라는 단어는 helix(나선)와 pteryx(날개. 그래서 손가락이 있는 가죽 같은 날개를 달고 선사시대에 살았던 새를 pterodactyl익룡이라 한다)가 결합한 것이다. 우리는 이것을 쉬운 영어로 chopper라고 부른다.

이번엔 알렉산더 그레이엄 벨의 특허품인 telephone을 생각해보자. 이 단어는 거리(τηλε)와 음성(φωνη)을 뜻하는 그리스어 어간을 활용한다. 멀리서 들리는 음성. telephone을 아일랜드어로 하면 guthán(구우혼)인데, 이는 음성을 뜻하는 아일랜드어 단어에 접미사가 붙어서 대략 '음성 상자'로 번역된다. 때때로 우리는 telephone을 다른 영어 단어로 horn이라고 부르지만("걔한테 전화 받으라 그래!Get him on the horn!"), 그 발명가는 그의 혁신적인 발명품에 새로운 단어를 붙이고 싶어 했기에 telephone이 자리를 잡았다. 왜 우리는 새로운 것들을 위해서 죽은말을 참조할까? 이들을 가장 오래된 언어로, 다른 많은 언어에 공통된 단어로 표현하는 것이 우리에게 시금석으로 기능하기 때문이 아닐까?

고대 그리스어 단어들에 관한 권위 있는 전거는 리들Henry George Liddell과 스콧Robert Scott이 1843년에 처음 출간한 『리들 앤드 스콧 그리스어-영어 어휘집』이다.(대개 고전학자들은 이 이름을 "리델"이라고 발음한다.) 이것의 기원은 다소 신화적이다. 한 가지 설에 의하면, 한 출판업자가 로버트 스콧이라는 학생을 찾아가서 그리스어-영어 어휘집을 만들자고 제안했더니 스콧은 그의 친구 헨리 조지 리들과 함께 작업한다면 그러겠다고 말했다.

리들은 전형적인 옥스퍼드대학교 학장으로 알려져 있다. 키가 크고 백발에 귀족적인 면모를 지녔던 그는 영국국교회의 성직자로 임명되었으며 빅토리아 여왕의 남편인 앨버트 공의 목사였다. 그와 그의 아내 사이에 자식 열 명이 있었는데 그중 한 명은 "영국 문학에서 가장 유명한 어린 소녀"가 되었다. 앨리스 리들. 도서관에서 일하던 찰스 럿위지 도지슨은 그녀가 학장 관사의 정원에서 그녀의 자매와 노는 모습을 지켜보곤 했다. 그는 그녀에게 영감을 받아 이야기를 창작하여 루이스 캐럴이라는 필명으로 『이상한 나라의 앨리스』와 『거울 나라의 앨리스』를 출간했다. 일찍이 카메라에 흥미를 붙였던 도지슨은 여러 가지 의상을 입고 다양한 자세를 취한 앨리스를 사진으로 남겼다. 만일 그가 요즘에 그랬으면 성희롱이라는 사유로 위원회에 소환되었을 것이다. 존 러스킨영국의 미술비평가도 그녀를 따라다녔지만 그녀는 문필가들의 청혼엔 무덤덤했고, 레지널드 하그리브스라는 크리켓 선수와 혼인했다.

리들과 스콧은 1834년에 일을 시작했다. 기본적으로 19세기 초에 프란츠 파소우Franz Passow가 편찬한 그리스어-독일어 어휘집을 번역하는 일이었고, 그 어휘집은 앞서 요한 고틀로프 슈나이더Johann Gottlob Schneider, 독일 고전학자 · 박물학자가 착수했던 사전에 근거한 것이었다.

고전학자에게 어휘집lexicon은 특정 작가들의 작품에 사용된 단어들을 모아놓고 인용례와 뜻풀이를 더했다는 점에서 사전dictionary과 다르다. 파소우는 호메로스와 헤시오도스고대 그리스 시인로 시작했고 헤로도토스를 추가했다. 리들과 스콧은 헤로도토스와 투키디데스를 택했다. 리들의 전기 작가는 그들의 작업 방식을 이렇게 설명했다. "각 단어의 용례는 가장 단순하고 기초적인 의미부터 다양한 파생어와 비유법까지 알려주는 순서로 열거되었다. (…) 작가들의 어휘를 시대순으로 적절히 인용함으로써 각 단계를 최대한 역사적으로 예시했다."

스콧은 직장을 콘월잉글랜드 남서쪽 지방로 옮겼는데 그곳에서 어휘집 편찬 작업을 계속하기는 여의치 않았다.(이메일도 없이.) 리들은 옥스퍼드 크라이스트처치대학 겸 성당의 학장이 되었다. 1842년 7월 그는 스콧에게 편지를 썼다. "기쁜 소식이 있어. 내가 'Π'를 거의 끝냈어." 파이. "다리가 두 개 달린 이 괴물은 고대에 너무 많이 돌아다녀서 어딘가에 걸터앉아 쉬어야 했을 거야. 그렇지 않다면 지금까지 출간되었고 또 앞으로 출간될 어휘집들에서 이토록 많은 지면을 차지하며 활보할 리가 없겠지." 54년이 지난 1897년에, 리들이 세상을 떠나기 한 해 전에 출간한 제8판은 극작가들과 철학자들이 사용한 어휘도 포함했다. 이후 헨리 스튜어트

존스Henry Stuart Jones에 의해서 분량이 더 늘어난 1968년 증보판은 2000쪽이 넘는다.

『리들 앤드 스콧』이 있기 전에는 영어 사용자가 그리스어를 배우려면 라틴어를 통하는 방법밖에 없었다. 리들과 스콧이 그 어휘집의 서문에서 밝혔듯이 그들은 그리스어를 "돌보면서 살아 있게" 하려는 의도로 펴찬에 임했다. "이 언어는 시가와 웅변의 기관organ으로서 활력과 열정이 가득하고 기품과 흥취가 충만하여 풍요롭게 넘쳐흐르며 (…) 이 언어는 인간의 재능이 빚은 가장 고귀한 작품들 중 일부를 보장寶藏하고 있다. 이런 작품들은 모방과 번역을 통해서 어렴풋이 드러날 테지만, 그 속의 단어들을 스스로 읽고 해석해내는 사람만이 그 온전한 아름다움을 알 수 있다."

∾

사소하고 정의되기 어려우며 화자와 상대방을 연결하지만 꼭 필요하지 않은 단어들도 언어를 언어로서 통용되게 만드는 데 일조한다. 그것은 속어나 숙어 혹은 유아어일 수도 있다. 언어학자들은 이들을 밋밋이 '기능어'라고 부른다. 그리스어 문법에선 소사particle라 한다. 이것은 우리를 끌어들인다. 우리는 영어로 말할 때 언제나 이것을 사용하며 이것을 사용하지 않기는 거의 불가능하다. 만일 우리가 이것을 지나치게 의식하면 말문이 막힌다. 어떤 사람들은 이런 가외 단어를 그저 산만하고 반복적인 것으로 치부하며, 요즘 애들이 게으르고 조리 있게 말하지 못해서 아름답고 정밀한 언어를 파괴하고 있다고 불평한다. 하지만 자고로 우리는 이런 사소한 단어들에 의존해왔다. 이들은 언어를 풍부하게 만들며 우리가 서로 더불어 살아가는 데 보탬이 된다.

나는 거리에서 한 젊은 여자가 그녀의 친구에게 하는 말을 우연히 들었다. "And then I like flipped out last week actually?(그래 가지고 나 지난주에 진짜 돌아버리는 거 같았거든?)" 이러한 가외 단어들에 질문하는 말투를 더했던 그녀는 무슨 말을 했던 걸까? 그녀의 문장에서 뼈대만 남기면 "I flipped out last week(나 지난주에 돌아버렸어)"다. 접속사 "and", 부사 "then", 약방에 감초 같은 "like", 강조어 "actually"는 모두 그 언사를 부드럽게 만들어서 더 큰 이야기 속으로 밀어 넣으며 상대방의 이해를 구한다. 말끝이 올라가면서 찍힌 자극적인 물음표는 끝에서 "you know?"와 같은 역할을 하는 동시에 그녀에게 아직 남은 얘기가 있다고, 그녀가 돌아버려서 생긴 결과가 있다고 알려준다.

영어에는 소사가 가득하다. 이것은 대화 중에 끊임없이 떠다니는 단어나 표현이다. like, totally, so, you know, OK, really, actually, honestly, literally, in fact, at least, I mean, quite, of course, after all, hey, fuck, sure enough…… know what I mean? Just sayin'. 이들을 사용하는 사람은 젊은이에 국한되지 않는다. 소사 중 일부는 문장부사한 문장 전체를 꾸미는 부사의 기능을 갖는다. hopefully, surely, certainly. 개중엔 주먹을 불끈 쥐는 듯한 기세를 드러내는 접속사("and furthermore……")도 있다. 이들은 대화를 진행시킨다. 막상 내용물은 없어도 이들은 언어의 혼이다.

소사는 비위를 맞추며 상대를 끌어들이는 데 쓰인다. 언젠가 나는 수영장 탈의실에서 부지중에 "Is there like no hot water?"라고 말한 적이 있다. 나와 비교해서 상대의 나이가 같거나 많았으면 나는 "Isn't there any hot water?(여기 뜨거운 물은 없어요?)"라고 말했을 것이다. 하지만 당시의 상대는 나보다 젊었다. 그때 내가 선택한 단어들은 의식적으로 조작한 결과가 아니었다. 거기서(공공 수영장이라서 어렵사리) 어우러지려는 불식간의 시도였다. 이와 비슷하게 나는 대화 중에 "So, you know, I was like totally blown away(그래서 있잖아, 나 완전 훅 갈 뻔했거든)"라고 말할 수 있겠지만 글을 쓸 때에는 이를 더 실속 있게 편집할 것이다. "I was impressed.(내겐 인상적이었어.)"

문어文語에도—as it were이를테면, as one does누구나 그러하듯, be that as it may그렇다 하여도, without further ado각설하고 같은—충전물이 있고 그중 일부는 다른 것들보다 더 형식적이고 뽐내는 어감이 있다. 오린 하그레이브스Orin Hargraves는 『이미 쓰인 말: 상투어의 사용과 남용 안내서It's Been Said Before: A Guide to the Use and Abuse of Clichés』에서 작가(특히 저널리스트)들이 이러한—상투어보다 숙어라는 표현이 더 적절하겠지만 어쨌건 정형적인—어구를 사용하는 빈도를 살펴본다. 나는 교열자로서 이런 것을 제거하고 싶은 마음이 자주 생긴다. 말머리를 돌릴 때 쓰는 truth be told솔직히 말하면는 너무나 과용된다.

소사는 친구 간의 대화 양식을 결정짓는데 이는 특이한 언어 습관을 지닌 시인이나 작가가 자기표현을 하려는 강박감을 느낄 때 특히 두드러진다. 한 시인 친구가 "and and and"라고 자꾸 더듬거리면 나는 참다못해 "내뱉어!"라고 소리를 지르고 싶어진다.

또 다른 친구는 didn't I just라는 어구를 애용해서 "Didn't I just leave my phone on the park bench(나 공원 벤치에 휴대폰 두고 온 거 아닌가)"라는 식으로 말하는 습관이 있다. 자꾸 깜박깜박하는 자신을 지적하듯 약간 자기비판적인 어감이다. 상대방에게 말하는 동안 자신의 머리를 위아래로 끄덕이거나 눈썹을 많이 움직이는 사람들이 있는데 이런 행동은 상대방의 동의를 얻기 위한 것이다.(저항하라!) yada yada yada^{그냥저냥하는} 그 시인의 "and and and"의 변형이다. 한 친구는 이를 "야**다** 야**다** 야**다**"로 발음했다. 이러한 대화 양식 중 일부는 사랑스럽다. 예컨대 윌리엄 버클리 주니어^{William F. Buckley Jr. 미국의 보수주의 작가 겸 논객}는 토론 중에 더듬대거나 혀를 차고, 데이비드 포스터 월리스^{David Foster Wallace. 미국 작가}는 그의 수필에서 "And but so"를 상표처럼 사용하여 큰 효과를 냈다.

그리고 OK가 없었으면 우리는 어떻게 살았을까? OK는 중심점이고(OK, 이제 난 OK에 관한 글을 쓸 거야), 청자로부터 반응을 끌어내고(내가 OK에 관해서 얘기해볼게, OK?), 논의가 마무리되기 시작했음을 알린다(내가 할 말은 여기까지야, OK?). 우리는 비공식 대화에서 이렇게 자주 쓰이는 OK를 부담 없이 변형해 "K" 한 글자만 적어서 문자메시지로 보내거나 오스트레일리아인의 억양을 흉내 낸다. 카이^{Kye}?

영어에는 때로 매력적이되 흔히 정의될 수 없는 변화를 일으키는 어구들이 한가득한데 실은 고대 그리스어도 그렇다. 플라톤의 저서에 쓰인 소사 덕택에 소크라테스는 그리도 푸근한 인상을 준다. 소사는 그의 언어에 개성을 부여한다. 이게 없었으면 로봇의 말처럼 들렸을 것이다. 나는 플라톤의 『소크라테스의 변명』을 읽으면서 이런 음절들로 인해 소크라테스의 말에 풍부한 뉘앙스가 생긴다는 사실을 알고 놀랐다. 이들은 팔꿈치로 슬쩍 찌르는 행동이나 윙크 또는 표정과 같다. 소크라테스가 친근하게—옛 현인들 세대의 스스럼없는 표현으로—"Don't ya know(넌 모르나?)"라고 말하는 소리를 들으면 우리는 그가 그의 청자를 쿡쿡 찌르는 모습을 눈앞에서 보는 듯하다. 하버드대학교의 허버트 위어 스미스Herbert Weir Smyth는 1920년에 출간한 『그리스어 문법Greek Grammar』에서 40쪽을 소사에 할애했다. 또 다른 학자 존 듀어 데니스턴John Dewar Denniston은 1934년에 오로지 이 주제만으로 600쪽에 달하는 『그리스어 소사The Greek Particles』를 출간했다. (writhe몸부림치다와 운이 맞는 이름을 지닌) 스미스Smyth는 이렇게 적었다. 소사는 "독립된 단어로서 번역이 곤란한 경우가 잦은데 이를 영어로 옮기면 가볍고 섬세한 그리스어 원문에 비하여 너무 단호하고 부담스럽기 일쑤다".

고대 그리스어를 배우는 학생들이 초기에 접하는 소사 중에 쌍으로 이루어진 μέν과 δέ가 있다. 이것은 예부터 "on the one hand (…) and on the other hand한편으로 (…) 또 다른 한편으로"로 번역되었다. 나는 언제나 영어에서 이 표현이 한편으로 과하고 뻔하고 지루하게 보였다. 다른 한편으로 이것이 수사적 기교라는 사실을 부인할 수는 없다. 〈뉴요커〉에서 일하는 사람은 일단 on the one hand를 쓰지 않으면 on the other hand를 쓰지 못했다. 이를 어기면 지적을 받았다. 그리스어는 그렇게 엄격하지 않았다. 그들은 μέν과 δέ를 애용했다. 반정립antithesis이라는 개념이 곧바로 언어에서 드러나는 듯 그리스인의 특성을 보여주는 이 관용어에 도취되었다.

아주 간단한 소사로서 현대 그리스어에도 여전히 사용되는 καί 는 and를 뜻하는 접속사이자 even, also, too를 뜻하는 부사다. 그 리스인들은 목록을 죽 나열할 때 항목과 항목 사이에 καί를 반복 하는데 이렇게 and처럼 반복되는 καί는 콤마와 같은 비중을 가질 뿐이다. 그들은 연속 콤마세 가지 이상을 나열할 때 and 앞에 오는 콤마를 생 각할 필요가 없었다. καί εγώ는 I on my part내 딴은로 번역되어 겸 손한 항변을 의미한다. 일상 회화에서 우리는 이것을 IMHO^{in my humble opinion(저의 졸견으로는)}로 옮기고 싶을 수도 있겠다. καί는 pray 로도 번역되어서 "Pray, **you** try to explain particles(제발 당신이 소 사를 설명해보세요)"와 같이 그 뒤에 있는 단어를 강조한다. 다른 소사들과 결합하면 καί는 "주로 강조하는 기능을 갖는데 이를 번 역하기가 어렵다"라고 스미스는 적었다. τι καί(직역하면 what and) 를 공손한 말로 옮기면 "What on earth?(도대체 무슨?)"이고, 다소 따끔하게 말하면 "What the fuck?"이다.

WTF, 소크라테스?

스미스가 언급했듯 번역이 불가능한 이런 어형변화는 어렵사 리, 혹은 고어의 효과를 내려는 의도로 굳이 번역되는 불행한 경 우가 많다. 셰익스피어는 용하게 forsooth^{참으로}와 methinks^{생각 건대}를 사용하지만 소크라테스는 엘리자베스 시대의 사람이 아 니었다. 예수는 "Verily I say unto you(내가 진실로 너희에게 이르노 니)"라고 말하지만 소크라테스는 『신약성서』 속 인물도 아니었 다. 그는 유대인 할머니처럼 "Alright already(알았어, 알았다고)" 같은 말을 했던 실존 인물이었다.

그러면 우리는 어쩌면 좋을까? 한편으로 경직된 번역은 소크라테스를 인기 없는 인물로 만들 테고 또 다른 한편으로 격식을 갖추지 않으면 경박하게 들리기 십상이다. 로셀리니 감독의 영화 〈소크라테스〉에서 소크라테스는 그의 제자들과 헤어질 때 "A presto(조만간 또 보세)"라고 말한다. 스미스는 δέ와 살짝 다른 단어가 있는 μὲν δή를 명시하고 이것이 쓰인 표현을 "So much for that(그 정도로 해두자)"이라고 번역하는데, 이 숙어는 페넬로페오디세우스의 아내에게 구혼한 자들을 해치운 오디세우스가 로버트 피츠제럴드의 번역을 통해서 내뱉은 말이다. 난 이걸 보고 크게 웃었지만 그리스인들은 무언가를 마무리 지을 때 틀림없이 이런 말을 주고받았을 것이다.

상투어와 반복되는 표현, 필요 이상으로 장황한(원고료를 단어 개수로 계산하는 경우가 아직도 종종 있으니까) 글을 지적하는 데 익숙한 교열자인 나는 영어 문장에 틈틈이 끼워진 것들을 경계하고 자주 반대하지만 이런 것이 나름대로 기능을 수행한다는 점을 유념하고 있다. 내가 만약 플라톤의 교열자로서 원고를 손질한다면 소크라테스의 말을 무미건조하게 만들어놓을까? 그리스어에는 영어의 그 어떤 것보다 더 섬세한 것들이 있고, 소사는 회화뿐만 아니라 격식을 갖춘 산문이나 운문에서도 결합조직으로 기능한다. 예를 들면 알렉산드리아의 사서들은 펜을 살짝 움직여 곡절circumflex 악센트를 표시함으로써 '지금 이 상태 이대로'라는 뜻을 지닌 소사 νῦν을 추론적인 '지금'을 뜻하는 νυν과 구별하는데, 후자는 스미스의 훌륭한 풀이대로 "화자의 생각과 그가 처한 상황의 연결"을 나타낸다. 〈뉴요커〉에는 now의 속뜻을 차별화하는 우리만의 방법이 있었다. 시간적으로 '이 순간'을 뜻하는 경우에("Now is the time for all good men to come to the aid of the par-ty.지금은 모든 선량한 사람들이 와서 정당에 도움이 되어야 할 때다." 옛날에 타자수들이 타자기를 시험할 때 으레 이 예문을 썼다) now는 홀로 쓰인다. 하지만 now가 수사적 스타일로 구사되면("Now, you're not going to like this자, 네가 이걸 좋아하진 않을 거야") 우리는 이것을—독자의 독해를 수월하게 해주는 단서가 되는 구두점인—콤마로 끊어 적는다.

스미스는 그가 "번역이 불가한 τέ"라고 일컫는 소사에도 미묘한 어감이 있다고 설명한다. 이것은 연결어 내지 and 같은 접속어로서 절clause을 도입하며 "그 절이 어떻게든 선행 절에 상응한다는 것을 알려주는 효과가 있다". 오, 세상에, 이건 세미콜론이다! 그래서 고대 그리스어엔 구두점이 별로 없었나 보다. 필요가 없었겠다. 구두점이 내장되어 있었으니까.

∾

물론 고전학자들 사이에서 고대 그리스어는 전혀 죽지 않았다. 이것은 살아 있고 해석의 여지가 많으며 매혹적인 추리의 대상이다. 호메로스에 대해서 내가 특히 좋아하는 점은 고전학자들 사이에서 끊임없는 논쟁의 원인이 되고 있는데, 그것은 곧 그가 사용한 수식어epithet다. 호메로스의 수식어에 대하여, 마치 알프스산맥에서 발견된 5000년 전의 미라처럼 시간 속에 얼어붙은 이 시적 기교에 대하여 우리가 할 말이 아직도 무척 많다는 사실은 고대 그리스어가 잘 살아 있다는 증거로 보인다. 각 수식어는 계속 재해석되며 새로운 번역을 불러낸다. 계속 무언가를 드러내는 것이 어찌 죽은 것일 수 있겠는가?

현대 그리스어에서 epithet는 그저 형용사라는 뜻이지만 호메로스의 수식어는 함의가 풍부하다. 수식어는 가장 단순한 형태로 인물의 징체를 밝히고 그에게 개성을 부여한다. 예를 들면 나는 "수다스러운 우리 엄마" 또는 "말재주가 있는 여성"이라고 말한다. 호메로스는 픽션 작가 지망생들에게 조언을 남긴 것 같다. 인물의 뚜렷한 특징이나 관심사를 정하고 이것을 이따금 다시 언급하여 독자에게 상기시키라고. 우리는 "심술궂은 크로노스"를 접하면 이 신의 모진 성격을 잊을 수가 없다.

『일리아스』에선 거의 모든 단역이 저마다 특색이 있다. 특히 죽음을 맞는 순간에 그렇다. 주역들의 수식어는 흔히 우리를 설레게 할 만큼 모호한 개성을 드러내는데 이러한 개성이 대개 드라마의 촉매로 작용한다. 아킬레우스는 어김없이 "발이 빠른"이고 이 특징이 누차 상기되었기 때문에 그가 트로이의 성채 주위에서 헥토르를 추격하는 장면에 공포감이 더한다. 오디세우스에게 제일 많이 따라붙는 수식어 polýtropos는 '많은'을 뜻하는 단어와 '전환'을 뜻하는 단어를 포함하며 지금까지 수없는 역어를 낳았다. 교묘한, 지모가 뛰어난, 교활한, 술수에 능한. 이 수식어는 번역가들을 분발시키는 동시에 난처하게 만들고 오디세우스를 종잡을 수 없는 인물로 설정한다. 이로써 그의 모험은 생생해지고 우리의 영웅은 은밀한 구석이 있는 듯이 보인다.

하지만 수식어가 항상 특색을 부여하는 것은 아니다. 호메로스를 연구하던 고전학자 밀먼 패리Milman Parry는 1930년대에 유고슬라비아의 구전 시가를 조사했다. 그가 1928년에 저술한 논문을 발전시키며 내린 급진적인 결론에 의하면, 음유시인들은 다양한 장단을 가진 수식어를 주된 방편으로 삼아서 한 행을 마저 채우거나 그다음 행을 생각할 시간을 벌었다. 그러니까 호메로스는 즉흥시를 지었다는 말이다. 서사시는 구비문학으로서 반복에 의존했다. 음유시인들과 그들의 청중은 문맹이었다. 그들은 반복이 잘못이라는 생각을 하지 않았다.

우리는 문자 문화를 영위한다. 무엇이든 기록한다. 우리는 다양성을 좋아한다. 반복은 지루하다. 그런데 호메로스가 부렸던 꾀를 우리가 답습할 필요가 있을까? 제각각 다른 성향을 지닌 번역가들은 호메로스가 사용한 수식어를 빠짐없이 충실하게 옮기거나(리치먼드 래티모어Richmond Lattimore), 분별 있게 배치하거나(로버트 피츠제럴드), 현대 독자에게 적당하게 변경하거나(에밀리 윌슨Emily Wilson), 크게 부각하거나(크리스토퍼 로그Christopher Logue), 생략한다(스티븐 미첼Stephen Mitchell).

하지만 반복도 쓸모가 있다. 인류가 기록하지 않았던 시절에는 반복이 기억을 위한 유일한 수단이었다. 『오디세이아』에서 키클롭스가 기르는 숫양과 암양 떼는 모두 통통하고 털이 수북하다고 반복적으로 묘사되고, 키클롭스가 밤마다 그들을 모아들여 정해진 순서대로 암양들의 젖을 짜는 일과는 어느덧 좀 힘들어 보인다. 그래요, 호메로스 씨, 알겠어요. 폴리페모스는 결점이 있겠지만 동물을 잘 보살피고 그의 치즈 제조법은 손색이 없다는 걸. 그런데 나중에 돌이켜보면 그가 암양과 함께 숫양도 모아들인다는 사실이 중요해진다. 왜냐하면 오디세우스는 (역시 통통하고 털이 수북하며 세 마리씩 묶인) 그 숫양들을 이용해서, 즉 그들 밑에 그의 동료들이 매달리게 해서(그는 그중 제일 큰 숫양을 골라잡고) 그곳을 탈출하기 때문이다. 눈이 먼 키클롭스는 아침에 밖으로 나가는 양들의 등만 더듬더듬하다가 결국 도망자들을 붙잡지 못한다. 반복은 긴상감을 고조하는 주제곡 같다.

"회색 눈을 지닌gray-eyed 아테나"는 호메로스의 아주 유명한 수식어이고 애초 나는 이 말 때문에 아테나에게 매력을 느꼈다. 난 우리 엄마처럼 회색 눈을 갖고 있어서(엄마의 말재주를 갖진 못했지만) 내가 아테나와 공통점이 있다는 생각에 기뻤다. 호메로스가 등장인물의 눈을 묘사하는 경우는 흔치 않다. 헤라는 "소의 눈을 지닌"인데 이는 그녀의 두 눈 사이의 간격이 넓고 그 눈이 맑고 짙은 갈색이라는 의미로써 힘과 고집을 나타내는 것 같다. 만약 아테나의 눈이 그렇게 중요하다면 "회색 눈을 지닌"이라는 수식어는 그녀의 성격 중 형언할 수 없는 무언가를 전하고 있음이 분명하다.

호메로스가 아테나를 묘사할 때 선택한 단어는 "glaukópis(γλαυκῶπις)"다. 여기서 op는 우리가 optic(눈의)이나 Cyclopes키클롭스에서 보았던 것이고, glaukós는 여러 가지 의미가 있는데 전통적으로 그중 하나가 '회색'이다. 호메로스는 glaukós를—내게 회녹색을 연상시키는—바다를 묘사할 때도 사용하지만, glaukópis는 "포도주같이 짙은(oinóps)"과 마찬가지로 색깔이 아닌 특성을 나타낼 수 있다. 다만 이 경우는 바다의 심오한 깊이가 아니라 반짝이는 그 표면을 의미할 것이다. "회색 눈을 지닌"은 glaukópis의 전통적 역어이고 래티모어와 피츠제럴드도 이것을 사용했다. 이형 철자 gray(미국식)와 grey(영국식)는 의미의 차이가 없어야 하건만 있다. 내가 아는 교열자는 시에 쓰인 "grey"를 〈뉴요커〉 스타일의 "gray"로 바꾸려 하지 않으면서 이 둘 사이에 차이가 있다고 역설했다.(그는 시인이기도 했다.) grey에 있는 철자 ey가 eye를 연상시키면서 광채를 더할지도 모르겠다. 최초의 LCL^Loeb Classical Library 번역본은 "번쩍이는 눈을 지닌flashing-eyed 아테나"라고 옮긴 곳에 각주를 달아서 "회색 눈을 지닌grey-eyed"이라는 역어도 인정했지만 "이것이 색깔을 의미할 때에는 분명 파란색에 가깝다"라고 부언했다.

우리는 그리스인이 라틴아메리카 사람들처럼 올리브색 피부에 검은 눈동자를 지녔다고 생각하지만 고대 그리스인의 조상들 중 일부는 본래 북부 출신이라서 놀랍게도 그 속에 지중해가 반사된 듯한 연청색 눈을 지닌 그리스인들이 오늘날에도 자주 보인다. 청색도 회색 못지않게 색조가 다양하다. 콘플라워, 사파이어, 로열, 네이비, 아콰마린, 코발트, 세룰리언, 인디고, 웨지우드, 파우더, 메탈릭, 상드르cendre. 델프트블루, 주간州間 고속도로를 따라 피어나는 야생 치커리꽃의 파란색, 나팔꽃의 상쾌한 파란색, 히아신스와 수국의 파란색, 로빈스에그블루Robin's egg blue, 태즈메이니아에 사는 요정굴뚝새의 황홀한 파란색. 앨리스블루, 수영장의 파란색과 가스 불꽃의 파란색, 블루베리의 탁한 파란색. 그리고 물망초의 파란색을 잊지 말자. 윈덱스유리용 세정제의 파란색, 마지 심슨〈심슨 가족〉의 등장인물의 머리털이 띠는 원색의 파란색. 우리 아버지의 눈은 잊지 못할 파란색이고 우리 남동생의 눈은 해수가 범람한 베네치아의 아침에 구멍을 낸 듯한 진짜 파란색이다. 우리 오빠의 맑은 파란 눈엔 회색이 더 많이 첨가되어 있다. 사람들은 종종 내 눈이 파란색이라고 우기지만 그렇지 않다. 내 눈은 우리 엄마를 닮아서 회색이고 눈동자에 노란 테두리가 있으며 빛에 따라서 녹색 계열의 색조를 띤다. 내가 화를 내거나 울어서 이 테두리가 말갛게 되면 내 눈은 확실히 녹색으로 변한다. 나는 아테나에게 주어진 수식어를 기꺼이 내게도 적용하고 싶지만, 운전면허 신청서에서 신청인에게 해당하는 눈의 색을 골라 표시하는 선택지에 glaucous^{회녹색}는 없다.

번역가들은 아테나의 눈을 묘사하는 역어로써 그녀의 성격을 암시하기 위하여 갖가지 표현을 시도해왔다. 『일리아스』를 영어로 완역한 최초의 여성 캐럴라인 알렉산더^{Caroline Alexander}는 처음엔 래티모어의 선례를 따라 "회색 눈을 지닌^{gray-eyed}"을 아테나의 수식어로 사용했지만, 이것을 숙고한 뒤에 "번득이는 눈을 지닌^{gleaming-eyed}"으로 바꾸었다. 알렉산더가 내게 전해준 말에 따르면 그녀는 『리들 앤드 스콧』을 찾아보던 중에 호메로스가 사자의 눈을 묘사하면서 glaukópis를 형용사가 아닌 동사로 사용한 사례를 찾아냈다. 눈은 빛날 수 있지만 회색으로 변하진 않는다.(머리털만 그런다.) 게다가 대형 고양잇과 동물의 눈은 녹색이나 호박색이다. 알렉산더는 아테나의 눈이 "젖은 돌의 색깔"을 연상시킨다고 생각한다.

고전학자 로라 슬래트킨^{Laura Slatkin}이 『호메로스 백과사전 The Homer Encyclopedia』을 위해서 제안한 것은 "은빛 눈을 지닌^{silvery-eyed}"이다. 로버트 페이글스^{Robert Fagles}가 선택한 "초롱초롱한

눈을 지닌 여신bright-eyed goddess"은 열의를 암시한다. 굉장히 시대에 뒤떨어진 크리스토퍼 로그가 시험한 "청산青酸 눈빛prussic glare"은 연금술 용어 같고, "잿빛 눈을 지닌ash-eyed"은 무광이며, "고리 조준기 같은 눈을 지닌Ringsight-eyed"은 올빼미의 눈에 적합할 듯하다. 파우사니아스는 그리스인으로서 로마 시대 초기(기원후 2세기 중반)에 여러 지역을 여행하고 이를 기록으로 남겼는데(그는 흔히 "고대 그리스의 베데커Karl Baedeker, 독일의 여행안내서 출판업자"로 불린다), 아테네의 헤파이스토스 신전 근처에 있던 아테나의 이미지에서 보이는 눈이―피터 레비Peter Levi의 번역에 의하면―"회녹색gray-green"이라고 묘사했다. 아테나가 포세이돈의 딸이라서 바다색의 눈을 가졌다고 전하는 신화도 있다. 레비는―glaukós와 비슷한 단어 glaux가 올빼미를 뜻하는 고대 그리스어이므로―"올빼미의 눈을 지닌owl-eyed"의 연관성을 언급하면서 아테나가 어둠 속에서도 잘 본다는 점을 시사했다. 언제나 잘 살피는 아테나.

『리들 앤드 스콧』의 여러 간행본에는 γλαυχός에 대한 정의가 몇 가지 있는데 그중 일부는 특성에 관한 것이고 나머지는 색깔에 관한 것이다. 축약본인 『리틀 리들』에서 그 정의는 "번득이는, 번적이는, 선명하게 번득이는"으로 시작해서 "연한 녹색, 파르스름한 녹색, 회색"으로 이어진다. 『리들 앤드 스콧』은 이 단어가 눈의 색깔을 의미할 때에는 "옅은 청색이나 회색"이라고 명시하고 라틴어에서 glaucus는 "올리브나무의, 버드나무의, 포도나무의"를 뜻한다고 덧붙인다.(아마 올리브그린은 빨간 피망으로 속을 채운 전채 요리가 아닌, 은빛이 감도는 그 나뭇잎의 색깔일 것이다.) 아테나의 로마 화신인 미네르바의 수식어는 "번득이는 눈을 가진"

으로 번역된다. 하지만『리들 앤드 스콧』에 비견되는 라틴어-영어 사전『루이스 앤드 쇼트Lewis and Short』는 glaucus를 "밝은, 섬광을 내뿜는, 번득이는, 회색빛이 감도는"이라고 정의한다. 따라서 회색 눈을 지닌 아테나는 그리스어가 라틴어로 스며들던 시기에 비롯된 것이다.

나는 나의 그리스어 선생님 크리샌드에게 γλαυκός가 현대 그리스어로 무슨 뜻이냐고 물어봤다. 그녀는 오래 망설이지 않고 대답했다. "연한 파란색." 현대 그리스어 사전에서 파란색(galázios)을 추적해보면 이것은 초록빛 바다색sea green과 파란 하늘색azure으로 확장한다.『웹스터 사전』은 azure를 "맑은 하늘의 파란색"으로 정의한다. 우리가 파란색을 이야기하면서 하늘을 외면하기는 어렵다. 그리스어 galaxías(galaxy)는 Milky Way은하수이고 이것은 한밤중에 보이는 하얀 띠뿐만 아니라 우유의 파르무레한 색조와도 관계가 있다.

내가 커다란 미국어 사전인『웹스터 제2판 무삭제본Webster's Second Unabridged』을 찾아봤더니 glauco-라는 복합형이 은색, 회색이라는 의미로 실려 있었다.(올리브나무의 잎 같은 색?) glaucoma녹내장는 옅은 회색, 청회색(뿌연 눈의 색?)을 뜻하는 그리스어에서 왔다. glauconite해록석라는 광물의 그리스어 어원은 파르스름한 녹색 또는 회색으로 정의된다. glaucous는 "녹청색"과 "노르스름한 녹색"이다. 〈메리엄웹스터 온라인 사전 무삭제본〉은 실로 확장할 여지가 있다. 이것은 glaucous라는 색상을 연한 황록색, 옅은 파르스름한 회색이나 파르스름한 흰색으로 정의한다. 라틴어 glaucus와 그리스어 glaukós는 '순수한, 맑은'이라는 뜻을 지닌 고대 영어 단어와 관계있는 듯하다. 이처럼 glaukópis와 관련된 색상은 사람이 입은 옷이나 그녀의 기분에 따라 눈의 색깔이 변하듯 상황에 따라 달라지며 진화했다. 〈메리엄웹스터 온라인 사전 무삭제본〉은 glaucous blue, glaucous gray, glaucous green의 색조도 각각 상세히 정의한다.

분명히 호메로스는 아테나의 눈이 아름답다는 의미를 전했다. 여신의 눈을 묘사하기로 마음먹은 시인이 그것이 흡사 블랙베리 파이에 엄지손가락으로 뚫은 구멍 두 개 같다고 말할 리는 없을 테니까. 아테나의 눈은 총기가 있다. 의도를 드러내고 표현적이며 때로 공모 내지 음모의 기미가 있다. 에밀리 윌슨은 『오디세이아』를 번역하면서 아테나를 위한 어휘를 샅샅이 끌어모았다. 아테나의 "반짝이는 눈twinkling eyes" "홍조를 띤 눈glowing eyes" "빛나는 눈shining eyes" "빤짝하는 눈glinting eyes" "섬광을 내뿜는 눈sparkling eyes" "맑은 눈을 지닌clear-eyed" "올빼미의 눈을 지닌" "초롱초롱한 눈을 지닌" "눈썰미가 좋은sharp-sighted" 여신. 그녀의 "이글거리는 aglow" "강철빛steely" 눈. 윌슨은 아테나가 윙크했다고 표현한 적도 한 번 있다. 아테나는 인간들의 눈을 바라본다. 그들을 응시하면서 터놓고 말한다. 아마도 새벽의 장밋빛 손가락들과 포도주같이 짙은 바다와 마찬가지로, 회색 눈을 지닌 여신이란 말은 그녀의 눈의 상태 때문이 아니라 인간들을 쳐다보는 그녀의 눈이 그들에게 미치는 영향 때문에 생겼을 것이다. 이 눈의 색깔이 무엇이든—연한 녹색에 파르스름한 녹색이 더해진 회색이라고 나는 결론짓겠지만—하여튼 매력적인 눈이다.

하늘과 바다의 분위기만큼이나 다채로운 특성을 지닌 회색,

청색, 녹색, 노란색, 은색의 색조에 대한 이 모든 추리가 우리의 행복을 진심으로 바라는 한 여신을 묘사하는 γλαυκῶπις라는 단 하나의 고대 복합형용사에서 비롯한다는 사실은 단어들의 생명력과 융통성, 내구력과 탄력성을 보여주는 증거라고 나는 생각한다. 좋은 단어는 절대 죽지 않는다. 계속 자란다.

친애하는 데메테르

1970년에 대학생이 되어 클리블랜드를 떠날 때 나는 밀봉된 우유병 같았다. 건전했고 오염되지 않았다. 누군가 내게 고향을 물으면 난 중서부Midwest라고 말했다. 그가 더 캐물으면 난 오하이오라고 말했다. 그래도 그가 만족하지 못하면 난 클리블랜드에서 왔다고 털어놓았다. 웨스트사이드. 동물원 근처. 클리블랜드는 웃음거리였다. 강물에 불이 났던 곳이었다. 그곳의 디제이들은 그곳을 "국내에서 제일 좋은 장소"라고 불렀다. 우리는 그곳을 "호반의 실수"라고 불렀다.

나는 가톨릭 여자고등학교에 다녔었다. 열여덟 살 때까지 내가 가장 멀리 여행한 곳은 서쪽으로 디트로이트, 남쪽으로 콜럼버스, 동쪽으로 나이아가라폭포였다. 북쪽엔 호수(이리호)가 있었다. 나는 초등학교 시절에, 스위스에 있는 기숙학교에 들어가서 프랑스어, 독일어, 이탈리아어를 배울 수 있기를 바랐다. 이후 래드클리프, 스미스, 웰즐리 같은 대학은 내게 환상을 심어주었다. 우리 아버지는 나를 오하이오에 있는 주립대학교에 보낼 만한 여유는 있었다. 그리고 그는 나를 오하이오에 붙들어두고 싶어 했다. 나는 벗어나기로 결심했다.

내가 고등학교 3학년 때 대학교를 알아보던 한 친구가 내게 말했다. "넌 러트거스에 가야 돼. 거기 낙농학과가 유명해." 나는 젖소에 흥미가 있었다. 차분하고 모성적인 동물. 젖소는 내게 전원생활을 떠올리게 했고 젖소에 대한 나의 애정은 낙농에 관한 모든 것으로 뻗어갔다. 헛간, 저장탑silo, 우유, 치즈, 젖소 그림. 기어이 나는 클리블랜드에서 우유 트럭을 몰았다. 내가 가졌던 최고의 직업이었다.(버몬트에 있는 치즈 공장에서 모차렐라를 포장하는 일은 내 생애 최악의 직업이었다. 〈뉴요커〉에서 교열하는 일은 내가 가장 오래 종사한 직업이었다.) 10대 시절에 나는 천연의 초지가 있는 낙농장에서, 이왕이면 버몬트에서 젖소 세 마리와 황소 한 마리를 키우는 삶을 꿈꾸었고, 처음에 난 그 꿈을 좇아 가든스테이트 Garden State. 뉴저지주의 별칭까지 갔다.

러트거스는 아이비리그에 속한 듯한 이름이지만 주립대학교 The State University of New Jersey이고, 오하이오의 주립대학교에 비해 학비가 200달러 남짓 더 비쌀 뿐이라서 그만하면 내가 학교 수업 후에 파트타임으로 일해서 벌 수 있는 액수였다.(나는 '엉클 빌스'라는 할인점의 의류 매장에서 가격표를 붙이는 일을 했다.) 그래서 난 러트거스대학교에 속한 더글러스여자대학에 지원했다.

우리 아버지의 고집이 한풀 꺾였던 1970년 가을, 우리는 펜실베이니아 턴파이크turnpike. 유료 고속도로를 타고 동쪽으로 향했다. 노리스타운까지 가서 킹오브프러시아모텔에서—이런 명칭들을 접하고 즐거운 기분으로—하룻밤을 보낸 뒤, 아침에 뉴저지 턴파이크를 이용하여 뉴브런즈윅으로 올라갔다. 나를 기숙사까지 바래다준 우리 아버지는 나의 양어깨를 잡고 내게 살짝 키스하고 말했다. "오래 떨어져 있기 싫은데." 그는 눈물이 흐르지 않도록 잠시 그의 고개를 뒤로 젖혔다. 나도 슬펐지만 이것은 전환점이었다. 내가 선택한 일이었고 나는 후회하지 않았다.

조지스트리트에는 참 직설적인 상호를 내건 식료품점 데이브스 푸드스토어와 곧 쓰러질 듯한 집 한 채가 있었는데 이 집의 입구에서 자색 꽃을 피운 식물이 눈에 띄었다. 라일락 같은 색깔이었지만 라일락은 봄에만 꽃이 핀다. 내가 이주한 곳은 참으로 낯설고 매혹적이구나! 자색 꽃을 피운 이 식물은 등나무였다. 우리가 가지치기를 해주면 이 나무는 계속 꽃을 피운다. 이후 나는 카프리와 코르푸에서 그 향기를 맡았고, 마서스비니어드Martha's Vineyard. 코드곶 남쪽의 섬에서 그것을 먹었다. 그리고 내가 직접 라커웨이에 심은 등나무 한 그루는 나의 방갈로를 뒤덮고 있다.

그런데 오하이오에서 탈출한 나는 뜻밖의 말을 들었다. 더글러스에 입학한 뉴저지 토박이들은 나와 정반대의 길을 떠난 친구를 둔 경우가 많았다. "오하이오에 좋은 학교가 아주 많은데"라고 말하면서 그들은 오벌린, 하이럼, 케이스웨스턴리저브를 예로 들었다. "넌 왜 여기로 왔어?"

일단 뉴저지엔 바다가 있었다. 난 바다를 본 적이 없었다. 이외에 내가 이 주州에 대해서 아는 바는 별로 없었다. 난 이곳의 주도州都가 애틀랜틱시티인 줄 알았다. 나의 새 친구는 내가 바다를 본 적이 없었다는 얘기를 듣고 너무너무 놀란 나머지 차 한 대를 빌려서 나를 태우고 애즈베리파크로 갔다. 판자가 깔린 산책로를 걸으면서 바다가 동편에 있다는 사실을 직감했을 때 느꼈던 짜릿한 기분을 나는 지금도 기억한다. 클리블랜드에서 호수는 언제나 북쪽에 있었다. 육지에 대한 나의 방향감각이 완전히 바뀌었다!

더글러스에서 나의 첫 영문학 수업의 주제는 자서전이었고 우리는 실비아 플라스로 시작했다. 『거대한 조각상』과 『에어리얼』. 그녀가 자살했다는 말을 듣고 나는 화가 났다. 대학교 신입생으로서 나는 추한 것으로, 절망으로 안내되고 있는 기분이 들었다. 시집을 낸 그녀는 스미스대학에 다녔었고 잘생긴 영국 시인과 결혼하여 자식들도 얻었지만—모든 것을 가졌지만—그녀의 아버지의 죽음으로 인한 충격에서 끝내 벗어나지 못한 것 같았다. 왠지 나는 그녀의 시를 읽는 동안 나도 그녀처럼 죽음을 동경하는 마음을 품어야 한다고 느꼈다. 내게 지대한 영향을 미친 또 다른 책은 메리 매카시Mary McCarthy의 『가톨릭 소녀의 회상Memories of a Catholic Girlhood』이었다. 그녀는 한 소녀로서, 우주를 창조하기 위하여 앞서 누군가 또는 무언가 존재해야 했으므로 반드시 신이 있다는 생각에 저항하는 글을 썼다. 우주가 원래부터 존재했다고 믿기도 쉽지 않을까?(이런 믿음을 이교로 낙인찍는 명칭이 있을 듯싶다.) 메리 매카시가 쓴 글의 일부는 나를 질리게 했다. 그래, 그녀는 신을 믿지 않았다. 한데 신을 모욕할 필요가 있었을까? 나라면 차라리 양다리를 걸쳤을 것이다. 나는 수업 시간에 이런 생각을 말했는데 교수님이 자신은 무신론자라고 말해서 난 기겁했다. 나는 이미 이 남자를 좋아하고 있었는데 난 가톨릭 신자였다. 내가 어떻게 무신론자를 좋아할 수 있을까?

기숙사로 돌아오는 길에 나는 나도 모르게 기도했다. 이는 정신 나간 기분을 느끼지 않으면서 나 자신에게 말하는 습관이었다. '신이시여, 당신에 대한 나의 믿음이 사라지지 않게 해주소서.' 그다음 수업이 있기 전에 나는 눈부신 통찰을 했다. 무류성in-fallibility은 교황이 직접 신의 명령을 받았기 때문에 신앙에 관하여 오류가 없다는 주장인데, 이것은 일본 천황이 태양의 자손이라고 자처하는 것만큼 황당하지 않은가? 성부와 성자와 성령과 더불어 그 신전이 내 앞에서 와르르 무너졌다.(아빠는 내게 이런 일이 일어나지 않도록 나를 오하이오에 붙들어두려고 하셨을까?) 아무튼 나는 한 인간이 무신론자라고 자처하면서도 여전히 교리문답식 표현대로 로마가톨릭교회가 유일하게 진실하고 신성하고 보편적인 사도의 교회라고 주장할 수 있다는 것을 확인할 작정이었다.

우유병 마개가 열렸다.

나는 곧 천문학, 실존주의, 신화학 같은 색다른 강의에 등록했다. 이 중에서 (수학이 과다했던) 천문학을 중도에 포기했고 실존주의는 잘 이해하지 못했는데 신화학을 다루는 〈고전학 355〉 강의는 계시였다. 이 강의를 담당했던 프로마 자이틀린Froma Zeitlin 교수는 찬란한 주제들을 다루었다. 『오레스테이아』와 호메로스의 『데메테르 찬가』, 신화에 대한 인류학적 접근으로써 구조주의의 기반을 다진 클로드 레비스트로스, 루마니아의 종교사학자 미르체아 엘리아데, (처음에 내가 "아치타이프"로 잘못 발음했던) 아키타이프archetype. 원형 이론을 발전시킨 스위스 정신과 의사 카를 융의 저서들.

당시 학계에 첫발을 내디딘 자이틀린 교수는 이미 지지자들이 있었다. 그녀는 영감이 깃든 강의로써 신화를 감동적으로 만들었다. 그녀는 1976년에 프린스턴대학교로 자리를 옮겼고 거기서 수십 년간 강단에 서면서 고전학 연구로 명성을 얻었는데, 나는 2학년 봄에 운 좋게 그녀의 강의를 들었었다.("프로마 자이틀린한테 배웠다고요?" 몇 년 후에 한 고전학자는 경이롭다는 듯이 내게 이렇게 물었다.) 그녀는 특히 삶과 계절의 순환을 뜻하는 '그레이트 라운드Great Round'와 대지의 어머니 가이아를 유창하게 설명하면서 데메테르와 페르세포네의 신화를 해체하고 그들과 관련된 비밀 의식인 엘레우시스 비의Eleusinian Mysteries를 상술했다.

이 의식의 입문자들은 행렬을 지어 노변에 무덤이 많은 '신성한 길Sacred Way'이라는 도로를 통해 아테네에서 엘레우시스까지 걸어갔다. 엘레우시스 비의에 대해 정확히 아는 사람은 없지만 하여간 그것은 죽음과 연관이 있었다. 엘레우시스는 농업의 수호신 데메테르(데-**메**-테르)를 숭배하는 중심지였다. 그녀는 그리스 신들의 대자연이었다. 그녀의 딸 페르세포네는—단순히 '소녀'를 뜻하는 코레Kore라는 이름으로 자주 불렸는데—하데스에 의해 납치되어 지하 세계로 끌려갔다. 야외에서 꽃을 따던 코레가 유난히 아름다운 수선화에 매료되어 있을 때 하데스는 그의 말이 끄는 전차를 타고 땅속에서 솟아나와 그녀를 끌어갔다. 그녀는 강간을 당하고 납치됐다. 아무도 이를 막지 못했다. 자이틀린 교수는 이것이 불가피했다는 듯 말했다. "처녀는 언제나 희생되기 알맞은 상태지요." 나는 처녀였고 남녀공학 대학의 여느 여학생들처럼 처녀성을 잃고 싶어 했지만 결코 그런 일을 상상해본 적은 없었다.

딸을 잃고 비통에 잠긴 데메테르는 이제 만물을 자라게 하려는 마음까지 잃었다. 아무도 그녀에게 위로가 되지 못했다. 그녀는 인간들도 고통을 받게 했다. 대자연이 곡물을 생산하지 않으면, 아무것도 발아하지 않고 아무것도 개화하지 않으면 아무도 먹지 못한다. 데메테르의 슬픔은 기근을 야기했다. 제우스를 비롯한 신들은 인간이 멸종하면 신들을 숭배할 자들이 없어진다는 사실을 깨달았고, 그래서—신들은 이기적이라서—신랑은 강제로 데려온 신부를 그녀의 어머니에게 돌려보내는 데 동의했다. 그런데 계략이 있었다. 그녀가 떠나기 전에 하데스는 그녀에게 석류씨 몇 알을 먹였다. 나는 이 이야기를 듣기 전엔 석류가 뭔지 몰랐던 것 같은데 이건 씨가 많은 열매다. 빨간 공 같은 모양에 빨간 씨가 빼곡히 들어차 있다. 음란하게 씨를 가득 품은, 씨밖에 없는 열매. 그녀는 석류씨를 먹었기 때문에—"그녀는 그의 씨를 그녀의 입속에 넣었기 때문에"—코레는 지하 세계로 돌아가야 했다.

이러한 이야기는 엘레우시스 비의의 배경으로 소개되었다. 사람들은 아테네부터 엘레우시스까지 걸어가는 동안 묘비들을 지나치면서 어머니와 딸, 죽음의 필연성과 부활의 약속을 되새겼다. 무지무지 안타깝게도, 그들은 비밀을 지키겠다고 서약했고 아무도 그 비의의 내용을 밝혀내지 못했다. 그들은 엘레우시스에 도착해서 무엇을 했을까? 강의를 듣거나 공연을 보았을까? 아니면 눈을 감고 지시에 따라 명상을 했을까? 그들은 무엇을 배웠을까? 나도 입문자가 되고 싶었는데!

자이틀린 교수는 계절을 중심으로 신화의 의미를 술술 풀어냈다. 농작물은 자라서 수확되고 시들마른다. 잎을 다 잃은 나무는 겨우내 앙상하지만 봄이 오면 작고 끈끈한 잎사귀를 내어 우리의 희망을 되살린다. 봄이 올 거라는 사실을 사람들이 알지 못했던, 혹은 믿지 못했던 시절이 있었다. 사실 나는 매해 겨울이 4월이나 5월까지 미적거리면 봄이 올까 싶다. 어쨌든 우리는 음울한 —강간, 죽음, 겨울—이야기를 들었지만 고통에 끝이 있다는 사실은 위안이 되었다.

자이틀린 교수의 강의는 '그레이트 라운드'의 인류학적 개념에서 절정을 이루었다. 삶은 땅에서 시작해서 땅으로 돌아가며 순환하고, 이와 더불어 계절은 삶에서 죽음을 거쳐 다시 삶으로 돌아온다. 이것은 우리가 죽는 순간이나 결혼 생활에서 고통을 겪지 않는다는 뜻이 아니라, 삶이 죽음의 길을 예비하듯 죽음은 다시 삶의 길을 예비한다는 뜻이다.

이날 봄날에 나는 히크먼홀을 뛰쳐나와, 학교 버스를 잡아타고 시내를 가로질러 러트거스대학교에 가서 실존주의 강의를 들으려고 잔디밭을 뛰어 내려가다 물기가 있는 풀에 미끄러져서 공중에 붕 떴다가 진창에 엉덩방아를 찧었다. 언덕 위에 앉아 있다가 이 장면을 목격한 한 여자는 내게 손가락질하면서 깔깔대며 웃었다. 나는 실존주의—아마 사르트르의 『구토』—수업을 빼먹고 기숙사로 터벅터벅 걸어왔는데 흠뻑 젖었지만 희열을 느꼈다.

난 우유를 엎질렀다. 나는 그 비의에 관해 더 알고 싶었고 그 뒤에 이어질 이야기를 기대했다. 우유병을 다시 채울 준비가 되어 있었다.

‿

신화에 대한 자이틀린 교수의 접근 방법은 내가 자라면서 접할 수 있었던 것과 차원이 달랐다. 1950년대 라이시엄에서 상영했던 〈율리시스〉부터 '아마존의 여왕'이 등장하는 2017년 블록버스터 〈원더우먼〉까지 신화의 매력은 영속적이다. 고전(비고전주의자를 의식하는 의미의 '고전') 편찬의 사례를 들면 『불핀치의 신화Bulfinch's Mythology』가 있고 로버트 그레이브스Robert Graves가 백과사전식으로 편찬한 두 권짜리 『그리스신화Greek Myths』가 있는데, 후자는 신과 영웅의 위업에 관한 변형된 이야기를 엄청나게 많이 담고 있어서 우리는 이 책을 읽다가 새로운 이야기를 지어내고 싶은 충동을 느끼기 십상이다. 영국의 작가이자 배우로서 최근에 『미토스Mythos』를 편찬한 스티븐 프라이Stephen Fry는 그가 어린 시절에 읽었던 『고대 그리스 이야기Tales from Ancient Greece』로 말미암아 신화에 대한 애착을 갖게 되었다고 말한다. 미국 작가 릭 라이어던Rick Riordan의 유명한 퍼시 잭슨 시리즈에서는 열두 살 소년이 그리스신화에 기반한 환상적인 모험에 빠져든다. 이러한 모든 사례 중에서 우리가 부담 없이 접하기 가장 좋은 것은 이디스 해밀턴의 책일 듯싶다. 그녀가 출간한 『고대 그리스인의 생각과 힘The Greek Way』 『고대 로마인의 생각과 힘The Roman Way』 『그리스 로마 신화Mythology』는 20세기 중반에 미국에서 선풍적인 인기를 끌었고, 이로써 그녀는 여러 세대에 걸쳐 그리스 문화의 해설자로 명성을 얻었다.

여러 해 동안 나는 해밀턴이 구닥다리라고 생각했고 이런 점은 고전을 다루는 작가에게 오히려 결점이 아닐까 싶었다. 게다가 나는 그녀를 〈오즈의 마법사〉에서 사악한 서쪽 마녀로 나왔던 마거릿 해밀턴과 혼동했었다. 두 여자는 한동안 그래머시파크맨해튼에 있는 사유지 공원에서 살았고 문화적 공로가 커서 대중의 사랑과 존경을 받는다는 공통점이 있다. 마거릿 해밀턴은 널리 알려져 있듯 갸름한 얼굴에 날렵한 턱선과 짙은 눈썹을(영화 속에선 녹색 피부도) 지녔는데, 내가 가지고 있는 너덜너덜한『고대 그리스인의 생각과 힘』문고본 뒷면에 실린 조그만 초상 속의 이디스 해밀턴은 마거릿 해밀턴과 약간 닮았다.(물론 마녀처럼 고깔모자를 쓰진 않았지만.)

이디스 해밀턴은 마녀가 아니었다.(마거릿 해밀턴도 마찬가지였다.) 이디스 해밀턴은 일곱 살 때 그녀의 아버지와 함께 라틴어를 공부하기 시작했다. 그녀의 친할머니는 여성 교육의 선구자였다. 1867년에 독일에서 태어난 해밀턴은 인디애나에서 자라며 집에서 교육을 받았다. 그녀는 코네티컷에 있는 미스포터스스쿨Miss Porter's School. 대학 예비 사립 기숙학교에 다닌 후 유학을 떠나, 그녀의 여동생과 더불어 뮌헨대학교에서 공부한 최초의 여자들 중 한 명이 되었다. 그녀는 생계를 잇기 위해 학생들을 가르쳤고, 55세에 볼티모어의 브린마워스쿨Bryn Mawr School. 대학 예비 학교 교장으로서 퇴임한 뒤에야 그리스신화에 관한 글을 쓰기 시작했다.

이디스 해밀턴은 격려를 받아야 글을 썼다. 처음에 그녀가 쓴 글은 그리스 비극 작가들에 관한 에세이로 연극 잡지에 실렸는데, 그 글이 매우 명료하고 흥미로워서 그녀는 글을 더 써보라는 격려를 받았다. 그녀가 1930년에 출간한『고대 그리스인의 생각과 힘』은 요즘 출판계 용어로 슬리퍼sleeper. 나중에 갑자기 유명해진 책였다. 세월이 흘러도 꾸준히 팔렸고 현재도 간행되고 있다. 한평생 독서와 교육에 매진한 경험을 바탕으로 해밀턴은 고전문학을 원어로 소화하여 그 이야기들을 깔끔하고 고상한 문체로 다시 들려주었다. 일반 독자가 꺼릴 만한—외화를 관람하는 미국인들의 몰입을 방해하는 자막 같은—거추장스러운 각주나 학구적인 논설은 덧붙이지 않았다. 해밀턴이 그리스와 로마의 신화를 모아서 편찬한 『그리스 로마 신화』에서 그녀는 그녀가 선택한 출전을 두주頭註로 간략히 언급하고 곧바로, 실로 친절하게 이야기하며 약간의 해설을 곁들인다. 그녀의 언어는 명창하고 메시지는 계몽적이다.

해밀턴의 작품이 그렇게 인기를 끌었던 한 가지 이유는 그녀가 학계를 우회했기 때문이다. 고전학자들은 콧대가 높기 마련이다. 그들은 그리스어로 쓰인 글을 읽고 나면 번역을 맥없는 모방으로, 거의 신성모독으로 취급한다. 이디스 해밀턴이나 스티븐 프라이, 릭 라이어던, 심지어—엄연히 학문적인 백과사전식 체계를 갖춘—로버트 그레이브스의 작품마저 경시한다. 하지만 이러한 작가들이 평이한 서술로써 신화를 사람들에게 소개한 덕분에 사람들은 신화에 빠져들고 나아가서 헤시오도스를 그리스어로, 오비디우스를 라틴어로 읽어보려는 마음을 먹을 수 있다. 나는 무언가에 끌려 〈고전학 355〉에 등록했고, 그것이 무엇이었든—라이시엄에서 봤던 저급한 할리우드 영화였든 아니면 잡화점 선반에서 골랐던 만화 고전 시리즈Classics Illustrated였든—신화의 매력은 나로 하여금 대학에서 이 강의를 듣게 만들 만큼, 그리고 드디어 나를 그리스어와 그리스로, 엘레우시스로 이끌 만큼 강력했다.

대학 졸업 후 10년이 지나, 그사이 처녀성을 잃은 나는 신화에 대한 흥미가 다시 샘솟아서 '신성한 길'을 따라 엘레우시스(현대 그리스어로 엘레프시나)로 향했다. 그 길가에 있는 무덤들을 보고 싶었고, 엘레우시스 비의에 입문하는 기분을 조금이라도 경험하길 바랐다. 내가 갓 습득한 현대 그리스어를 활용하여 신성한 땅에서 이것저것 캐묻다 보면 그 신비를 밝혀낼 수도 있으리라. 아니면 적어도 아테네 바깥의 시골 경치라도 구경할 수 있겠다고 나는 생각했다.

나는 도로시 그레고리의 조언을 무시하고 그리스의 부활절(그해는 늦은 5월)에 아테네에 머물렀다. 나는 한 수도의 모든 것이 문을 닫을 줄은 몰랐다. 그리스인들은 각자의 조상이 살던 마을로 떠나거나 한 번에 며칠씩 휴업했다. 나는 아크로폴리스 아래 플라카 지구를 배회하던 중에, 한 남자가 그의 뒤뜰에서 꼬치에 끼운 양고기를 돌리고 있는 모습을 봤다. 나도 어떻게든 끼어들어서 부활절을 함께 기념하고 싶은 마음이 간절했다. 어쩌면 고대에 데메테르의 성지였던 엘레프시나에 가면 봄을 맞이하는 이교도의 의식과 나의 연결 고리를 찾을 수도 있을 것 같았다.

아테네와 엘레프시나 사이의 거리는 22.5킬로미터인데 『블루 가이드』 여행안내서는 "처음의 5-6킬로미터 구간은 심하게 산업화되어 보행자에게 지루하다"라고 알리며 버스를 타라고 권했다. 클리블랜드의 딸로서 가든스테이트에서도 살아봤던 나는 "심하게 산업화되어"에 거부감이 들지 않았다. 그래도 22.5킬로미터는 지루해 보였다. 『블루 가이드』는 아테네에서 11킬로미터 떨어진 다프니(Δαφνή)에 비잔틴 양식의 모자이크로 유명한 수도원이 있다고 소개했다. 나는 버스를 타고 다프니까지 가서 그곳에서부터 '신성한 길'을 걷기로 결심했다.

당시 나의 그리스어 능력은 미약했지만 나는 투지만만했다. 내 입 밖으로 제일 많이 나온 말은 Δεν κατάλαβα(Den katálava), "못 알아듣겠어요"였다. 나는 필요한 질문을 무엇이든 연습했지만 나의 기대와 다른 대답을 들으면 알아듣지 못했다. 크레타에서 로도스로 가는 연락선에 관한 정보를 얻기 위해 애쓰던 나는 배짱 좋게 피레우스에 있는 항만청 같은 곳에 전화를 걸었는데, 전화를 받은 남자는 나더러 크레타에서 피레우스로 돌아왔다가 로도스로 가라는 식으로 말했다. 내가 어딘가로 가고 싶을 때마다 처음부터 다시 출발해야 한다는 말처럼 들렸다. 무지 실망스러웠다. 연락선은 나와 대화하는 그리스인이 배를 소유하고 있거나 내게 배표를 팔면서 수수료를 챙길 수 있을 때에만 운행했다.(이때는 인터넷이 도입되기 전이라서 다양한 연락선의 운항 정보를 온라인으로 쉽게 검색할 수 없었다.) 나는 '외국 전화기 공포증xenoph-onophobia'을 극복하고 그렇게 전화를 걸었지만 끝내 만족스러운 결과를 얻지 못해서, 피레우스 항구에 위치한 안내소를 직접 찾아가 거기에 있는 남자에게 물었다. 역시 내가 알아들을(또는 받아들일) 수 없는 대답이 돌아왔다. 나는 "Δεν κατάλαβα"라고 말했다. 이때 그가 그의 눈썹을 추켜세우며 말했다. "아, 당신이군요!" 그는 아까 나와 통화했던 그 남자였다.

엘레프시나 탐험 중에 내가 사용한 그리스어 동사는 웬일인지 내내 후진하듯 모두 과거 시제에 고착됐다. 나는 버스에 올라 타서 운전사에게 물었다. "신성한 길로 엘레프시나 갔지요?" 그 는 다소 신중하게 고개를 비스듬히 아래로 기울이며 긍정의 뜻 을 나타냈다. 나는 차창 밖의 풍경을 바라보면서, 내가 앞서 의심 했듯이 『블루 가이드』의 글이 과장되어 있다는 것을 확인했다. 아테네 교외에는 폐타이어가 쌓인 넓은 야적장이 군데군데 있었 지만 이건 클리블랜드나 뉴저지주 엘리자베스에 비할 바가 아니 었다. 내가 탄 버스는 한 교회당basilica을 지나쳤는데 난 이것이 다 프니의 수도원인 줄 알고—버스 안에서 연신 성호를 긋는 그리 스인들을 보고—버스에서 내렸다. 버스 운전사는 나를 아리송한 표정으로 쳐다봤다. "걸어갔어요"라고 나는 설명했다. 그는 씩 웃 었다.

그래, 나는 걸어갔다. 한 시간 남짓 걸어가니 다프니를 알리는 표지판이 보였다. 수도원은 높은 돌담 너머 수목이 울창한 곳에 자리 잡은 은신처였다. 그 입구엔 손으로 제작한 알림판이 붙어 있었다. "지진 피해로 인해 출입 금지." 1981년에 코린토스만에서 큰 지진(리히터 규모 6.7)이 있었는데, 이곳의 모자이크를 다시 끼 워 맞추는 일이 분명 급선무는 아니었을 것이다.

이 수도원은 당초 나의 목적지가 아니었고 나는 비잔틴 양식 의 모자이크에 무지했지만 여기까지 온 이상 그냥 돌아서고 싶 지는 않았다. 여행 중의 한 단계나 이정표 하나, 내가 어딘가로 가는 길을 찾기 위하여 편의상 지도에서 선택한 지명 하나가 그 자체로 목적지가 될 때가 많다. 다프니도 그러했다. 이제 여기 에 왔으니 나는 안으로 들어가고 싶었다. 담장 너머에서 누군가 정원에 물을 주고 있었다. 내가 대문 앞에서 빈약한 어휘력으로 "Kaliméra! 안녕하세요! 아무도 없어요?"라고 소리를 질렀더니 개들이 짖기 시작했다. 한 남자가 대문 쪽으로 왔고 난 떠듬떠듬 독백을 시작했다. "저는 신성한 길을 따라 걷고 있었는데요, 제가 물 좀 달라고 부탁할 수 있을까 해서……." 이 말은 마치 오즈의 마법사에게 허수아비가 노란 벽돌길에서 도로시와 마주친 일을 이야기하는 소리처럼 들렸을 것이다. 나는 적어도 neráki라는 말은 알고 있었다. 물 좀. neró의 지소사指小辭. 그 남자는 시큰둥하게 저쪽 주차장에서 캠핑하는 사람들한테 가보라는 말만 했다. 내가 들은 바에 의하면 이 수도원에는 수년간 수도자가 없었고 현재 이곳은 공원이자 야유회 장소였다. 캠핑 중이던 사람들이 내게 물 좀 주고서 나더러 핀란드인이냐고 물었다. 내 낯빛이 되게 창백했나 보다.

"새로운 고속도로가 다프니에서 고대의 도로와 만난다"라고 『블루 가이드』에 적혀 있었다. 이 근대적 고속도로는 1960년대에 생긴 유료도로로서 아테네에서 서쪽으로 약 80킬로미터 떨어진 코린토스까지 이어지는데 보행자를 배려하는 길은 아니다. 이것은 내가 뉴욕으로 갓 이주해 왔을 때 본의 아니게 딱 한 번 자전거를 타고 들어섰던—맨해튼 이스트사이드의 혼잡한 고속도로—FDR드라이브를 생각나게 했다. 차량들이 굉음을 내며 내 옆을 아슬아슬하게 비껴가는 동안 나는 겁에 질려 흔들흔들 좁은 갓길을 지나갔다. 난 그런 실수를 다시는 하지 않기로 했었는데. 지금 '신성한 길'에서도 차량들이 내 옆을 윙윙거리며 지나갔고 트럭이나 택시, 자가용이 세 대당 한 대꼴로 내 뒤에서 나를 으르듯 경적을 울려대는 바람에 나는 미칠 지경이었다. 나를 차에 태워주겠다는 운전자도 많았지만 난 거절했다. 나는 길가에서 내가 찾던 고대 무덤 대신 시골의 우편함처럼 말뚝 위에 놓인 교회 모양의 소형 감실들을 보았다. 각 감실 안에는 성상, 심지가 들어 있는 납작한 깡통과 성냥 한 갑, 보통 재활용 우조병에 담긴 등유가 있었다. 이런 것은 고속도로에서 사고로 죽은 사람들을 위한 기념물이었다. 또 다른 트럭 운전사가 경적을 울리며 확 지나갈 때에는 나도 여기서 목숨을 잃지 않을까 싶었고, 그러면 나를 위해 감실을 세워줄 이는 없겠다는 생각이 들었다.

도중에 군사시설로 보이는 구역을 지났다. 사진 촬영을 금하는 (듯한) 표지판이 있었는데 전혀 사진을 찍을 만한 곳은 아니었다. 노란색과 빨간색 삼각형에 검정색 느낌표가 찍힌 것은 앞쪽의 위험을 경고하는 표시였다. 멋진 전망을 기대하며 길고 구불구불한 언덕길을 올라 정상에 도착하니 정유 공장 하나와 사로니코스만에 떠 있는 녹슨 화물선들이 보였다. 나는 전신주 설비를 만드는 공장들을 지났다. 물뿌리개, 빨래 바구니를 비롯한 매우 다채로운 플라스틱 잡화를 파는 상점, 길가에 보이는 그런 작은 교회 모형도 파는 정원 용품 매장, 주유소와 또 다른 정유 공장도 지났다. 인디애나주 게리Gary 같은 지독한 산업도시의 변두리 지역에 온 듯한 느낌이 들었지만 이곳엔 작은 올리브나무 숲이 여기저기 눈에 띄었다. 대리석이 가득한 돌무지 옆의 조그만 농장에서는 건초 꾸러미들을 마련해두고 닭과 홀스타인젖소의일종을 기르고 있었다. 공장 일꾼들을 위한 편의점 옆에 고대 대리석 무덤 하나가 보였는데 그 위에 올리브나무 한 그루가 넓게 뻗으며 자라고 있었다.

'신성한 길'의 노면은 기름이 묻어 있어 끈적거렸다. 내가 이 길을 걷기 시작할 때에는 길들지 않았던 내 샌들이 이제 길들었다. 나의 두 발은 먼지와 기름기로 뒤덮였다. 나는 엘레프시나에 도착해서 곧바로 유적지로 향하지 않고 soupermarket(구멍가게를 뜻하는 그리클리시)에 들러 2리터짜리 물병 하나를 사서 그것을 비닐봉지에 담아 유적지까지 가져갔다. 성소는 시내 중심에서 멀지 않았다. 나는 출입문 안으로 들어서서 자리를 잡고 앉으려 했는데 매표소 안에 있던 그리스인이 나더러 거기서 쉬지 말라고 했다. 이곳의 이미지를 손상시키기 때문이라고 했다. 그래서 나는 유적지 뒤편의 언덕을 터덜터덜 올라서 소나무 몇 그루가 드리운 그늘 속에 앉았다.

나는 물병을 꺼내서 물을 실컷 들이켠 후에 나의 두 맨발을 비닐봉지 속에 넣고 내가 마시고 남은 물을 발 위에 부었다. 아······ 이 쪼글쪼글한 플라스틱 제품은 견뎌냈다. 물이 새지 않았다. 거기서 엘레우시스 유적의 성소와 현대 엘레프시나에 흔한 평지붕, 그 너머 부두에 뻣뻣이 구부린 산업용 크레인, 흘수선까지 녹이 슨 선박, 대大아이아스의 고향으로 유명한 살라미스섬을 바라보면서 나는 더 고상한 상념을 품어야 했을 텐데 그때는 플라스틱이 고마울 따름이었다. 하긴 플라스틱plastic이란 단어는 그리스어에서 왔고 그 원뜻은 그리 유해하지 않았다. '가단성 있는, 형태를 바꾸는.' zacharoplasteíon(ΖΑΧΑΡΟΠΛΑΣΤΕΙΟΝ)은 패스트리 가게 또는 설탕 공예점이다. 식품 포장용 랩plastic wrap에 해당하는 그리스어는 διάφανη μεμβράνη, 투명한 막이다. 플라스틱은 가볍고 쓸모가 많으며 사실상 썩지 않는다.(이건 물론 결점도 된다.) 우리는 이로써 상하지 않는 것을 만든다. 플라스틱은 비난을 많이 받는다. 내가 바라보던 정유 공장들은 나의 발이 담겨 있던 비닐봉지의 출처였을 것이다.

∾

엘레우시스 비의에 관한 우리의 지식 중 대부분은 호메로스의 『데메테르 찬가』에서 추론되었는데 이는 그리스어로 쓰인 고대 초기의 기록에 속한다. 입문자들의 행렬은 가을에, 추수철에 지나갔다. 그들은 이를 위해 아테네에서 준비했다.(오하이오주 아테네Athens 말고.) 일련의 의식 중 하나로서 그들은 데메테르가 엘레우시스에 와서 청했던 kykeón(현대어의 의미는 '미음' 또는 '죽')을 예외 없이 마셨다. 딸을 잃은 슬픔에 지친 그녀는 인간의 모습으로 변하여 우물가에서 걸음을 멈추고 주저앉았다. 이때 여왕의 딸들이 다가와서 그녀를 집으로, 그들의 어머니 메타네이라가 사는 곳으로 데려갔고 여왕은 그녀를 유모로 삼아서 자신이 갓 낳은 아들을 돌보게 했다. 메타네이라는 이 여신에게 포도주를 권했지만 여신은 이를 거절하고 그 대신 보리차에 박하mint를 넣어서 달라고 했다.(내가 〈뉴요커〉에 입사하기 전에 교열자로 일했던 델마 사전트Thelma Sargent는 박하를 "페니로열pennyroyal"로 번역했다.) 데메테르가 청했던 것은 농부들이 원기를 회복하려고 밭에서 마셨던 청량음료와 같은 것이라고 이디스 해밀턴은 설명한다. 엘레우시스 비의의 내막을 캐려고 시도한『엘레우시스로 가는 길The Road to Eleusis』의 저자들은 이 음료의 유효 성분이 야생 곡물에서 기생하는 균류인 "보리 맥각균"이었다고 믿는다. 그들은 이렇게 적었다. "이 음료는 환각제로서, 적절한 비율과 조건이 갖춰지면 사람의 내이內耳를 동요시켜 놀라운 복화술의 효과를 일으킨다." 호메로스의 『데메테르 찬가』를 다룬, LCL에서 출간한 책의 편집자 겸 번역자 에벌린화이트Hugh G. Evelyn-White가 기술한 바에 의하면, 이 음료가 무엇이었든 이것을 마시는 일은 "교감하는 행위"이자 "여신의 슬픔을 함께 통념하는 과정으로서 엘레우시스 비의에서 매우 중요한 의식들 중 하나"였다.

해밀턴은 신화를 깔끔하고 유창하게 부연하면서 데메테르가 고통 받는 신들 중 한 명이라는 점을 상기시킨다. 그녀의 딸이 실종되었을 때 그녀는 지구를 샅샅이 뒤졌다. 그녀에게 사건의 진상을 말해주는 신은 아무도 없었다. 왜냐하면 제우스와 형제간인 하데스가 제우스의 동의하에 페르세포네를 잡아갔기 때문이다. 하지만 사건을 목격했던 태양신 헬리오스는 데메테르에게 그녀의 딸이 있는 곳뿐만 아니라 그 형제가 이 모든 일을 모의했다는 사실도 알려주었고, 이를 전해 들은 데메테르는 격분한 나머지 올림포스산을 떠났다. 신들이 아무리 그녀를 설득해도 그녀는 돌아오지 않았다. 신들은 사실 하데스가 좋은 사윗감이라고 그녀에게 귀띔해줬다. 그는 그가 다스리는 곳의 이름으로—예컨대 셰익스피어의 작품 속에 글로스터Gloucester라고 불리는 인물이 있듯이—하데스라고 불리지만, 이 신의 본명은 부富를 의미하는 πλοῦτος에서 유래한 플루톤(Πλούτων)이고, 그는 저승의 영혼들을 풍부하게 소유하고 있다. 그는 장의사와 같고 장의사도 아내가 필요하다. 그리고 젊은 여자와 늙은 남자의 결혼이 항상 실패하는 것은 아니다.

마침내 인류의 멸종에 직면하여 제우스는 데메테르의 딸을 돌려보내기로 했다. 바로 이 시점에서 석류가 문젯거리가 된다. 지하 세계의 음식을 먹은 그 소녀는 해마다 그곳으로 되돌아가야 한다. 그녀의 어머니처럼 그녀도 고통에 시달린다. 그녀가 봄꽃과 더불어 돌아올지라도 순결을 되찾을 수는 없기 때문에.

코레는 귀여운 소녀다. 그녀는—호메로스의 『데메테르 찬가』에서 "가는 발목을 지닌"이라는 수식어가 있는데—별로 개성은 없지만 인기가 많았다. 그 찬가에는 하데스가 그녀를 덮쳤던 날에 그녀와 함께 밖에서 꽃을 따고 있었던 친구들의 목록이 있다. 청순하고 발랄한 그녀를 다들 부러워했다. 나는 프린스에드워드섬캐나다 동쪽의 섬에 갔을 때, 루시 모드 몽고메리의 『빨간 머리 앤』시리즈의 대부분이 갖춰진 곳에서 그중 한 권을 읽다가 코레/페르세포네가 생각났다. 장미꽃으로 둘러싸인 초원을 가로지르는 풀밭 오솔길을 걸으면서 야생 당근꽃과 미역취꽃이 산들바람에 한들거리는 풍경을 보면 나는 지금도 봄을 맞이한 어린 소녀의 생동생동한 기분을 느끼곤 한다. 그렇지만 소녀도 어른이 되어야 하는 걸 어쩌겠나.

아마 입문자들도 엘레우시스의 데메테르 성소에 들어가기 전에 원기를 회복했을 것이다. 나는 소나무가 우거진 언덕을 내려와서 '신성한 길'의 막바지에 이르러 더욱 힘을 냈다. 만약 고대였다면 나는 모든 계층이 어우러진 열띤 그리스인 군중 사이에 있었을 것이다. 하지만 지금 여기엔 나 외에 프랑스인 여행자 일행만 있었다. 그들 중엔 주위의 바위들에 대하여 그들에게 해설해주는 한 사람이 있어서 난 그들이 부러웠다. 난 고고학에 문외한이었다. 그런데 내가 가진 『블루 가이드』에서 봤던 것이 눈앞에 나타났다. 데메테르가 엘레우시스에 왔을 때 주저앉았던 자리 옆의 우물이 아직도 남아 있었다. 넓고 얕은 대리석 계단이 위로 이어지면서 정문의 앞뜰을 거쳐 언덕 쪽으로 굽이졌다. 폐허 곳곳에 양귀비와 금작화, 갯질경이가 꽃을 피웠다. 내 오른편에는 언덕 비탈에 생긴 작은 자연 석굴인 '하데스의 동굴'이 있었다. 지하 세계의 여왕이 된 페르세포네가 봄에 눈을 깜짝거리며 이곳에 출현하지 않았을까 싶다. 신화에서 명확히 드러나진 않지만 그녀는 임신 중이었을 가능성이 높다. 그녀는 신에게 강간을 당했고 신이 성불구일 리는 없으니까.(그녀가 강간을 당한 장소는 시칠리아의 들판과 연관되어 있다.) 이곳엔 아프로디테 신전과 포세이돈 신전이 있었다. 기념품을 팔았을 듯한, 또는 여느 로비의 모습처럼 행사를 앞둔 사람들이 모였을 법한 몇몇 로비를 지나서 '신성한 길'의 종착점에 이르니 가장 성스러운 장소가 나타났다. 입문자들의 홀Hall. 정사각형 공간에 지붕은 사라졌고 바닥에 돌판이 깔렸으며 바위투성이 비탈을 깎아서 조성한 계단식 관람석을 마주하고 있었다.

무언지 모를 일들이 벌어졌던 곳이 여기다. 내부의 성소에 도착한 입문자들은 나처럼 그렇게 많은 주유소나 그토록 많은 녹을 봤을 리가 없다. 그들은 가을걷이가 한창인 들판을 지나갔을 것이다. 기원후 1세기에 엘레우시스를 여행한 파우사니아스는 이렇게 적었다. "여기서 입문자들은 트립톨레모스의 타작마당과

제단을 구경한다." 파우사니아스의 기록에 의하면 엘레우시스의 왕자 트립톨레모스는 "재배된 곡식을 파종한" 최초의 인물이었다. 이것은 약 2000년 전의 기록인데, 불과 200여 년 전인 1801년까지 이곳은 데메테르 숭배의 중심지로서 명맥을 유지했다. 그해에 잉글랜드에서 건너온 에드워드 클라크라는—사업가 기질이 다분하고 파렴치한—여행자가 마을 주민들의 항의에도 불구하고 2톤에 달하는 키스토포로스kistophoros(머리에 바구니를 이고 있는 여인 형상의 기둥 같은 조각상) 한 개를 가지고 달아났다. 피터 레비는 파우사니아스에 관한 글에서 이렇게 썼다. "황소 한 마리가 달려와서 이 여인상을 여러 번 들이받고 울부짖으며 도망갔다." 클라크의 보물은 잉글랜드 이스트서식스주 비치헤드 앞바다에서 난파선과 함께 가라앉았다. 데메테르 성소에 있었던 이 여인상은 나중에 인양되어 케임브리지에 놓였다.

내가 엘레프시나를 순례하고 몇 년이 지난 후에 알게 된 사실이 있다. 과거 1960년대와 1970년대에, 이른바 대령들Colonels이 수립한 우익 군사정권이 그리스를 지배하던 시절에 정유 시설 및 기타 공해산업이 농업을 신성시하는 이 도시의 아래쪽 살라미스만에서 번성했다. 오래전부터 그리스인들은 엘레프시나를 산업 발전으로 말미암아 파괴된 도시로 기억하고 있었다. 그 전역이 강간과 강탈과 희생을 당했던 셈이다. 삶의 중간에서 죽음을 받아들여야 했다. 비닐봉지는 편리한 물건이지만 과연 플라스틱이 농업의 여신의 성소를 팔아넘길 만한 가치를 지닐 수 있을까? 나는 입문자들의 홀에서, 그 터를 보호했던 비탈 아래에 서 있을 때 데메테르가 이미 성소를 떠나버렸다는 느낌을 받았다.

"내가 꾸었던 꿈 때문에 나는 이 성소의 벽 뒤에 무엇이 있는지 적을 수가 없다." 파우사니아스는 이어서 썼다. "입문자가 아닌 사람들은 그들이 보면 안 되는 것을 물론 알면 안 된다." 앞서 파우사니아스는 아테네에서, 아테네인들이 데메테르를 위해 세운 성소로 추정되는 엘레우시니온을 방문하여 이렇게 적었다. "그 내용을 기술하고 싶지만 (…) 내가 꿈에서 본 것이 생각나서 그만두었다. 나는 일반 독자들을 위해서 종교적으로 봉납되는 것만을 기록해야 한다." 그 비의의 내용을 암시하는 흔적은 이때부터, 즉 로마 시대 초기에 희미해졌다.

엘레프시나에서 내가 봤던 한 석비 또는 묘석은 대단히 사랑스러웠다. 앉아 있는 한 여인의 무릎 쪽에 작은 한 소녀가 함께 있는 모습이 양각된 것이었다. 이 여인은 허리를 곧추세우고 있고 아이는 신뢰감을 느끼는 듯 손에 쥔 무언가를 그녀에게 내민다. 이것은 내가 엘레프시나에서 보았던, 신화 속의 매우 풍부한 모성애를 예시하는 듯한 유일한 이미지였다. 나는 미국에 살면서 지난 몇 년 동안 젊은 엄마가 된 내 친구들을 보아왔는데, 모녀간의 애정이 너무 신기했었다. 난 소녀 시절에 그런 경험을 했던 기억이 전혀 없다. 다만 우리 할머니가 나를 당신의 무릎 위에 앉히고 내게 책을 읽어주셨던 기억이 있을 뿐이다.(이를 계기로 내가 독서를 사랑하게 된 것 같다.) 나의 유년기는 우리 집안의 암흑기와 겹쳤다. 우리 엄마도 데메테르처럼 자식을 잃었다. 그는 패트릭이라는 남자아이였고 나보다 두 살이 많았다. 나는 패트릭에 대한 기억이 없지만 내가 자라는 동안 우리 엄마는 그가 죽은 날에 있었던 일을 아주 자세하게, 우리 가족의 신화를 전수하듯 거듭거듭 이야기했다. 그날은 3월, 흉한 달의 어느 날, 패트릭의 세 번째 생일을 몇 주 앞두고 있던 날이었다. 아침 식탁에 베이컨이 있었다. 우리 엄마는 패트릭에게 기다리라고, 아기부터 먹이고 그의 베이컨을 먹기 좋게 잘라주겠다고 말했다. 하지만 그는 기다리지 않았고 베이컨 한 조각이 그의 목에 걸렸다. 우리 아버지도 그 자리에 있었는데, 아버지는 패트릭의 머리가 아래로 향하도록 그를 거꾸로 붙잡고 그의 등을 내려치면서 그것을 빼내려고 했다.(지금은 법률에 의해서 하임리히 요법에 관한 안내문이 모든 식당에 게시되어 있지만 당시엔 아무도 이 방법을 알지 못했다.) 우리 아버지는 할 줄 아는 모든 것을 했지만 소용없었다.

우리 엄마는 이어서 우리 아버지가 얼마나 슬퍼했는지 이야기했다. 그는 낮에는 그 일에 대해 한마디도 하지 않았지만 밤중에 침대에 누워서 흐느낄 때면 그의 온몸이 떨렸다고. 그는 조언을 구하기 위해서 교구 목사를 찾아갔고 그 목사는 아기를 한 명 더 낳으라고 말했다. 그래서 내 남동생이 태어났다. "근데 난 그게 탐탁지 않았어"라고 우리 엄마는 종종 말했다. 엄마는 이 말을 패트릭을 대신해서 생긴 아이의 바로 앞에서 꺼내곤 했다.(그리고 나는 동생이 생긴 것이 잘못이라고 생각했다.) 우리 부모님의 서랍장 위에 놓인 엷은 색조의 사진 속에서 밤색 코르덴 셔츠를 입고 조그만 얼굴로 걱정스러운 표정을 짓고 살던 남자아이를, 넓은 어깨와 황갈색 머리를 지닌 그 아이를 누구와 견줄 수 있었겠는가? 그의 장례식 후에 남겨진 머리털 한 뭉치와 화환 등은 길쭉하고 납작한 상자에 담겨서 부엌 벽장 속에 깊숙이 보관되었다. 우리 엄마는 그의 신발이 보이지 않았다고 말했다. 그의 신발이 사라져서 그는 신발 없이 묻혔다. 매주 우리 집에 오시던 우리 할머니를 댁까지 차로 모셔다드리고 우리 집으로 돌아온 금요일 밤이면 우리는 뒷문 쪽에 서서 별들을 올려다보곤 했는데, 내가 엄마한테 "어느 게 패트릭의 별이야?"라고 물으면 엄마는 한 개를 가리켰다.

몇 년이 지난 후에 나는 우리 오빠의 죽음에 대하여 죄책감을 느끼고 있다는 사실을 깨달았다. 그날 아침 식사 자리에 내가 없었으면 그는 죽지 않았을 텐데. 나는 위로할 방법이 없는 우리 엄마를 위로하려고 노력해야 하는 난처한 입장에서 유년기를 보냈다. 엄마와 나는 너무 지쳐서 내가 엄마에게 실용적이거나 가정적인 일을 배울 여력도, 엄마가 나에게 그런 일을 가르칠 여력도 없었다. 난 스크램블드에그를 만들지도, 셔츠에서 얼룩을 제거하지도 못했다. 내가 대학교에 입학하여 신화학 수업을 선택했을 무렵까지도 나는 여전히 무능했고 이런 나를 고집스레 정당화했다.

자이틀린 교수와 신화학 수업을 함께하면서 나는 그럭저럭 죄책감에서 벗어나기 시작했다. 자이틀린 교수는 엘레우시스 비의에 관해 강의하던 중에 코레가 당한 강간은 여성의 세 가지 통과의례를 단번에 결합한다고 설명했다. 결혼, 출산, 죽음. 강간을 당하는 코레는 순결한 딸로서 죽고 지하 세계의 여왕 페르세포네로 태어난다. 당시에 나는 코레와 나를 동일시했다. 나는 처녀였고, 우리의 기숙사로 쓰였던 아늑한 회색 집 앞의 막다른 골목길 가장자리를 따라 꽃을 피운 라일락을 보고 기뻐했다. 난 히피flower child였다. 그 캠퍼스는 코레가 친구들과 같이 놀던 초원이요, 하데스가 땅 위로 솟구쳐 그녀에게 들이닥친 곳이었다. 나는 그날 강의를 듣기 전에는 어른이 되는 것을, 즉 나의 소녀 시절을 한 여인의 삶으로 바꾸는 것을 두려워했었다.

자이틀린 교수의 강의를 들으면서 나는 다른 인물들을 모델로 삼을 수도 있겠다고 생각했다. 나쁜 계집, 사냥꾼, 아마존그리스신화 속의 여장부, 디오니소스를 광적으로 추종하는 마이나데스. 나 자신을 처녀나 아내, 엄마로 한정할 필요가 없다는 것을 나는 신화를 통해서 배웠다. 이 밖에도 맡을 수 있는 역할은 많았다. 우리 엄마처럼 살면서 매일같이 거들을 착용할 필요도 없었다. 속박될 필요가 없었다. 나는 내 인생을 살면 됐다.

그런데 이제, 봄바람에 한바탕 놀아보려고 찾은 엘레프시나에서 내 속엔 어쨌든 우리 엄마가 있다는 느낌이 들었다. 그래서 기뻤다. 여자들은 연속체다. 우리 엄마는 감당하기 어려운 슬픔 속에서 한결같이 우리를 위해 날마다 아침 식사를 준비했고 아이 한 명을 더 낳았다. 내 남동생과 나는 아이를 가진 적이 없지만 우리 오빠는 옥수수 여신과 결혼하여(새언니는 옥수수가 많이 나는 아이오와 출신이다) 두 아들을 두었는데, 둘 다 음악가이고 그중 한 명은 이름이 패트릭이다. 우리 오빠 마일스는 정원사인데 그가 아버지한테 그런 일을 배우진 않았다. 우리 아버지는 집에 페인트칠할 때면 우리 엄마가 기르는 국화를 일부러 밟고 다니는 듯 보였으니까. 나는 내 가족과 멀리 떨어져 있으려고 그리스로 왔지만, 내가 다시 아테네로 향할 즈음에 그들은 나와 함께 있었다. 이번에 난 버스를 탔다.

비극 취향

나는 30대 중반에 이르러 그리스 고전에 깊이 빠져들었다. 〈뉴요커〉에서 나는 교열부에 자리를 잡았고 다음 단계로 올라서기 위해 교열자 교육과정을 밟고 있었지만 낮에 여가 시간을 얻어서 '과외활동'을 하고 싶었기에 야간 근무를 포기하긴 싫었다. 그때는 〈보그〉와 〈배니티페어〉 등 많은 잡지사를 소유한 뉴하우스 일가가 우리 회사를 인수하기 직전이었고 이 와중에 편집장 윌리엄 숀의 후임자가 정해지지 않아서 이에 관한 추측이 난무했다. 〈뉴요커〉는 수십 년 동안 안정되어 있었고—숀은 내가 태어난 해인 1952년부터 편집자였고—우리는 혹 새로운 소유주들이 우리의 전통에 손댈까 봐 걱정스러웠다. No. 1 연필? 수업료 상환? 나이가 지긋한 직원들 중 에드 스트링엄을 포함한 일부는 진부한 방식을 고수하고 있었기 때문에 새로운 소유주가 그들을 그대로 놔둘 것 같지 않았다. 숀의 작업장은 괴짜를 많이 배출했는데 나도 그중 한 명이 되는 중이었다.

나는 바너드대학의 기초 그리스어 수업에 등록하면서 저명한 고전학 교수 헬렌 베이컨Helen Bacon의 반을 선택했다. 이것은 역사적인 기회였다. 그녀가 마지막으로 초보자들을 가르치는 수업

이었다. 하지만 베이컨 교수가 태백성(금성)을 뜻하는 Hesperus
를 저녁기도에 해당하는 라틴어 Vespers에 의거해서 정의했을
때 나는 그녀를 이해할 수 없었다. 나는 그 죽은언어 앞에선 문
맹이었지만 현대 그리스어 단어를 많이 알고 있었기에 라틴어를
통해서 그리스어를 배워야 한다는 것이 못마땅했다. 나는 길 건
너편의 컬럼비아대학교로 가서 이 대학에 새로 부임한 교수 로
라 슬래트킨의 반에 들어갔다.

슬래트킨 교수는 뉴욕 토박이였고 브리얼리스쿨과 래드클리
프대학, 케임브리지대학교를 거쳐서 멜런 연구장학금으로 컬
럼비아대학교에 왔다. 그녀는 아테나처럼 기지가 있고 진지하
고 매력적이며, 양옆으로 날개처럼 뻗은 눈썹을 지녔다. 아무런
준비 없이 수업을 들으러 오는 학생들 때문에 그녀의 머리에 새
치가 난다는 농담도 잘했다. 당시 내 나이는 학부생들보다 그녀
의 나이에 더 가까웠지만 그녀와 내가 친구 같은 사이는 아니었
다. 그녀는 수업 중에 그녀의 사생활을 내비치는 얘기를 슬쩍슬
쩍 들려줬다. 한번은 그녀가 전날 밤에 그녀의 친구가 출산하는
모습을 곁에서 지켜봤었는데, 우리가 고대 그리스어에서 특정한
동사들로 접했던 contractions수축라는 단어가 새롭고 절실한 의
미로 다가왔다고 말했다. 요람 하나를 조립하느라 박사 세 명이
제조사의 설명서를 읽으면서 낑낑댔던 상황을 그녀는 웃으면서
묘사했다.

학부생들은 유기화학, 고급 라틴어, 통계, 컬럼비아대학교를
—조정 선수들, 미술 창작, 마약 복용, 허송세월과 더불어—유명
하게 만든 〈위대한 고전Great Books〉 강의도 들었지만 나는 단 한

가지만 들었고 사교 활동은 하지 않았다. 그래서 내 공부에 전념할 수 있었고 하루에 몇 시간씩 그리스어에 빠져 있다가 정신을 차리고 회사로 가서 집세를 감당하기 위해 교열 작업을 했다.

전통적으로 그리스 학생들이 처음으로 붙잡고 씨름하는 교재는 크세노폰의 『아나바시스Anabasis』다. 이것은 기원전 401-399년에 페르시아에서 싸웠던 1만 명ª myriad의 그리스 용병이 장거리 행군을 하며 내륙의 북쪽으로 퇴각했다는 기록이다.(아나바시스는 '올라간다'라는 뜻이다.) 그들이 날마다 몇 파라상parasang을 걸었는지 알려주는 내용이 주를 이룬다.(헤로도토스와 크세노폰의 기준에 따르면 1파라상은 30스타디온stadion, 약 5.5킬로미터다.) 그들은 힘겹게 사막을 걷고 언덕을 오르고 바위를 넘어서, 또다시 바위를 넘고 언덕을 올라서 마침내 바다를 보고 "Thálassa! Thálassa!(바다! 바다!)"라고 외친다. 드디어 그들은 고향에 돌아온 셈이다. 슬래트킨 교수는 『아나바시스』를 건너뛰고 우리에겐—소크라테스가 국가에 의해 재판을 받고 죽게 된다는 내용을 담은—플라톤의 『소크라테스의 변명』을 강독했다. 그녀는 사람으로 하여금 고대 그리스어와 사랑에 빠지게 만드는 법을 알고 있었다. 그녀는 하디 한센Hardy Hansen과 제럴드 퀸Gerald M. Quinn의 새로운 교재도 사용하면서 이것이 예전에 그녀가 그리스어를 배울 때 봤던 교재의 개정판이라고 말했는데, 여기에 들어 있는 예문은 모두 도로 한편의 바위들을 다른 편으로 옮기는 일에 관한 것이었다. 첫날의 숙제는 소문자로 나열된—ἥλιος, Ὅμηρος(태양, 호메로스)—그리스어 단어들을 모두 대문자로 다시 쓰기("ΗΛΙΟΣ, ΟΜΗΡΟΣ")였다. 이는 놀랍도록 유용했고, 단어 학습은 내가 교재 외의 글도 읽게끔 나를 유혹했다.

슬래트킨 교수에게 기초 그리스어를 1년간 배운 뒤에 나는 그녀의 그리스비극 강의에 등록했다. 우리는 해밀턴홀 6층에서 만났다. 컬럼비아대학교에선 지하 1층부터(그 아래층이 있으면 지하 2층부터) 그냥 1층으로 쳤기 때문에 강의실을 찾으려는 사람은 수준이 높아야 했다. 해밀턴홀이라는 건물 이름은—이 대학을 다니다가 미국독립전쟁 중에 그만두었던—유명한 알렉산더 해밀턴의 이름을 딴 것이었고, 이 건물은 마치 그가 살던 시대에 지어진 것처럼 보였다. 지붕에서 물이 새고 천장의 마감재 조각이 비 오듯 떨어졌다. 슬래트킨 교수는 재치 있게 "Après moi, le déluge(내가 죽은 뒤에 홍수가 나든 말든)"라고 기꺼이 말했다.

당시 나는 아스토리아에 있는 연립식 벽돌집에서, 여기서 잔뼈가 굵어진 이탈리아계 미국인 형제의 위층에서 살았다. 이른 아침이면 나의 2층 창가 탁자 앞에 마치 예배 중인 수도자처럼 앉아서, 헬게이트브리지로 이어지는 고가철도 위로 간간이 열차가 지나가면 고개를 들어 바라보곤 했다. 탁자 위에는 나의 그리스어 원서, 스프링 노트 몇 권과 내 남동생이 내게 선물로 준 『리들 앤드 스콧』 축약본이 놓여 있었다.

슬래트킨 교수는 나의 부족한 그리스어 실력을 고려하여 더 쉬운 것을 택하라고—길 건너 바너드대학에 헤로도토스의 저서를 파는 곳이 있다고—조언했지만 난 비극에 취미를 붙였다. 어쩌면 자기 극화나 멜로드라마 같을 수도 있겠지만, 나는 그리스비극 수업에서 우리가 무엇을 읽든 그것이 내가 겪는 문제들을 객관화하리라는 예감이 들었다. 슬래트킨 교수는 우리가 졸업하기 전에 반드시 읽어야 하는 비극으로 두 가지를 꼽았다. 『안티고네』와 『오이디푸스 왕Oedipus Tyrannus』(고전학자들은 『OT』로 약칭한다). 모두 소포클레스의 작품이다. 『안티고네』가 한 학기의 대부분을 차지했고, 끝의 몇 주 동안 우리는 『오이디푸스 왕』을 속성으로 다뤘다. 우리가 어휘집을 뒤적이는 데 시간을 너무 많이 쓰지 않도록 슨래트킨 교수는 어휘만 따로 정리한 인쇄물을 나눠주었다.

나는 고지식한 학생이었다. 나는 그리스어 원문을 한 번에 대략 열 줄씩, 발음 구별 부호 하나하나를 주의하면서 내 공책에 힘들여 베끼고 그 옆 페이지에 어휘를—동사의 주요형, 명사의 성과 소유격까지—정리했다. 그다음 소포클레스의 문장들을 요리조리 뜯어본 후에 연필로 어설픈 번역문을 적었다. 떠오르는 의미를 알아채고, 섬세하게 사용된 시제 및 상aspect과 법mood을 살펴보고, 번역이 불가능한 소사의 힘을 실감하면서 나는 희열을 느꼈다.

『안티고네』에는 오늘날에도 영어에 쓰이는—miasma독기 같은—단어들이 있고, 영어 단어의 어원인 단어들도 있다. 예를 들면 hérpo는 '기다, 미끄러지다'라는 뜻인데 이것이 영어로 herps파충류가 되고, 또 뱀이나 도마뱀같이 기어 다니는 파충류에 관한 학문인 herpetology가 된다. 동사 speíro는 '파종하다, 흩뿌리다'라는 뜻으로 접두사 dia(가로질러, 통과하여)와 결합하여, 건너편으로 또는 두루두루 흩어지는 diaspora를 낳는다. 역사상 유대인의 디아스포라, 그리스인의 디아스포라가 있었다. 디아스포라 클럽은 조만간 퇴직할 〈뉴요커〉 편집자들의 모임이다.

나는 고전학자들의 전문용어도 열심히 찾아봤다. 그들은 모든 것에 이름을 붙여놓았다. 특정한 작가가 딱 한 번만 사용한 단어가 있으면 혹자는 "아, 그건 hapax legomenon이야"라고 말했다. hysteron proteron(later before)은 우선적인 것을 먼저 말한다는 뜻이었다. 내가 흥미롭게 여겼던 lacuna는 벌레가 파피루스 문서를 갉아 먹으면서 낸 구멍 때문에 텍스트에 생긴 탈자였다. 그리고 우리는 이따금 haplography를 범하기 쉬웠다. 이는 문서를 필사하는 사람이 재차 사용된 단어에 시선이 쏠린 나머지 이 단어와 이전에 사용됐던 같은 단어 사이의 글줄을 누락하는 오사誤寫를 뜻했다. 한 필사본에 대한 두 가지 해석 중 어느 것이 옳은지 불분명한 경우에 학자들은 더 어렵거나 특이한 것을 선호하는 관례를 따랐다. 나는 이게 나쁘지 않은 외고집으로 보였다. 시의 형식과 운율에 관한 설명뿐만 아니라 운율에 맞춰 낭독하는 연습도 있었다. 그 줄거리나 인물을 접하기도 전에 이런 것을 사랑해야 할까?

　우리가 『안티고네』 수업에서 사용하던 교재는 케임브리지대학교의 리처드 클래버하우스 제브Richard Claverhouse Jebb가 출간한 책이었다. 그리스어 원문 47쪽과 이에 딸린 영어 해설 186쪽이 있었는데 이것은 1900년에 나온 훨씬 더 큰 간행본의 요약본이었다. 고전학자들은 이를 간단히 "제브Jebb"라고 부른다. 나는 제브를 귀여운 인형처럼 가지고 다녔다. 보스턴에 사는 친구들을 만나러 기차를 타고 갈 때 머리를 짜내면서 이것을 읽었고, 우리가 브리지카드놀이의 일종를 할 때 나는 이것을 내 무릎 위에 펼쳐놓고서, 내가 이것을 보지 않더라도 그 속의 몇몇 단어가 저절로 의미 있는 단위로 재배열되어 내게 튀어 오르길 바랐다. 철자들의 순서를 뒤바꿔놓은 퀴즈가 풀리듯이.

안티고네 이야기는 잘 알려져 있다. 오이디푸스의 딸인 그녀는 그녀의 오빠 폴리네이케스를 묻어주는데—그의 영혼이 지하 세계에 안전하게 도착하길 기원하며 그의 주검 위에 흙 한 줌이리도 뿌려주는데—이는 그녀의 외삼촌이자 테베의 새로운 왕 크레온의 명을 거역하는 일이라서 그녀는 사형을 선고받는다. 안티고네는 스스로 더 고귀한 법을 따랐다고 굳게 믿고 크레온에게 모질게 대든다. 만약 이 비극에서 안티고네가 피닉스처럼 날아오르지 않았다면 이것은 크레온의 연극이 될 것이다. 그는 자신이 옳다고 생각했는데, (항상 나쁜 소식을 전하는) 테이레시아스테베의 맹인 예언자가 등장하고 테베의 장로들로 구성된 합창단이 크레온을 설득해서 결국 자신의 과오를 인정하지만 이때는 너무 늦었다. 그의 조카딸 안티고네가 스스로 목매달아 죽은 뒤였다. 그의 아들이자 안티고네의 (사촌인데도) 약혼자였던 하이몬은 자살하고, 그래서 하이몬의 어머니이자 크레온의 아내인 에우리디케도 자살한다. 크레온은 처량하게 홀로 남는다.

소포클레스의 작품에서 내게 인상적으로 보였던 것들 중의 하나는 이 연극이 시작하기도 전에 끝난 셈이라는 점이다. 주인공이 등장하자마자 우리는 그녀가 취할 행동의 결과를 미리 알게 되고, 이후 모든 것이 치밀하게 묘사되므로 우리는 안티고네의 심정을 십분 공감하게 된다. 나는 그녀의 대사 중 한 부분을 읽고 거의 마법처럼, 마치 그것을 내가 직접 써낸 듯이(그것을 궤변으로 여기는 사람들도 있지만) 번역할 수 있었다. 이 대목에서 그녀는 오.

빠의 가치를 드높이면서, 남편이나 자녀를 잃은 사람은 재혼하거나 다시 아이를 가질 수 있지만 돌아가신 부모님의 자식인 오빠를 대체할 길은 없다고 역설한다. 나는 일리가 있는 말이라고 생각했다. 나의 오빠 패트릭 때문은 아니었다. 나는 패트릭 외에 오빠와 남동생이 한 명씩 있었는데 특히 남동생과 친했다. 그러다 그를 잃는 느낌이 들었다. 그가 죽어가는 상황은 아니었다. 그해, 내가 안티고네와 같았던 해에 내 동생은 천만뜻밖에 결혼을 했다. 이로써 우리의 청춘 시절은 막을 내렸다. 그때껏 우리 둘은 뉴욕에서 같이 놀러 다니며 많은 추억을 공유하고 둘만의 농담을 즐겼다. 내게 결핍된 사교 활동을 그가 보충해주었다. 그는 재미있고 지혜로웠으며, 나는 다른 누구보다 그와 같이 다니는 것을 더 좋아했다. 한번은 우리가 한 친구의 사촌인 흥미로운 사내를 소개받은 적이 있었는데 그는 이튿날에 전화를 걸어서 나에게 데이트를 신청했다. 나는 수화기를 내 귀에서 떼어 들고 '정말? 내 동생이랑 같이 다니면 더 재밌는데?'라고 말하는 양 그것을 쳐다봤다. 그 사내가 동성애자가 아닌 이상 내 남동생보다 여자인 나에게 매력을 더 느낄 것이라는 사실을 난 깜박 잊고 있었다.

때때로 우리는 특정한 책을 딱 적절한 시기에 읽게 된다. 그것은 우리가 어린 시절에 읽지 않았던, 여덟 살짜리 아이가 읽어봤자 시간 낭비에 불과했을 고전일 수도 있고(나는 『버드나무에 부는 바람』과 『샬롯의 거미줄』을 대학 시절에 내 애인과 침대에서 읽었다), 처음 출간됐을 시점엔 그것을 읽기에 너무 교만했던 우리가 우월감을 버려야 비로소 심오한 메시지를 전하는—리처드 포드의 『스포츠라이터』 같은—책일 수도 있다.(나는 포드의 책을 읽고 자유재량에 따른 콤마에 대한 나의 견해를 바꾸었다.) 도너 일행Donner Party의 조난 사건을 다룬 훌륭한 책(『데스퍼럿 패시지Desperate Passage』) 을 읽은 사람은 남은 음식을 다시는 낭비하지 않겠다고 결심할지도 모른다. 우리가 (『목수들아, 대들보를 높이 올려라』샐린저의 소설 같은) 책을 집힐 당시의 가자의 상황이—우리가 그 책을 수업 교재로 만나서 읽어야만 했으면 얻을 수 없었을—내밀한 경험을 제공할 수도 있다. 나는 일찍이 라틴어를 배우지 못하고 살다가 30대가 되어서야 그리스어에 눈뜬 내 처지를 한탄할 만했지만, 내가 독서 중에 연관 짓는 것으로 말미암아—『안티고네』의 경우엔 내 남동생에 대한 나의 사연 때문에—그 책이 내가 더 젊었으면 불가능했을 방식으로 내게 영향을 미치고 있다는 것을 알고 있었다. 이미 일어난 일은 내게 일어나고 있는 일이 아니었지만—나는 다른 사람들에게 일어나고 있던 일의 부산물만 경험했지만—안티고네의 극한적인 경험(그리고 그녀의 오빠는 동시에 그녀의 조카였다는 생각)은 가족 사이에서 내가 뒷전으로 밀리는 느낌에 대처하는 데 도움을 주었다.

여기 스핑크스에게 어울릴 만한 수수께끼가 있다. 젊었을 때에는 남성대명사로, 중년엔 여성대명사로, 노년엔 단수 they로 불리는 것은? 우리 가족 중에 있는 자웅동체. 내 남동생의 결혼식에서 나는 안티고네가 된 듯이 굴었는데, 이후 내 남동생이 테이레시아스처럼 성전환을 하고 여성으로서 새로운 삶을 시작할 때 난 다시 그 역을 맡았다. 나는 '여동생'이란 단어에 거부감이 들었다. 내가 원했을 때에는 갖지 못했던 여동생을 나는 이제 원치 않았다. 특히 내 남동생의 자리를 가로채려는 여동생이라면 더더욱 싫었다. 내가 들은 바에 의하면 사람은 가족 구성원의 성전환을 죽음으로 받아들이는 경우가 흔하다던데, 자기가 다시 태어나고 있다고 느끼는 성전환자의 입장에서 보면 그것은 심히 우려할 만하다. "자기가 죽었다는 말을 들으면 기분이 좋을 리가 없지"라고 내 동생은 말했다. 나는 처음에 그의 성전환을 우리가 공유한 과거에 대한 부정으로 여겼다. 이제부터 나는 동생을 지칭할 때 의식적으로 여성대명사를 써야 했지만, 우리의 과거를 이야기할 때에는 그를 남성대명사로 되돌릴 수 있는 자격을 얻은 듯했다. 사실 이것은 수년 후에 일어난 일이었다. 앞서 나는 결혼에 의하여 나의 유쾌한 친구와 멀어졌다. 죽음과 다름없는, 죽음 못지않게 지독한 기분이었다. 많은 것이 예전과 같지 않게 되었다.

슬래트킨 교수는 그리스비극 강의를 듣는 모든 학생들에게 서로 다른 논문을 하나씩 주면서 이에 대한 의견을 써보라고 했다. 나는 안티고네의 동기motive에 관한 글을 받았다. 그녀는 왜 그랬을까? 이 질문에 답을 제시하는 방대한 문헌이 있어서 난 경악했다. 안티고네가 그렇게 했던 이유가 내게는 자명해 보였다. 그녀는 그녀의 오빠를 사랑했다. 그녀는 그녀의 입장에서 당연한 일을 했고, 그렇게 하지 않으면 참회할 도리가 없었으므로 추후의 참회는 불가능했다. 그녀는 그럴 수밖에 없었다. 그녀는 죄가 없었다. 이전에 내가 읽었던 그리스 고전은 플라톤의 『소크라테스의 변명』뿐이었는데 안티고네와 소크라테스는 공통점이 있었다. 이들은 진리에 헌신했기에 국가에 의해 희생을 당했다.

그리스비극에 관심을 기울이면 행복한 결과를 얻을 수도 있다. 아니면 적어도 안심할 수 있다. 나는 기초 그리스어 수업을 듣던 시기에 캠퍼스에서 에우리피데스의『엘렉트라』를 고대 그리스어로 상연하기 위한 오디션 공고문을 봤다. 난 죽은언어를 공부한 적이 없었지만 어학의 사교적인 면을—그 민족의 음식을 먹고, 되는대로 몇 문장 끄적이고, 즉흥적으로 대화하는 생활을—누리고 싶었고, 게다가 이것은 내가 고대의 대화체 그리스어에 가장 가까이 다가갈 수 있는 기회 같았다. 그래서 난 시도했다. 나는 호메로스의『데메테르 찬가』중 한 구절을 낭독했는데 금발의 대학원생이 이를 듣고 "우리 합창단에 들어오시면 참 좋겠네요"라고 말했다.

그리스 연극을 원어로(또는 이와 유사한 언어로) 상연하는 것은 대학의 오랜 전통이다. 1881년에 하버드대학교 학생들은 〈오이디푸스 왕〉을 원작의 그리스어로 상연했는데 이를 관람한 인원이 6000명에 달했다. 바너드컬럼비아그리스연극회(현재 바너드컬럼비아고대극회Barnard Columbia Ancient Drama Group)는 1976-77학년도에 창립되어 에우리피데스의 〈메데이아〉를 무대에 올렸다. 이 연극에 등장했던 매슈 앨런 크레이머라는 학생은 그해 여름에 사고로 죽었고, 그의 가족은 "그가 사랑했던 이런 연극을 장려하기 위해서" 추모 기금을 조성했다. 나는 그리스로 첫 여행을 가기 전에, 그들이 에우리피데스의 사티로스극4부작 중 네 번째 극으로 공연한 〈키클롭스〉를 관람했었다. 막이 오르고 작품명에 해당하는 인물이 느릿느릿 무대로 걸어 나오더니 하프시코드 앞에 앉아서 라모Jean-Philippe Rameau가 작곡한 〈키클롭스Les Cyclopes〉라는 매혹적인 곡을 연주했다. 난 푹 빠져들었다.

『엘렉트라』를 영어로 처음 읽어보려고 우리는 연극 감독의 집에 모였다. 컬럼비아대학교의 바로 남쪽에 아파트 단지와 대학 동호회 건물들로 기다랗게 이어신 여러 블록 중의 한 아파트였다. 우리는 각각 다른 번역본을 가지고 왔다. 나는 이 작품이 에우리피데스의 걸작으로 손꼽힐 만한 것은 아니라는 생각이 들었다. 엘렉트라와 오레스테스는 엄마를 죽이려는 치졸한 음모를 꾸미는 애새끼들 같았다. 우리의 엘렉트라는 라비니아라는 대학원생이었는데 그녀는 당당해 보였고 대단히 학구적인 집안 출신이었다. 그녀의 어머니는 단테 학자, 아버지는 수학자였다. 오레스테스 역을 맡은 학생은 그레고리 펙미국 배우을 약간 닮았고 이전에 〈에우메니데스〉에서 같은 역을 맡은 적이 있었다. 그때는 라비니아가 아테나였었다. 엘렉트라 역을 맡으려고 라비니아와 경쟁했던 한 학부생은 클리타임네스트라로 낙점되어서 엘렉트라에 의해 살해될 처지였다.

합창단에게 주어진 배역은 우유를 먹고 자란 미케네 소녀들이었고 이들은 엘렉트라를 찾아가서 헤라의 신전 앞의 행렬로 초대한다. 우리 합창단은 네 명이었다. 무대 위에선 다소 경직되지만 그리스어를 많이 읽어왔고 합창단의 리더로 발탁된 힐러리라는 고전학 전공자, 비잔틴에 관한 독창적인 분야를 궁리했던 귀여운 금발의 여자, 그리스계 미국인이지만 아트레우스 가문에 대해 잘 알지 못했을뿐더러 엘렉트라와 오레스테스의 음모를 처음 알고서 경악을 금치 못했던 또 다른 여자, 그리고 나.

우리가 그리스어를 익히는 데 도움을 주기 위해서 감독은 송시가 담긴 악보와 카세트테이프를 나눠줬다. 합창단은 종종 다른 출연진 없이 따로 안무가와 함께 리허설을 했다. 반주 음악은 미정이었지만 나는 하프를 연주하던 내 동생(그때는 남동생)의 곡목을 프로듀서에게 전했다.

합창단의 첫 번째 장애물은 가사를 외우는 일이었다. 우리는 복원된restored 발음법을 사용하고 있었는데 난 이걸 경멸했다. 나는 무식하게 케임브리지대학교나 예일대학교의 고전학자와 언어학자의 발음이 아닌 현대 그리스인의 발음을 따르는 편이 더 낫겠다는 생각을 품고 있었다. 그래도 oi의 복원된 발음은 내 맘에 들었다. 일례로 "Oi moi"는 비극에 쓰이는 전형적인 감탄사로서 "Woe is me(오호통재라)" 내지 이디시어주로 유럽과 미국에서 쓰이는 유대인 언어 "Oy vey(원, 이런)"와 같은 뜻이다. 고대 그리스어에서 유래한 모음과 모음의 조합 중 상당수가 현대어에서 단일 발음으로 간소화됐다. 제임스 메릴James Merrill은 그의 초기 소설『(디블로스) 노트북The (Diblos) Notebook』에서 이러한 현상을 자못 부정적으로 표현한다. "현대 그리스어는 뇌졸중 증세를 보이는 듯하다. 고대의 oi와 ei 같은 이중모음이 시들하고 구슬픈 ee로 이울었다."

대개 우리는 고대 그리스어를 낭독하지 않고 해석한다. 여러 가지 성분을 꼼꼼히 따지면서 문장 속의 어떤 부분들이 서로 결부되는지 확인한다. 영어 문장은 예측이 가능한 주어-동사-목적어 형식을 취하는 경향이 있다. 그리스어 문장에서는 맨 끝의 형용사로 맨 앞의 명사를 수식할 수 있고, 그 중간에 단어들을 피라미드처럼 쌓아 올린 후 꼭대기를 결정적인 동사로 마감할 수도 있다. 우리는 얽히고설킨 송시 합창곡 다섯 개와 애도가 하나를 습득해야 했고, 나는 몇 시간씩 그리스어 어휘집을 뒤적이며 번역본들을 서로 비교했다. 이번 공연의 공식 번역본은 에밀리 타운센드 버뮬Emily Townsend Vermeule이 번역한 것이었는데 정작 감독은 예전에 컬럼비아대학교에서 강의했던 모지스 하다스Moses Hadas의 산문체 번역본을 들고 다녔다. 고전학자들은 직역을 선호하는 듯했다. 그리스어의 운율을 복제하려고 노력하는 번역가는 영어를 (고문했다고 말할 정도는 아니지만) 생경하게 사용했다. 그리스어는 영어와 다른 방식으로 작동한다. 사람이 그리스어에 익숙해지면 두 가지 현상이 일어난다. 그 어떤 번역도 아름답고 미묘한 원문에 미치지 못한다는 생각을 갖게 되므로 교만해지고, 또 이 생각이 틀렸다는 것을 증명하고 싶은 충동에 이끌려 스스로 번역을 시도한다. 이런 번역이 널리 인정받진 못하겠지만.

우리는 무용가가 아니었기에 송시를 위한 안무는 간단해야 했고, 관객 중엔 그리스어 전문가가 아닌 사람들도 있을 터였기에 우리의 무용은 그 의미를 최대한 직설적으로 전달해야 했다. 보조 가수들 같았던 우리는 두 팔을 휘저었고, 스핑크스가 되었고, 눈에 보이지 않는 보트를 저었으며, 욕조에서 아가멤논이 살해된 이야기를 다시 들려줄 때 그의 목 위로 도끼를 내려뜨렸다. 감독은 가사를 철두철미하게 연습하라고 우리에게 신신당부했다. 공연 중에 혹시 혼란스러운 상황이 발생할지라도—무대장치가 무너지거나 암스테르담애버뉴에 구급차가 사이렌을 울리며 지나가더라도—우리가 침착하게 임무를 수행할 수 있기를 바라면서.

어느 날 밤에 내 동생이 그의 하프를 가지고 리허설에 참석했다. 프로듀서가 그에게 전화를 걸었었고 그는 감독과 만났었다. "그 사람은 이런 일에 썩 어울리는 인물은 아니던데"라고 내 동생이 웃으며 말했다. 감독은 긴장한 기색이 역력했다. 사실 그는 그해 봄에 있을 시험에 낙제하면 제적될 처지에 놓여 있었지만 공부 대신 공연에 집중하는 중이었다. 첫 연주 리허설이 있던 날 그는 빅Bic 볼펜을 들고 지휘하면서 급작스럽고 과장된 동작들을 취했다. 그러다 누군가 그의 악보 중 한 장을 집어가자 낱장이 모두 테이프로 연결되어 바닥에 기다랗게 펼쳐진 그 악보를 그는 그저 멍하니 쳐다봤다. 리허설과 별도로 나는 그리스어를 익히는 내 동생을 도왔다. 그가 대사를 해석할 수는 없을지라도 각 단어가 어떤 소리로 발음되는지, 어느 단어가 중요한지 알 수 있도록 나는 단어들을 음역하고 정의해줬다. 그는 그가 통제할 수 있는 것들이 공연 중에 하나라도 엇나가지 않게 그가 할 수 있는 모든 실용적인 일을 했다. 그의 악보가 보면대에서 미끄러져 떨어지지 않도록 그것을 축소해서 판지에 붙여놓았다. 하프 연주를 위한 조율 도표도 작성했다. 그는 그의 자신감을 더하려고 무대 의상 같은 까만 옷을 새로 샀다.

우리는 주역들과 리허설을 하면서 신호를 익히기 시작했다. 막이 오르면 먼저 엘렉트라가 아리아를 불렀는데 라비니아는 간드러지고 애절한 목소리로 노래했고, 그녀와 오레스테스가 이중창으로 대미를 장식할 때 합창단이 참여하여 의례적인 애도가

(kommos)를 함께 불렀다. "이 부분은 정말 끔찍해야 돼"라고 감독은 말했다. 전기톱 대학살처럼 충격적이고 살기등등해야 된다는 뜻이었다. 어차피 클리타임네스트라는 도끼 살인자였으니까.

내 동생과 나는 보통 리허설을 끝마치고 같이 나와서 귀갓길에 술집에 들렀는데, 그는 그냥 술이나 마시고 싶은 내 기분을 아랑곳하지 않고 내게 계속 연습하라고 잔소리를 늘어놓았다. 어느 날 그가 라비니아와 연습하러 가서 나는 브로드웨이를 홀로 걸었다. 오레스테스의 귀환을 찬양하는 장면에서 합창단이 부르는 송시를 내 머릿속으로 반복하고 있었는데 때마침 우리의 오레스테스가 감독과 함께 길모퉁이에서 나타났다. 내가 입을 열자 그리스어가 튀어나왔다. "Ἔμολες, ἔμολες, ὦ……." 그들은 나를 완벽하게 이해했고—"오셨군요, 오셨군요, 오, 이날을 오랫동안 기다렸어요. 그대는 빛나고 돋보이며 이 도시의 횃불로 떠오르네!"—내게 피자를 같이 먹으러 가자고 했다.

에우리피데스는 내 삶을 뒤바꾸고 있었다. 나는 텍스트에 파묻혀 살면서 짬이 날 때마다, 욕조 안에서, 지하철 안에서, 밤에 침대에서 내가 부를 가사를 연습했다. 공과금 납부나 설거지, 화분에 물을 주는 일을 잊기 일쑤였다. 평소 출근해서 교열 작업을 했지만 간혹 내가 아르고스그리스 남부의 도시에서 난잡한 미드타운의 사무실 복도로 쿵 하고 떨어진 이방인인 듯한 기분이 들었다. 우리가 교정지를 돌돌 말아서 아크릴수지와 가죽으로 제작된 용기 속에 넣고 이것을 기송관을 통해서 두 층 위의 제작부로 쏘아 올리면 거기서 시카고의 인쇄소로 팩스를 보내는 방식은 문득 내게도 예스럽게 보였다. 이런 게 앞으로 얼마나 지속할까?

나는 어느 날 밤에 내가 파편들을, 글자가 새겨진 고대 도자기의 조각들을 다루고 있는 꿈을 꾸었다. 이후 리허설을 하러 가다가 한 교회를 지날 때 그 꿈이 생각났고, 나는 고대 그리스어가 바이블(어원은 βιβλος)과 같다는 것을 깨달았다. 이는 과거의 기록으로서 인간들이 가장 알 필요가 있는 것들을 보존하기 때문에.

∾

드디어 컬럼비아대학교의 피콜로극장에서 초연되는 밤이 찾아왔다. 이 극장이 있는 카사 이탈리아나는 무솔리니가 현금 기부 대신 보내왔다고 소문난 육중한 모조 골동품들로 치장된 건물이었다. 무대 위편에 베르길리우스고대 로마 시인가 남긴 말이 인용되어 있었다. 바닥엔 건초를 뿌려놓아서 아이들의 성탄 공연을 위한 무대 같았다. 우리 합창단은 페플로스(빨강, 노랑, 파랑, 주황이고 어깨에서 핀으로 고정되어 발목까지 내려오는 주름진 긴 의상)를 입고 뒷줄에 앉아서 무대에 오를 순간을 기다리고 있었다. 하프 주자가 네 소절을 반복하며 우리에게 신호를 주었을 때, 우리는 서로서로 손을 꽉 부여잡고 우리의 신경조직이 연결되어 가사를 잘 떠올려주기를 바라면서 통로로 약진했다.

아가멤논이 죽기 직전에 "날 죽일 거야?"라고 외치는 장면이 재연되는 동안에 가사를 기억하는 사람이 나밖에 없어서 나는 이 대목에서 뜻밖에 독창을 했다. 클리타임네스트라가 비명을 지르고 무대 뒤편이 소란스러워진 후에 엘렉트라와 오레스테스가 피투성이가 된 손을 보이며 나타났다. 무대 위로 질질 끌려온 시체들은 감독의 의도가 반영된 듯 으스스한 분위기를 내면서 아동용 성탄극 배경과 부조화를 이뤘다. 클리타임네스트라와 헬레네의 동기이자 쌍둥이 형제인 카스토르와 폴리데우케스가 (예산 부족으로 크레인이 없어서) 무대의 위쪽이 아닌 옆쪽에서 나타나 모친 살해자들을 맹비난하면서 연극은 끝났다. 카스토르 역을 맡은 데메트리오스 이오안니데스는 그리스계 키프로스 출신으로서 모국어를 신처럼 거룩하게 사용하듯 그의 대사를 낭송했다.

나는 머릿속으로 웅장한 규모의 행사를 상상했었는데 관객이 적어서 실망스러웠다. 홍보용 전단에는 "에우리피데스의 〈엘렉트라〉, 온 가족이 함께 즐기세요!"라고 적혀 있었는데. 우리는 목요일부터 토요일까지, 금요일의 주간 공연을 포함해서 네 번 공연했다. 완벽한 공연은 없었다. 한 공연이 끝날 때마다 내 동생과 나는 번갈아가며 의기양양하거나 의기소침했다. 나는 마법 같은 느낌이 전혀 들지 않는다고 불평했다. "속상하겠지만 누나가 어떻게 느끼는지 신경 쓰는 사람은 없어"라고 내 동생이 말했다. "누나가 마법 같은 걸 느낄 필요는 없지. 그래도 마법 같다고 느끼는 관객은 있을 거야."

마지막 공연이 열렸던 밤에 에드 스트링엄이 우리 회사 사람 몇 명을 데려와서—어쨌든 난 그의 제자였으니까—관객들 중에 〈뉴요커〉 파견단이 있었다. 그리스 합창단 소녀를 부업으로 삼은 직원을 이 잡지사가 언제까지 후원해줄지 알 수는 없었다. 나는 「장안의 소동Goings On About Town」 코너의 담당자들을 설득해서 이번 연극을 좀 떠벌리는 광고를 싣게 했었다. 내게 그리스어를 가르친 두 선생님 도로시 그레고리와 로라 슬래트킨뿐만 아니라

일군의 고전학자들도 참석했는데, 우리가 송시를 부를 때 학자들은 그 가사를 해석하며 들을 것이라고 감독은 말했다. 나는 긴장했다. 그날 밤 우리 합창단은 입장할 때부터 삐끗했다. 우리 중두 명이 박자를 잘못 셌고 다른 두 명은 이를 고집스레 바로잡으려 했다. 그래도 그냥 넘어갔다. 새로 구입한 플리머스 퓨리 자가용을 처음으로 몰다가 접촉 사고가 났을 때처럼 완벽에 대한 부담감은 사라졌다. 그 후 우리는 더 홀가분해졌고 더 너그러워졌다. 송시를 합창하지 않는 사이사이에 나는 등장인물들의 대사를 경청했다. 엘렉트라와 오레스테스와 클리타임네스트라가 하는 말을 알아듣지 못할지라도 그리스어의 소리를 귀담아들었다. 매번 공연할 때마다 나는 더 많이 알아들었다. 고립 단어, 소유격어미, 호격 변화(클리타임네스트라의 "ὦ παῖ"—"오, 애야"). 종막에 이르러 클리타임네스트라가 그녀의 귀염둥이들이 만든 함정 속으로 걸어 들어가기 직전에 오레스테스와 엘렉트라는 무대 앞쪽으로 와서 옥신각신하는데, 나는 이때 오레스테스가 그의 누나에게 볼멘소리로 하는 말을 똑똑히 들었다. "근데 난 엄마를 죽이고 싶지 않아." 나는 엘렉트라의 대답도 들었지만 그것은 말이 되지 않았다. 그리스어로도 말이 되지 않았다. 애당초 말이 안 되는 것이었다. 그녀는 그가 그의 엄마를 죽여야 하는 이유를 말하면서 그에게 그렇게 하라고 강요했고, 그녀의 복수심보다 더 유구하고 더 신성한 법을 무시했다. 너는 살인하지 말지니라. 특히 너의 어머니를.

그렇지만 나는 엘렉트라에게 조금 동정을 느꼈다. 어찌 보면 그녀는 선택의 여지가 없었다. 그녀는 그녀의 어머니를 증오했고 클리타임네스트라가 살아 있는 한 마음이 편할 수 없었다. 하지만 그녀가 끝내 어머니를 죽이자 모든 것이 나아지기는커녕 도리어 악화됐다. 내 눈 속에 뭔가 들어가서 나를 미치게 할 때 다른 일에 신경을 쓰거나 이래저래 참고 살려고 노력하지 않고 기어이 그것을 도려낸 후에, 내 눈 속에 뭔가 들어 있는 상태가 눈알이 없는 상태보다 백번 낫다는 것을 깨닫는 이치와 같았다.

이후 나는 슬래트킨 교수의 다음 수업을 듣고 나서 내가 공연을 통해 깨달은 바를 그녀에게 얘기했다. 그러자 그녀는 이것이 아나그노리시스anagnorisis의 좋은 예라고 말했다. 이는 아리스토텔레스의 용어로서, 무대 위에서 연기하던 인물이 자신에 관한 진리를 인식하는 전환점을 의미한다. 오레스테스는 엘렉트라의 음모를—그게 옳지 않다는 것을 알기에—거부하지만 그녀는 그를 을러대어 결국 끌어들인다. 나는 이 장면에서 우리 가족이 살짝 겹쳐 보였다. 나는 어렸을 때 내 동생을 내 뜻에 따르게 만들려고, 내 동생도 우리 엄마에게 반감을 품게 만들려고 노력했다. 다행히 그는 저항했다. 그리하여 노리스 일가에는 유혈극이 벌어지지 않았다.

나는 이듬해에 〈엘렉트라〉의 합창단 중에서 〈트로이의 여인들〉의 주역으로 뽑혀 비극 배우로서 연기 경력의 정점에 이르렀다. 이번에도 에우리피데스의 작품이었고 나의 역은 트로이의 여왕 헤카베였다. 난 카산드라 역을 맡고 싶었지만—미친 여자

단역이라서 내게 안성맞춤이었을 테지만—서른세 살 먹은 "특별한 대학원생"이라서 노파 역을 맡게 되었고, 내가 탐냈던 그 천진난만한 역은 나긋나긋한 학부생에게 돌아갔다. 이번에 감독을 맡은 약빠른 학생은 내가 헤카베를 맡지 않으면 이 배역이 작년의 합창단원이었던 힐러리에게 돌아갈 것이라고 내게 말했다. 나는 그것을 용납할 수 없었다.

헤카베는 극을 진행시킨다. 트로이가 멸망한 후 그녀가 땅 위에 누워 있는 장면으로 연극이 시작된다. 그녀는 아들 헥토르와 남편 프리아모스 왕을 잃었다. 이것은 트로이 여인들의 눈으로 바라본 결말이요, 트로이전쟁의 비극적 결과다. 이번에도 플롯은 선형적이다. 카산드라와 안드로마케(헥토르의 아내)가 들어왔다 물러가고, 헤카베의 난적 헬레네가 등장해서 그녀의 남편 메넬라오스와 재회하고, 그리스인들이 트로이 왕국의 부활을 막으려고 트로이의 탑 위에서 밖으로 던져버린, 헥토르의 어린 후계자 아스티아낙스의 시신을 그의 할머니가 건네받는다. 나의 그리스계 키프로스 친구 데메트리오스가 맡은 탈티비우스는 아가멤논의 전령으로서 점점 헤카베에게 동정을 느낀다. 이 연극은 비교급과 최상급 연습이다. 애초부터 슬픈 헤카베는 갈수록 더 슬퍼지고 더욱 슬퍼지고 더욱더 슬퍼지다가 세상에서 가장 슬픈 여인이 된다.

나의 역은 뛰어난 암기력을 요했다. 각 장면마다 그리스어 문장이 40개 이상에 달하는 긴 대사가 있었다. 난 마지막 대사부터, 아스티아낙스의 시신을 앞에 둔 장면의 대사부터 연습했다. 대사를 처음부터 순서대로 연습하면 이 마지막 대사가 시원찮아질게 뻔했기 때문이다. 이 대목은 헤카베에게 닥친 불행의 절정이 자 최악의 순간이었다. 나는 딸이자 누나였기에 나를 엘렉트라와 동일시할 수 있었는데 그럼 헤카베는 내게 뭘까? 그녀는 아내요, 어머니요, 왕비였다. 우리 아버지가 우리 엄마에게 지어준 별명들 중 하나가 왕비였다.

나는 자식을 잃고 슬퍼하는 모델을 멀리서 찾을 필요가 없었다. 여전히 나는 우리 엄마에게 이야기를 들을 수 있었다. 패트릭의 장례식 후, 어리둥절해진 내가 아장아장 걸어서 "나 여기 있잖아. 난 안 보여?"라고 말하듯 우리 아빠의 무릎 앞으로 다가갔고 그러면 아빠는 "우리 착한 메리"라고 말했다는 이야기. 게다가 어느 날 우리 꼬마 오빠가 문 앞에서 나를 보고 걱정스러운 표정으로 "엄마가 패트릭 장례식 물건을 꺼내서 울었어"라고 말했던 순간이 내겐 가슴을 저미는 기억으로 남아 있었다. 오빠와 나는 우리 동기의 죽음이 우리의 삶에 어떤 영향을 주었는지 설명하려고 평생 애써왔다.

한번은 내가 아스티아낙스를 앞에 둔 장면의 대사를 해석하고 그것을 한 번에 한 문장씩 추가하며 하루 종일 외웠더니 저녁때 내 몸속에 소화되지 않은 커다란 그리스어 뭉텅이가 생겼다. 난 새끼 돼지를 삼킨 뱀 같았다. 나는 대사를 모두 복사해서 색인 카드에 붙여놓고 헤카베를 항상 내 호주머니 속에 넣고 다녔다. 수영장에서 헤엄치는 동안에는 한 번 왕복할 때마다 한 문장을 더하면서 외웠다. 내가 암기한 마지막 문장은 헬레네에게 불같이 화를 내는 대사였는데, 수영장 근처에 있던 고양이 한 마리가 이 소리를 듣고 놀라서 내뺐다. 녀석은 내가 왜 그렇게 화를 냈는지 알 수 없었다. 에우리피데스는 그리스비극 작가 순위에서 아이스킬로스와 소포클레스에 밀려 3위를 차지했던 적이 있지만 그도 일가견이 있었다. 내가 대사를 까먹었을 때에는 일단 당황하지 말고 논리적으로 이어질 말을 생각해보면 그다음 대사가 떠올랐다.

나는 죽은 아스티아낙스 앞에서도 뭔가 더할 것이 있도록 전체적으로 어떻게 슬픔을 조절하면 좋을지 몰라서 걱정했다. 〈트로이의 여인들〉을 각색한 1971년 영화에서는 캐서린 헵번이 헤카베 역을 맡았었다. 난 헵번의 팬이었기에 탈리아극장에서 그녀의 영화들을 재상영하면 잘 챙겨 봤지만 〈트로이의 여인들〉을 보진 못했었다. 그렇다고 그것을 지금, 그녀의 광대뼈를 갖지 못한 내가 이 배역을 죽은말로 소화해야 하는 시점에서 보려니 엄두가 나지 않았다. 난 그녀에게 편지를 쓰기로 결심했다. 나는 그녀가 터틀베이^{맨해튼 미드타운의 동쪽 지역에}, 한때 화이트^{E. B. White. 미국 작가}가 살았던 이스트 40번가 인근에 거주한다는 것을 알고 있었지만, 영화 〈아프리카의 여왕〉 제작에 관한 헵번의 회고록을 출간하던 크노프^{Knopf} 출판사에서 얼마 전에 〈뉴요커〉로 이직한 한 젊은 편집자는 헵번이 그녀의 주소를 낯선 이가 안다고 생각하면 놀랄 테니까 그녀의 출판사를 통해 간접적으로 연락하는 편이 더 낫겠다고 내게 말했다. 나는 "캐서린 헵번 님께"라고 쓰고 그녀에게 내 문제를—헤카베 역을 맡아 그리스어로 연기해야 한다고—말하고 나서 버르토크^{Béla Bartók. 헝가리 작곡가}와 가슴을 에는 듯이 슬프고 아름다운, 어떤 나무에 관한 헝가리 민요를 고상하게 언급했다. 나는 헵번 씨에게 그녀가 연기할 때 스스로 어떻게 변화를 주었는지 물었다. 난 뮤지컬코미디에 참여했던 경험이 조금 있었는데 비극에서도 웃음을 유발하게끔 연기해도 될까?

오래 지나지 않아 답장이 왔다. 윗부분에 인쇄된 문구가 있는 편지지에 타자기로 작성된 것이었다. 날짜는 "1985년 1월 15일"이었고 "캐서린 호튼 헵번Katharine Houghton Hepburn"이라는 성명이 빨간색으로 찍혀 있었다. "메리 제인 노리스 님께"로 시작하는 글이었다.(나는 이런 경우에 우리 할머니 메리 B. 노리스와 나를 구별하기 위해서 굳이 나의 가톨릭 학교 시절의 이름을 사용했다. 우리 할머니가 배우로 알려진 분은 아니었지만.) "영화 〈트로이의 여인들〉을 못 보셨다니 안타깝네요"라고 헵번은 적었다. 나는 그녀가 턱을 떨면서 특유의 억양으로 말하는 모습이 떠올랐다. "물론 우리도 웃음을 유발하게 연기했습니다. 그럴 수밖에 없었어요, 특히 헤카베는." 그녀는 글을 끝맺었다. "행운을 빌고, 틀림없이 잘해내시리라 생각합니다." 헤카베가 유별스러워도 된다는 말이라서 나는 마음이 가뿐해졌다.

이번에도 에드 스트링엄은 그의 친구들과 동료들을 데려와서 관객 수를 늘렸다. 그는 비에타를 끌어들였다. 1960년대에 그의 부하 직원이었던 그녀는—그와 함께 그리스 대중음악을 공부했고—그녀의 남편과 더불어 로드아일랜드에서 차를 몰고 왔다. 편집주간실 소속 직원 한 명도 왔고 심지어 조판부에서 일하는 한 남자도 보였다. 당시 우리 회사는 콩데나스트Condé Nast에 의한 인수 문제로 진통을 겪고 있었는데 이런 비상사태가 트로이 함락에 대한 관심을 급증시키는 데 기여하지 않았을까 싶다.

이번 공연에서 두 명뿐인 합창단은 극단적인 여성상을 두루

선보였다. 그들은 이탈리아와 프랑스, 달과 태백성, 아르테미스와 아프로디테가 되었다. 무대 뒤에서 그들은 우리가 무대의상으로 입는 얇은 복숭앗빛 시프트드레스를 보고 버거킹 유니폼 같다고 말했다. 헥토르의 방패는 플라스틱으로 제작됐다. 트로이 전체를 상징하는 바위 역시 플라스틱 소도구였는데 내가 거기에 기댔더니 땅이 울렸다. 내 남동생은 평상시처럼 상식적인 충고를 했다. "누나가 통제할 수 없는 걸 걱정하면서 시간 낭비 하지 마."

헬레네 역을 맡은 학부생은 독일에서 온 유학생으로서 차랑차랑한 구릿빛 머리털을 지니고 있었는데 공연을 일주일 정도 앞두고 머리를 짧게 잘라버려서 우리의 헬레네는 펑크록 가수처럼 보였다. 헤카베는 헬레네를 몹시 싫어한다. 헤카베는 그녀에게 다음절어로 된 욕("ὦ κατάπτυστον κάρα")을 퍼붓지만 이는 단음절어로 번역되어야 제맛이 난다. "이년!" 헬레네를 파리스/알렉산드로스가 억지로 끌고 왔다는 소문을 반박하면서 헤카베는 말한다. "네 비명 소리를 들은 스파르타 사람이 있디?" 객석에서 한 여자가 웃음을 터뜨렸다!(헵번이 자랑스러워했겠다.) 메넬라오스는 연극이 끝난 후에 내게 하마터면 대본에서 벗어나 헬레네를 넘겨줄 뻔했다고 말했다. "어찌나 화를 내시던지!" 무대에서 그렇게 화를 내며 말하는 동안 나는 내 간장에 남아 있던 마지막 담즙 한 방울까지 빠져나가는 느낌이 들었다. 내 몸속의 모든 증오와 원한을 소진했다.

두 남자아이가 죽은 아스티아낙스 역을 교대로 맡았다. 한 명은 푸에르토리코에서 온 가냘픈 남자아이였다. 내가 두 팔로 썹게 받아 안을 수 있었던 이 아이는 무대 위에 축 처진 채 누워 있는 모습이 귀여웠다. 다른 한 명은 몸이 실한 녀석으로 고전학 교수의 여덟 살 난 아들이었다. 내가 그의 죽은 몸뚱이를 보면서 나의 최후의 대사를 전하려고 그를 무대에 눕혀놓으면 그는 발을 꼬았다. 그는 리허설 때마다 이랬다. 우리는 그에게 이러지 말라고 누누이 타일렀지만—감독은 그에게 요청했고 그의 아버지는 명령했건마는—그는 이 버릇을 고치지 못했다. 그는 내가 그를 거세할까 봐 두려워했다. 관객들은 킥킥 웃었다. 마지막 공연에서 나는 이 아이를 눕혀놓은 후에, 사지의 일부를 모으는 행위가 트로이 사람들의 장례 절차의 일환인 양 그의 발을 조심스레 꼬아두었다.

마지막 장면에서 헤카베는 "야만인들에게 맞선 요새" 트로이에 작별을 고한다. 그녀는 모든 탄식을 끝맺는 탄식을 내뱉는다. "ὀτοτοτοῖ!" 그녀는 불타는 이 도시에 그녀의 몸을 던지려 하지만 탈티비우스가 반대하고 합창단이 그녀를 가로막는다. 여기서 나는 동기부여가 쉽지 않았다. 전설적인 도시에서 살다가 추방당하는 한 왕비의 신세를 내 경험 속 무엇과 비견할 수 있을까? 우리 할머니는 80대에 클리블랜드를 떠나 사우스캐롤라이나주 클렘슨으로 가서 과부가 된 딸과 함께 살아야 했다. 그건 슬펐지만 비극적인 일은 아니었다.

그런데 그런 일이 생겼다. 콩데나스트가 〈뉴요커〉를 인수할 무렵에 내 친구 피터 플라이시먼Peter Fleischmann은 그의 가족이 설립했던 이 회사의 경영권을 잃게 되었고 이때 나는 그가 무척 힘들어하는 모습을 지켜봤다. 그의 아버지 라울 플라이시먼Raoul

Fleischmann은 1920년대에 창립된 〈뉴요커〉의 초창기 후원자였다. 피터는 이 잡지사뿐만 아니라 그가 물려받아 발전시킨 전통을, 즉 영업과 편집을 분리하는 전통을 자랑스러워했고 게다가 그와 친한 윌리엄 숀도 그의 자랑거리였다. 그는 작가들을 사랑했다. 피터도 샐린저처럼 벌지 전투에 참전했었는데 그것은 너무 잔인한 경험이리서 거기에 참전했던 퇴역 군인들 중 그 경험을 얘기하는 사람은 거의 없었다. 프랑스 해방 후에 그는 파리에서 리블링A. J. Liebling. 미국 저널리스트과 샴페인을 마셨다. 난 피터의 이야기를 듣길 좋아했다. 그는 후두암에 걸렸었고(그는 대단한 애연가였다), 외과의들이 그의 목숨은 구했지만 그의 목소리를 구하진 못했다. 이후 그는 전성관speaking tube을 사용하지 않으면 아무 말도 할 수 없었다. 이 장치는 의학의 기적이었다. 평범한 마이크처럼 생긴 것이었지만 그가 이것을 그의 목에 대고 누르면 이게 진동했고, 그러면 그는 무슨 말이든 할 수 있었다. 로봇의 음성같이 들리긴 했지만. 그는 이것을 투터tooter라고 불렀다. 피터는 원래 간결하게 말했고 누구 못지않게 욕을 잘했기 때문에 그가 그의 투터를 집어 들어 그의 목에다 척 갖다 대고 그가 애용하는 이런 말을 하면 되게 웃겼다. "너 ×× 말 잘했다."

한번은 내가 〈뉴요커〉의 "매각"을 운운하자 그는 화를 냈다. "난 잡지사를 팔지 않았어"라고 그는 말했다. "인수된 거야." 이사회의 일원이 상당히 많은 주식을 뉴하우스 일가에 팔았고 이 일가가 다른 주까지 사들이는 바람에 별안간 피터와 그의 지지자들은 더 이상 최대 주주가 아니었다. 그는 인수를 최대한 품위 있게 받아들이기로 결심했다. 뭇사람은 "이스트yeast 거물" 사업가인 플라이시먼이 자산을 기꺼이 현금화한다고 생각했다. 하지만 피터는 우정을 중시하는 절도 있는 사업가였고 주주들의 이익을 추구하는 것을 그의 의무로 여겼다. 피터에게 〈뉴요커〉의 인수는 크나큰 손실이었다. 그래서 나는 피터가 "야만인들에게 맞선 요새" 〈뉴요커〉를 떠나보낸 심정으로 트로이를 향해 작별 인사를 했다.

헤카베가 동의어를 중첩시키는 전형적인 그리스어로 말하듯 "마지막 최후의 종점 끝에서" 트로이의 여인들은 배ships에 실려 가고(팸플릿엔 ships가 "chips"로 잘못 표기되어 있었는데 내가 이번 공연의 교정자는 아니었다) 헤카베는 합창단에게 말한다. 그들이 남긴 것은 그들이 당한 피해가 언젠가 좋은 얘깃거리가 될 거라는 앎뿐이라고. 내가 이 대사를 번역해서 합창단 중 한 명에게 들려주었더니 그녀는 "참 쓸쓸한 말이네요"라고 말했다. 난 이 대사가 아름답다고 생각했다. 헤카베가 체념한 순간의 소소하고 냉담한 위로. 하지만 지금 생각해보니 내가 틀렸다. 헤카베는 그녀의 강적 아킬레우스와 마찬가지로, 연극이나 시가에서 불멸의 존재로 군림하는 대신 평온하게 오래오래 살다가 은미하게 죽고 싶었을 테니까.

그다음 주에 내가 출근했을 때 한 직원이 물었다. "연극 어땠어?" 내가 "대단했지"라고 말하자 그는 짓궂게 맞받았다. "자화자찬 아냐?" 나는 구태여 변명하지 않았지만 그건 내가 대단했다는 뜻이 아니라 그 연극이 내게 대단한 경험이자 가능한 최선의 요법이었다는 뜻이었다. 이후 며칠간 나는 정화된 느낌을 받았다. 이전에 나는 직장에서 나의 라이벌을 보면 제우스가 올림포스산에서 헤라를 매달았듯이 그녀의 두 발목을 움켜잡고 그녀를 19층 창문 밖에 거꾸로 매달고 싶었지만(내가 헬레네에게 고함칠 때 떠올렸던 분노의 대상은 바로 그녀였다), 이제 그녀는 요정같이 뾰족한 귀를 지니고 말쑥하게 차려입은 괜찮은 동료였다. 나는 에우리피데스에게, 극장의 신 아폴론과 디오니소스에게 나를 내맡겼고 그들은 나의 성의를 받아들였다.

아프로디테와 함께 헤엄을

"왜 사람들은 키프로스에 가고 싶어 할까요?"라고 그 남자는 물었다. 그는 친구의 친구였고 공교롭게 정신과 의사였다.

"세상에서 제일 아름다운 곳이니까요." 나는 주저 없이 대답했다. 키프로스는 미와 사랑과 섹스와 욕망의 여신 아프로디테의 고향인데 어찌 아름답지 않으리오. 그곳을 보고 싶어 하지 않는 사람도 있을까? 나는 얼마 전에 그리스에서 돌아와 프린스턴에서 열린 수영장 파티에 참석 중이었다. 이 정신과 의사는 8월에만 여행하며 가이드 투어를 선호했다. 사하라사막에서 열기구도 타봤었다. 내가 그를 놀래주기로 마음먹었다면 난 그 앞에서 내 발을 씻었을 것이다. 나는 전날에 억수 같은 비를 맞았는데 그때 내 신발에서 빠진 염료가 내 발을 자색으로 물들여놓았다. 난 그 앞에서 발을 씻는 대신 수영장으로 풍덩 뛰어들었다.

물론 키프로스는 교전 지역이었다. 그리스계와 터키계 키프로스 주민들은 1963년부터 그곳을 두고 서로 싸워왔다. 기나긴 분쟁의 역사를 감안하면 이는 근래의 작은 충돌일 뿐이었다. 이러한 현실 때문에 오히려 그곳이 내게 더 매력적으로 보였다. 심지어 나를 홀리는 것 같았다. 키프로스는 전쟁과 아름다움, 분쟁과 욕망의 교점이었다. 『미슐랭 가이드』에 적혀 있듯 그곳은 우회하는 한이 있더라도 가볼 만한 곳이었다. 나는 아테네에서 이스탄불로 가는 도중에 지중해를 1126킬로미터 우회했다.

나와 아름다움(과 사랑과 섹스와 욕망)의 관계는 늘 순탄치 않았다. 난 거울을 들여다보면 어김없이 결점이 보였다. 달덩이 얼굴에 벌그스름한 코와 군턱, 벌어진 두 대문니. 난 화장하면 광대가 되는 것 같았다. 화장품이 원래의 생김새를 강조할 뿐이고 매력을 자아내지 못한다면 무슨 소용이 있을까? 회사에서 나는 너무너무 평범하게 생긴 여자들이 화장실 거울 앞에서 단장하는 모습을 보고 의아했다. 왜 이렇게 시간을 허비하지?

아름다움은 손질과 목욕을 요한다. 미용실과 세탁소에 아프로디테(또는 그녀의 로마 화신 베누스)라는 상호가 많이 쓰인다. 민간어원(내가 좋아하는 출처)에 의하면 그녀의 이름은 '거품에서 태어난'이라는 뜻이다. 헤시오도스가 기술한 바에 따르면 최초의 천신天神 우라노스의 생식기를 크로노스가 낫으로 잘라버려 그것이 바다에 떨어졌을 때 그녀는 그 부글거리는 물에서 솟아올랐다. 그런데 사랑의 여신이 목욕을 마치고 나오면 욕조 청소는 누가 하나?

나는 신들에게 술을 부어 바칠 때 제우스, 아테나, 아폴론, 헤르메스 등등 온갖 신을 떠올리면서 그들을 모두 내 편으로 만들려고 노력했지만 아프로디테를 자주 잊어버렸다. 때때로 나는 집 안 구석구석을 청소하기 직전에 감히 그녀의 가호를 빌었다. 우리가 평생 추구하는 청결에 대해 호의를 보일 만한 또 다른 여신이 있던가? 아프로디테는 파출부의 수호신이 아닐까? 내 삶에서 아름다움과 사랑과 섹스에 말썽이 일어났다면 그건 내가 이러한 생각을 품는 우를 범했기 때문이리라.

그리스에서 청소는 중대한 일이다. 여기저기서 허물어지는 유적 때문이다. 가정주부들은 허구한 날 비로 바닥을 쓴다. 그리스어로 빗자루는 skoupa이고, 에게해의 섬들에 있는 soupermarket에는 σκούπα만 죽 놓인 기다란 진열대가 있다. 아스토리아에서 내가 (이탈리아계 미국인 형제의 집에서 이사 가서) 거주했던 집의 그리스인 여주인은 비가 내리면 으레 빗자루를 들고 밖으로 나가 인도를 북북 문질렀다. 그녀를 상대하면서, 그녀의 듣그러운 비질 소리를 참아내면서 나는 빗자루와 마녀를 연관 지었다. 호메로스가 들려준 이야기 속에서 칼립소라는 님프그리스신화 속 요정는 오디세우스를 7년 동안 그녀의 섬에 붙잡아두면서 그 포로의 몸을 씻긴다. 이 이야기를 들으면 희색이 만면한 그녀가 유혹과 성교에 앞서 그녀의 동굴 안을 깨끗이 청소하면서 빗자루를 요리조리 돌리며 땅바닥에 여러 가지 무늬를 그리는 모습이 상상된다.

헤라클레스의 과업 중 상당 부분은 청소와 관계있는데, 그는 꾀를 써서, 예컨대 강물을 끌어들여 아우게이아스 왕의 외양간을 세척하는 식으로 일을 수월하게 처리했다. 청소 용품 진열대에서 이 반신반인의 존재감은 특별히 질긴 빨랫줄의 상표로 드러난다. 하지만 더러움과 싸우는 만능 전사로서 세계적 명성을 얻은 자는 인간이다. 에이잭스Ajax, 아이아스. 세정제 상표. 그는 설거지와 빨래를 하고 욕조 안면의 진때를 제거하며 창문도 닦는다. 트로이전쟁의 이 위대한 영웅은 싱크대 아래 음료수병 속이나 양변기 뒤에 놓인 세제통 속에 산다. 아이아스가 자살했다는 사실은 별로 놀랍지 않다.

예부터 아프로디테의 출생지로 알려진 곳은 펠로폰네소스반
도의 해안가 근방에 있는 키티라섬이다. 그리 큰 섬은 아니고 그
녀는 여기서 오래 머물지 않았다. 아프로디테는 더 큰 무대가 필
요했다. 그녀는 키프로스를 선택했다. 아니, 키프로스가 그녀를
선택했다. 이곳은 요염한 바위와 구리 광맥이 산재하고 푸른빛으
로 둘러싸인 기차게 아름다운 섬이다. 나는 단시간에 최대한 많
은 것을 보기로 작정하고 이 섬에 갔다. 아프로디테의 성도聖都 파
포스에는 로마 시대의 모자이크가 있었다. 트루도스산맥 속 계
곡의 고유종인 삼나무와 야생양의 일종인 무플런mouflon도 있었
다. 스타브로부니Stavrovouni수도원은 고양이로 들끓었다.(그리고
콘스탄티누스 1세의 어머니 성헬레나가 예루살렘에서 가져온 성십자가
파편이 있다고 알려져 있다.) 내가 가보고 싶었던 수도 니코시아는
전쟁 상황이 극명히 드러난 곳이었다. 국제연합에서 파견한 평
화유지군이 지키고 있는 완충지대는 이 수도를 도시의 입구부터
반대편 입구까지, 파란색과 하얀색이 섞인 삐죽삐죽한 흉터 같
은 모습으로 갈라놓았다.

섬의 진정한 국경은 해안선이고, 그래서 나는 키프로스에서
주위의 바다가 제일 흥미로웠다. 이전에 나는 넓은 물가에 가본
적이 별로 없었다. 이리호의 에지워터 외에 저지쇼어Jersey Shore,
롱아일랜드뉴욕주 동남쪽의 섬, 베라크루스 앞의 멕시코만. 키프로스
는 햇살에 수면이 반짝이고 가리비 모양으로 춤추듯 이는 물결
에 물거품이 밀려와 해안의 가장자리를 장식하는 가운데 찬란하
게 아름다운 것이 광활하게 펼쳐질 만한 곳이었다. 나의 가이드

북에서 "사랑의 여신이 목욕했던 장소라는 전설"이 깃들어 있다고 소개된 한 명승지를 나는 주목했다. 여기는 해변 부근이었는데, 아프로디테 해변의 바위들까지 헤엄쳐서 가는 사람은 아름다운 모습으로 변하여 그 모습이 영원할 것이라는 속설도 있었다. 나는 아프로디테의 바다에서 나에게 세례를 베풀고 싶었다.

∾

베네치아에서 건너온 솔프리네호는 하이파이스라엘 북부의 항구도시로 향발할 예정이었다. 크레타에서 로도스까지 연락선을 타고 온 나는 갑판석 배표를 끊어 승선했다. 배낭여행 엘리트는—햇볕에 바싹 그을린 피부에 쪼그만 오렌지색 수영복을 걸친 아름다운 사람들로—이미 상갑판을 차지했다. 그들은 텐트를 치고 빨랫줄까지 걸어놓고 프리스비놀이용 플라스틱 원반를 던지며 개들과 놀고 있었다. 솔프리네호는 그들이 전세 낸 선박 같았다. 나의 여행 스타일은 배낭여행의 정신과 전통적인 수하물의 부담을 합한 것이었다. 그래도 내 짐은 가벼운 편이었고 침낭도 물병도 없었다. 그 대신 위스키 한 병과 내가 크레타에서 구입한 줄무늬 면 담요가 있었다.

나는 라운지 바깥의 배기관 아래에 있는 슬랫slat 벤치에 자리를 잡았다. 난 잠이 부족했다. 크레타에서 로도스로 오는 연락선에서 선원들과 노닥거리느라 밤을 새웠기 때문이다. 그 연락선의 선장은 내게 선교를 구경시켜주었다. 수많은 계기와 장치가 배열되어 있고, 우리가 지나가는 바닷길의 전망이 비길 데 없이 좋은 곳이었다. 갑판장이었던 곱슬머리 청년은 스스로 세상 물정을 잘 안다고 과시하고 싶어 했다. "저는 플러싱Flushing에서 46일이었어요"라고 그는 말했다. 퀸스 지역 플러싱Flushing에 머무른 적이 있다는 뜻이었다. 또다시 나는 혼자 여행하는 중이라고 설명해야 했는데 이때 실수로 강세를 엉뚱한 음절에 두었다. "그런 말 하지 말아요"라고 그 젊은 선원이 내게 말했다. 난 이런 식으로 말했었다. "저는 여행하는 계집년이에요."

그는 내게 그의 선실을 보여주고 내 스웨터에 달린 단추를 만지작거리고 있었는데 그를 선교로 호출하는 안내 방송이 나왔다. 내가 다시 내 자리로 돌아가다가 만난 한 갑판원은 나를 아래층 차량 갑판으로 데려갔고 우리는 한 선객의 사브 자동차 안에서 라디오로 그리스 음악을 들었다. 그도 역시 내게 그의 선실을 보여줬다. 아주아주 낮은 층에 위치한 그 방에는 벽에 붙여놓은 미녀 사진과 외설 잡지 들이 있었고 여기서 나는 오래간만에 남자와 오랜 시간을 함께 보냈다. 그는 닻을 책임지고 있었기에 항구에 도착할 때마다 갑판으로 올라가서 닻을 내려야 했다. 아침에 나는 다시 갑판 위로 가고 싶었는데, 난 그제야 그가 나를 보호한답시고 문을 밖에서 잠가뒀다는 사실을 알게 되었다. 난 침착하려고 애썼다. 틀림없이 그는 곧 돌아올 테니까. 마침내 나는 방 안에서 문고리를 계속 흔들어 벗겨내고 겨우 탈출해서 사닥다리 같은 계단을 타고 올라가 해치를 열고 쑥 올라왔다. 선교에서 근무 중이던 선장은 깜짝 놀랐다.

솔프리네호에서 나는 내 크레타 담요로 몸을 감싸고 슬랫 벤치에서 선잠이 들었는데, 웬 청년들이 내 발치 쪽 벤치에 서서 내 위쪽에 있던 현창을 통해 뭔가 끄집어내려는 바람에 잠에서 깼다. 그들은 갈색 종이 베개 같은 네모나고 넓적한 소포 하나를 잡아당겨 갑판에 툭 던져놓았다. "너희 거야?" 난 그리스어로 물었다.(나는 절도 혐의자에게도 격식을 갖춰서 말을 걸어야 하는지 확신이 들지 않았다.) 그중 한 청년이 "그리스 말 할 줄 알아요?"라고 물었다. "주금"이라고 나는 말한 뒤에 그가 이어서 하는 말을 알아듣지 못함으로써 그게 정확히 얼마나 조금인지 실증해주었다. 그는 영어로 옮겼다. "이 미친 녀석이 뱀을 갖고 있어요." 그가 그 소포를 발끝으로 툭 찼더니 그것이 움직였다. 나는 영어로, 원시 영어로 복귀해서 소리쳤다. "노 스네이크!" 그러고 얼른 내 소지품을 챙겨 자리를 떴다.

아래층 갑판에 있는 나이트클럽 바깥에서 파티를 즐기고 있는 이스라엘 젊은이들이 보였다. 한 악단이 연주하는 곡은 내가 파자마 파티를 즐기던 1960년대 초반의 미국 유행가였다. 〈Let's Lock the Door (And Throw Away the Key)〉. 악단이 공연을 끝내자 그 젊은이들이 이어서 노래하며 탬버린을 흔들어댔다. 그때 폭발음이 들렸다. 나는 퍼뜩, 누군가 그 뱀을 총으로 쏘았는가 싶었다. 그런데 내 옆을 한가로이 지나가던 한 남자는 상황을 살피더니 내게 장담하듯 "폭탄이에요"라고 말했다. 이 해역을 지나다니는 배에 폭탄이 실리는 경우가 드물지 않은 것 같았는데, 이번에 솔프리네호는 가라앉지 않았다.

새벽녘에 키프로스가 보였다.

∾

그리스계 키프로스 해안에 있는 리마솔 항구에서 (내가 들은 바에 의하면) 거기에 남은 유일한 렌터카(노란색 피아트 500 미니)를 빌려 타고 나는 서쪽으로 약 65킬로미터 떨어져 있는 파포스로 향했다. 난 지도를 들여다봤다. 유럽, 아시아, 아프리카가 대강 그려진 가운데 하얀 지중해를 바탕으로 키프로스가 까맣게 표시되어 있었다. 동쪽으로 날아가는 마녀 같은 모양이었다. 마녀의 길고 뾰쪽한 모자는 터키 해안선을 따라 휘어지면서 그녀를 기꺼이 받아들일 듯한 후미를 겨냥하고 있었다. 터키는 키프로스를 흡입할 형세였다. 키프로스는 터키에서 떨어져 나온 섬처럼 보이지만 실은 바닷속에서 융기하여 독립적으로 생성되었다. 이곳엔 다른 지역에 없는 독특한 바위들이 있다. 키프로스는 지중해의 전략적 요충지라서 이 일대에 잇따라 나타난 힘센 자들에게 거의 매번 정복당했다. 이집트인, 그리스인, 페니키아인, 페르시아인, 다시 그리스인(알렉산더), 로마인, 콘스탄티누스(비잔틴제국), 십자군, 프랑스 뤼지냥 왕가, 베네치아인, 오스만인, 영국인. 그리고 격변의 시대를 거쳐서 드디어 자주국이 되었지만 이후 이 섬나라는 각각 민족주의를 표방하는 그리스계와 터키계 진영으로 갈린 키프로스 사람들의 전쟁터가 되었다.

키프로스에서 차량은 좌측으로 운행한다. 영국인의 영향이다. 표지판에 그리스어와 영어, 간혹 터키어가 쓰였고 항구 근처에선 독일어, 프랑스어, 히브리어도 보였다. 거리 단위는 킬로미터가 아니라 마일이었다. 휘발유는 갤런이 아니라 리터 단위로 판매되었다. 이 시절에 나는 I-80 고속도로로 펜실베이니아를 횡단하면 시속 110킬로미터 정도로 달릴 수 있었으니 내가 리마솔에서 파포스까지 차를 몰고 가면 한 시간이 채 걸리지 않을 것 같았다. 나는 쿠리온 유적지에서 차를 세웠다. 아폴론의 성소와 더불어, 기막히게 멋진 풍광 속의 경사지에 극장이 자리 잡은 곳이었다. 그리스인들은 건물 입지를 선정하는 데 천부적인 소질이 있었다. 한 10대 소년이 성소의 관리인이었다. 매표소 밖에 걸린 라디오에서 요란한 팝송이 흘러나오고 있었다. 나는 조용한 명상적 분위기였으면 했지만 아폴론은 음악의 신이었다. 이 젊으신네는 그의 대리자였고 나는 그의 영역 안에 있었다. 나는 신전의—오래전에 사라진 방들 사이사이의 낮은 돌담같이—허물어진 벽 위를 걷다가 문득 이 유적이 역사를 환기시키는 것이 아니라 오히려 내가 과거를 뒤쫓는 유령이라는 생각이 들었다.

내가 다시 도로로 나왔을 때에는 해가 저물기 시작해서 나는 밤길에 파포스까지 잘 찾아갈 수 있을지 걱정되었다. 전조등이 켜지지 않는 것 같아서 난 직접 확인하려고 도로변에 정차했다. 도로가 바다를 감싸고 있었는데, 나는 차에서 내리려고 몸을 돌리다가 바깥을 바라본 순간 전조등 점검을 잊어버릴 수밖에 없었다. 땅을 바다로 연장하듯 하얀 바위들이 짙은 순청색의 바다 위에 점점이 흩어져 있었고 내가 지나온 도로는 기슭을 따라 굽이져, 나직나직한 초록빛 언덕 사이를 누비며 이어지는 까만 리본 같았다. 도로 중앙에 갓 칠해진 하얀 선마저 장식처럼 보였다. 모든 것이 잠잠하고 고요했다. 이곳을 이루는 요소 하나하나가 저마다 고유한 형태와 색상을 드러내며 반짝반짝 빛났다. 치밀하게 치장된 자연미. 페트라투로미우Petra tou Romiou라고 불리는 이곳은 키프로스의 여신 아프로디테의 유명한 고향이었다.

전조등은 정말로 켜지지 않았지만 나는 경치에 매우 매료되어 그다지 낙담하지 않았다. 어둑어둑한 가운데 최대한 하얀 선을 따라가려고 애썼다. 그러다 밤이 찾아와 칠흑 같은 망토를 드리웠을 때(하!) 나는 황량한 공업지대를 끼고 엉금엉금 나아가고 있다는 사실을 깨닫고는 곁길로 빠져서 불이 켜진 첫 번째 집 앞에 차를 세웠다. 이 집에 사는 가족이 밖으로 나왔고, 그들은 내게 길을 알려주는 대신 그들의 차에 모두 타고 내가 묵을 디오니소스호텔까지 나를 안내해주었다. 내가 운전해서 65킬로미터를 (중간중간에 정차하여 아폴론과 아프로디테를 숭배하고) 오는 데 다섯 시간이 걸렸다.

선상에서 두 밤을 보냈던 나는 디오니소스호텔의 개인 욕조에서 호사를 누렸다. 그리고 뭘 좀 먹으러 나갔다. 부주키bouzouki 음악이 한 식당에서 흘러나오고 있었다. 부주키 또는 이보다 앞서 있었던 리라lyra는 헤르메스가 거북딱지에 양의 내장으로 현을 매어서 만든 것이라고 알려져 있다. 줄을 퉁기는 소리가 독특하고 기타보다 더 이국적이다. 이 식당의 주인이 호객꾼처럼 밖에서 있다가 나를 맞았다. 그는 아주 정중하게 키프로스산 브랜디를 내게 반주로 권하고 완벽한 식사를 제공해주었다. 다진 양배추와 초록 토마토 샐러드, 황새치 수블라키, 프렌치프라이와 화이트와인. 보통 술집에선 피시앤칩스생선튀김과 감자튀김에 쐐기 모양의 레몬 한 조각을 주는데 이곳은 레몬 한 개를 얇게 썰어서 접시에 전부 올려놓았고, 감자를 비롯한 모든 요리 위에 레몬을 짜는 방법을 식당 주인이 직접 보여줬다. 키프로스는 레몬이 풍부하다.

이 식당 안에는 잉글랜드와 웨일스에서 온 남녀 몇 쌍, 이 식당에 납품하는 어부(그의 아들이 부주키를 연주하고 있었다), 고깃배를 타고 나갔다가 돌아온 까무잡잡한 두 남자가 있었는데 이 중 한 남자는 내게 집적거리다가 주인장의 제지를 받았다.

"파포스에 얼마나 계셨어요?" 잉글랜드 남자가 물었다.

"한 시간 정도요." 나는 말했다.

"얼마나 더 계실 거예요?"

"내일 아침에 떠나요." 그는 그의 부인과 같이 여기에 2주 동안 있었다. 나는 언제나 반경 800킬로미터 안에 있는 모든 것을 봐야 직성이 풀리는 여행자였다. 난 3일간 키프로스를 최대한 많이 보고, 리마솔로 돌아가 배를 타고 로도스에 제시간에 도착해서, 매주 한 번 월요일마다 출항하는 더 작은 배로 갈아타고 도데카네스제도의 항구들로 향할 예정이었다. 어쩌면 훗날 나는 더 성숙해져서 한곳에 흠씬 빠져드는 여행자가 될지도 모르겠다. 오늘은 아니다.

어부들 중 한 사람이 주인의 반대를 무릅쓰고 나와 합석해서 내게 그리스어를 좀 가르쳐줬다. 마치 네 살배기 아이를 대하듯 아주 천천히, 자신의 이름은 안드레아스라고 내게 말했다. 나는 '전등'에 해당하는—빛을 내는 원소 phosphorus 인燐에 쓰인 phos(φως)에서 파생한 phóta라는—단어를 알고 있었고, 고장 난 전조등에 관한 나의 얘기는 웬일인지 꽤 유창했다. 그는 그의 친구이자 정비공인 그리고리를 불러냈다. 그들은 내 차를 살펴보겠다고 했고, 만일 그들이 그날 밤에 τα φώτα를 고칠 수 없으면 내일 아침에 내가 차를 몰고 그리고리의 정비소로 가기로 했다.

내가 운전해서 니코시아까지 갈 예정이라고 말했더니 그들은 이 수도의 이름을—그리스계 키프로스 사람들은 "레프코시아"로 부른다고—정정한 후 나를 만류했다. 레프코시아엔 뭣 하러 가느냐고. 거긴 엉망이라고. 터키인들은 이 섬의 모르푸부터 파마구스타에 이르는 북부를 점유하면서 최상의 레몬 산지를 차지했다. 그리고리는 파마구스타에서 왔는데, 그가 그의 가족을 방문하려면 일단 콘스탄티노플을 거쳐 앙카라^{터키의 수도}로 가서 허가를 받아야 했다. 나는 외국인이라서—그들도 살라미스^{키프로스 동쪽 해안의 고대 도시}는 아주 아름답다고 했으니—마음만 먹으면 터키계 지역으로 갈 수 있지만 반드시 어두워지기 전에 돌아와야 했다. "왜요?" 난 물었다. 나는 비상시를 대비해서 전조등을 고쳐두고 싶었을 뿐 밤에 운전할 계획은 없었다. "아무도 시신을 수습하지 않거든요"라고 안드레아스가 말했다.

저녁 식사 후, 안드레아스와 그리고리는 나와 함께 걸어서 디오니소스호텔 앞에 세워둔 내 차로 갔다. 그들은 전조등 스위치가 고장 났다고 했고 내게 정비소로 오는 길을 알려줬다. 나는 그들과 헤어진 후 호텔 로비로 들어왔다. 형광등 불빛이 타일 바닥에 눈부시게 반사되는 현대식 로비였다. 의자에 앉아 있던 한 남자가 일어나서 내게 다가왔다. 아까 그 식당 주인이었다. 그는 우리가 만나기로 약속이라도 한 듯한 표정을 지었다. 그는 검은 머리에 반짝이는 눈을 지닌 날씬한 남자였다. 안드레아스와 그리고리는 이 남자를 조심하라고 내게 일렀었다. 그의 식당은 장사가 잘 안되고 있으며 그의 아내가 돈주머니를 틀어쥐고 있다는 말도 했다. 그런데 그가 내게 무슨 볼일이 있을까? 로비에 다른 사람은 전혀 없었다. 프런트 직원도 없었다. 그는 내 팔꿈치를 잡았다. 그러고 다가붙으며 "One kiss"라고 말했다. 난 이전에 이 말을 들은 적이 있었다. "One kiss"는 크레타에서 미미가 나를 미노타우로스의 동굴로 유인하면서 한 말이었다. "One kiss"는 크레타에서 로도스로 가던 배 안에서 그 갑판원이 한 말이었다. 나는 "One kiss"가 무슨 뜻인지 알고 있었다. 이 말은 이성의 마음을 열기 위한 것이었다. 난 뒤로 물러서서 복도 쪽으로 달려갔다. 내가 내 방의 문을 열고 들어갈 때 그는 그 자리에 서서 그의 두 팔을 양옆으로 내린 채 우리가 열렬하게 연애하다가 헤어진 사이인 양 애타게 소리쳤다. "Like this? Like this?(이대로? 이대로?)"

이런…… 나는 왜 one kiss를 원했을까? 내가 원했을까? 지난한 해 동안 나는 나를 개선하고 싶은 충동을 느끼고서 내가 남자에게 매력적으로 보이는 데 방해가 될 만한 모든 것을 제거하길 바랐다. 나 자신을 확 뒤집어서 미화하기로 작정했다. 나는 상담할 의사의 목록을 작성했다. 우선 내 귀(ota)와 코(rhino), 인후(larynx)를 봐줄 이비인후과 의사, 특히 가수들을 진료하는 인후전문의로서 나의 고질적인 목쉰 소리를 고칠 의사. 나는 그리스로 여행 가기 전에 선글라스를 새로 맞추기 위해서 시력검사만 받으러 안과의를 찾았는데, 내게 녹내장이 있다는 경악스러운 말을 들었을 뿐만 아니라 '집중성 부족convergence deficiency'이라는 진단도 받았다. 요컨대 지금 교정자인 내가 직업 선택을 잘못했다는 뜻이었다. 치과 의사와 부인과 의사는 목록에서 제일 무서운 의사가 차지할 끝자리를 놓고 서로 경쟁했는데 부인과 의사가 이겼다.

내가 만난 산부인과 의사는 그리스인이라서 난 기뻤지만 그의 외모는 내 맘에 들지 않았다. 그는 키가 작고, 각진 머리에 뻣센 검은 머리털을 지녔다. 그의 아내가 그와 함께 일하는 동안 이 부부의 아들은—그의 아버지를 닮아서 머리가 곰의 털같이 뻣뻣했고—대기실에서 숙제를 하고 있었다. 여성의 음부를 다루는 장소에서 기묘하게 가정적인 분위기를 유지하는 가족이었다.

gynecologist부인과 의사라는 단어는 고대 그리스어 γυνή여성에서 왔고 이는 (호격으로) "goon-eye구네"로 발음된다. 만약 제리 루이스미국의 희극인가 그리스어를 쓴다면 "Hey, lady!" 대신 이렇게 외칠 것이다. 이 단어는 현대 그리스어에서 γυναίκα(이이-벡-아)로 자리 잡아 더 매끈하고 입에 달라붙는 단어가 되었다. 나는 이러한 어원을 기억하면서 그리스를 여행하는 동안 그리스 남자들이 내 얼굴이나 눈이나 두발에는 관심이 없고 부인과 의사처럼 '구네'에 초점을 맞춘다고 느꼈다.

"조금 따끔할 거예요." 부인과 의사가 나를 검사하다가 말했다. 나는 내 손을, 엄지손가락 아래 도톰한 부분을 이로 깨물며 참았다. 그는 나의 성관계에 대해 물었고 나는 없다고 답했다. 난 성관계를 갖지 않는 중이었다.(내가 좋아하던 한 사람이 있었지만 그는 내게 무관심했고, 나는 내게 매력이 생길 때까지 기다리던 중이었다.) 이전에 한 친구가 털어놓은 얘기에 의하면 그녀가 한 부인과 의사한테 자신이 성관계를 갖지 않는다고 말했더니 그는 그녀가 레즈비언이라고 주장했다. "그가 피임에 대해서 묻기 시작하는 거야"라고 그녀는 믿기지 않는 표정으로 말했다. "그러다 갑자기 또 이러더라. '어차피 피임은 필요 없겠네요. 레즈비언이시니까.'" 나중에 진료실에서 그리스인 부인과 의사는 내게 말했다. "건강하시네요." 그리고 나의 자궁경부 세포가 담긴 갈색 약병에 감아놓은 고무줄을 딱딱 튕기면서 그는 캐어묻듯 말했다. "관계relations는 없다고 했죠?" "있어요"라고 나는 밝게 대답했다. "남동생 있어요."

나는 내가 만나고 있던 정신 치료사에게 이 동문서답 일화를 들려줬다. 내가 정신과 의사로부터 (보험 적용을 받으려면 진단이 필요했기에) 받았던 최초의 진단 결과는 dysthymia였다. 나는 이 단어를 사전에서 찾을 수가 없어서 어원별로 분석했다. dys는 eu의 반대말로서 '나쁜' 것을 뜻한다. 그래서 dystopia는 '나쁜 장소'다. 난 thymia를 보고『일리아스』에서 한 전사가 패전한 후의 감정을 그의 thymós로 느꼈다는 이야기를 떠올렸다. θυμός는 열정이 깃드는 곳이었고 그리스인들은 이곳이 가슴속 어딘가에 있다고 생각했다.(영어에서 thymus흉선胸腺라는 분비샘도 가슴에 있다.) 이 것은 정신, 영혼, 마음, 노염을 의미한다. dysthymia라는 진단은 내가 우울하다는 뜻이었다. 치료법이 있을까?

정신과 의사는 '의료 모험'을 하는 나를 좀 회의적으로 지켜봤다. 나의 귀-코-인후-목소리-눈-치아 문제들은 모두 '감정전이'일 뿐이고, 나의 진짜 걱정거리는 나의 생식기라고 그녀는 판단했다. 나는 여성의 몸이 아름답다는 생각이 쉽게 들지 않았다. 우리는 연이어 논쟁을 벌였는데, 내 몸에 대한 나의 수치심은 모두 우리 엄마의 탓이라고 나는 주장했다. 우리 수다쟁이 엄마는 일곱 남매(1남 6녀) 중 한 명이었다. 엄마는 나의 외할아버지 얘기를 하다가 "죽으나 사나 아들을 얻으려고 하셨는데 계속 딸만 태어난 거야"라고 말하곤 했다. "그러다가 여섯 번째에 아들이 태어났는데 아빠가 우리 엄마한테 이랬어. 말하고 말하고 또 말했지. '이 애는 내 거야. 나머지는 당신이 돌봐.'"

나는 이 말을 듣고, 또 우리 오빠와 남동생을 더 아끼는 듯한 우리 엄마를 보면서 딸은 집안일을 돕는 것 외에 쓸모가 없다는 생각이 들었다. 우리 여자들은 에이잭스와 skoupa와 헤라클레스 표 빨랫줄에 매여 사는 노예였다. 나는 분명 샘이 났지만 남근을 선망하진 않았다고 정신과 의사에게 역설했다. 내가 선망했던 것은 남성이 오줌을 서서 누는 능력뿐이었다. 그런데 결정적인 순간이 찾아왔다. 우리는 병원에 관한 이야기를 나누고 있었다. 우리 아버지가 클리블랜드에서 대동맥류 수술을 앞두고 있었기 때문이다. 정신과 의사는 내가 병원을 거세와 연관 지으면서 두려워한다고 보았다. "하지만 아무 일도 없었어요, 내 불―" 나는 말끝을 "불알에"로 맺으려다 실언이라는 것을 깨닫고 말을 삼켰다.

정신과 의사는 '빙고!'라는 표정을 지었다. 나는 '남근 선망'이라는 프로이트의 그 상투어가 내게 적용되지 않는다고 우겨왔지만 이제 보니 난 도리어 더 심하게, 남근을 엄청나게 선망하는 경향이 있는 듯했다. 정신과 의사는 나로 하여금 이런저런 생각을 하도록 유도한 끝에, 내가 남성으로 태어났지만 태어나자마자 거세를 당했다는 환상을 스스로 길러왔다는 점을 직시하게 만들었다. 내 딴에는 나의 가치를 지탱하기 위한 환상이었다. 난 모든 여성은 불구요, 불량이요, 손상된 기형이라고 생각했다.

누군가 낫으로 남의 불알을 잘라서 그의 정액을 만물에 뿌리는 행동은 신화 속에선 별일이 아니다. 크로노스가 우라노스에게 그리해서 아프로디테가 거품에서 태어났듯이. 하지만 현실에서 이런 경우는 거의 없고 여성이라면 더욱 그렇다. 생뚱맞은 소리 같지만 그 정신과 의사의 해석은 많은 것을 설명해준다. 언젠가 우리 아버지가 추운 겨울밤에 밖에서 돌아와 우리 엄마에게 하는 말을 나는 들었다. "추워서 불알이 떨어져 나갈 것 같아." 나중에 나도—내게 불알이 있다고 확신하고, 그건 그냥 동그란 거라고 짐작하고—이 표현을 써봤는데 우리 엄마가 깔깔대며 웃었다. 또 한번은 내가 바지의 지퍼를 올리는 중이었는데 엄마가 나를 놀리며 말했다. "꼭 남자애처럼 하네." 그녀는 그녀의 홈드레스 앞부분을 움켜쥐고 가공의 지퍼를 올리는 시늉을 했다. 엄마는 내 불알을 터트리는 중이었다.

나는 정신 치료사를 매주 한 번씩 만나다가 일주일에 닷새, 하루에 50분씩 본격적인 프로이트식 분석을 받기 시작했다. 나의 관대한 고용주 덕분에 나는 이 치료를 수년간 받으면서 결과적으로 두 사람 몫에 상당하는 정신 건강 급여를 받았다. 내가 출근할 때 내 속눈썹에 화장지 부스러기가 붙어 있곤 했다. 나는 내 문제를 딱히 엄마의 탓으로 돌릴 수 없다는 것을 차츰차츰 깨닫게 되었다. 엄마와 나는 엇갈렸을 뿐이었다. 슬픔은 분노보다 깊었고 슬픔 밑에는 사랑이 있었다. 마침내 어느 봄날, 나는 그리스어 수업 후에 수영을 하고 나서 컬럼비아대학교의 야외 캠퍼스에 앉아 삶은 달걀을 먹으며 내 수표책을 정리하다가 수표책에 인쇄된 나의 성명을 주시했다. 우리 할머니의 이름 "메리"와 우리 아버지의 성 "노리스"가 결합한 것이었다. 이것은 여성의 성명이었고 나의 성명(그리고 나의 예금)이었다. 불현듯 내게는 아무런 이상이 없다는 생각이 들었다. 나는 불구가 된 남성이 아니라, 인류의 절반을 차지하는 온전한 여성이었다.

∾

나는 파포스를 떠나기 전에 로마 시대의 모자이크를 꼭 보고 싶었다. 우선 아침에 디오니소스호텔에서 체크아웃을 하고 "고고학적 공원"을 찾아갔다. 고대 미술사를 공부하는 학생들을 위한 테마파크 같은 곳이었다. 2000년 전에 이곳에 살았던 로마인들은 집 안의 바닥을 석재 모자이크로 꾸몄다. 색깔이 있는 작은 정사각형 돌조각(tesserae) 수백 개를 배열하여 신화 속 장면들을 연출하고 야생적인 덩굴무늬로 장식했다. 발굴 작업이 진행 중이었고, 고고학자들은 그들이 발견한 것을 아크릴수지에 의존하지 않고 전시하는 최선의 방법을 찾기 위해 여전히 부심하고 있었다. 기원후 2세기에 이 동네에서 부유하고 유명했던 집들의 바닥에서 90센티미터 정도 위에 격자형으로 설치된 좁은 발판에 서서 방문객들은 거실을 내려다봤다. 먼지가 쌓여 있었지만 모자이크의 보존 상태는 양호했다. 돌은 비록 영원하지 않을지라도 지구상의 다른 재료들보다 내구성이 훨씬 뛰어나다. 모자이크에 물을 좀 뿌리면 여러 가지 색상이 드러났다. 연한 버건디, 온화한 노란색, 크림 같은 하얀색, 진한 회색, 부드러운 검은색.

바닥은 돌로 제작된 태피스트리실내장식용 직물 같았다. 장면도 무척 다양했다. 미노타우로스를 처치하고 아테네의 전설적인 왕이 된 테세우스, 리라를 뜯는 불운한 악사 오르페우스. 주신酒神디오니소스는 표범이 끄는 채리엇에 타고 있었고 돌에 그의 이름이 적혀 있었다. 그리스어 글자 시그마(Σ)가 C같이 생겨서 ΔIONYCOC로 보였다. 나 이것이 라틴어인 줄 알았는데 실은 루네이트lunate(초승달 모양의) 시그마라고 불리는 것이었다. 모퉁이는 모두 꽃과 동물의 형상으로 장식되어 있었다. 황소, 사자, 물고기, 새, 특히 헤라와 관련된 공작새. 여러 이미지의 테두리 문양도 서로 달랐다. 물결무늬, 격자무늬 또는 그리스풍 돌림무늬.

나는 여태껏 모자이크 미술에 대해 생각해본 적이 없었지만 이것은 실용적(바닥)이고 반영구적(돌)이며 아름답고 정연해서 (모자이크의 돌조각에서 체크무늬가 비롯되지 않았을까 싶다) 나로 하여금 미술에 대하여 순진해 보이는 반응을 불러일으켰다. 욕망. 나는 이것을 원했다. 새뮤얼 존슨이 그리스어와 레이스lace에 대하여 말했듯이 나는 이것을 최대한 많이 가지고 싶었다.

나는 모자이크 구경을 너무 일찍 끝마쳐서 아쉬웠지만 아프로디테와 그녀의 욕장baths을 조사하러 서둘러 떠나려면 나의 새 친구 안드레아스와 그리고리가 내 전조등을 고쳐주려고 기다리고 있는 정비소로 가야 했다. 우선 우리는 콜라를 마셨다. 그러고 핀란드산 보드카 한 잔을 마시고 (안드레아스의 말대로 "2차"로) 또 한 잔을 마셨다. 나는 음주운전을 하면 안 된다고 항의했지만 걱정할 필요가 없었다. 앞으로 몇 시간 동안 내가 운전석에 앉을 일은 없었기 때문이다. 그리고리는 내 차에 필요한 새로운 스위치를 주문했다. 그리고 그가 심하게 망가트린 시트로엥 한 대를 내게 보여줬는데 그는 여기서 각종 부품을 얻고 있었다. 그는 지프도 한 대 있었다. 1930년대 미국 모델인데 새 차와 다름없었다. 그는 그의 공구 상자에서 부러진 빨간 삼각대를 발견해서 수리했다. 그사이 안드레아스는 내게 파포스에 더 머무르라고 졸라댔다. 우리 모두 지프차를 타고 한 바퀴 휘 돌아보거나 낚시하러 갈 수도 있다고 했다. 새로운 스위치가 도착했지만 이것을 개조할 필요가 있었다.(난 그렇게 들었을 뿐이다.) 그리고리는 어딘가로 갔고, 숱진 검은 머리칼과 수북한 콧수염을 지닌 안드레아스는 어느 때보다도 더 천천히 내게 그리스어를 퍼부었다. 내가 레프코시아로 가는 길에 통과해야 하는 트루도스산맥에 비가 내리고 있다고 그는 말했다. 그는 '아프로디테의 욕장'에 관해 들어본 적이 없었다. 난 그에게 그날 오후에 뭐를 할 거냐고 물었다. 난 그냥—그가 날마다 그의 친구의 정비소에서 관광객들과 수다를 떨 리는 없을 테니까—궁금해서 물었는데 그는 이 질문을 나와 같이 가자는 초대로 오해했다. 그래서 나는 내가 의식적으로 하지 않은 초대를 철회해야 했다. 내가 홀로 여행하는 이유를 아무도 이해하지 못한다고 그에게 말했더니 나의 원대한 페미니즘의 이상을 밝히기도 전에 그가 말했다. "Oúte"—"나도 이해가 안 돼요."

나는 안드레아스에게 이런 생각을 그리스어로 표현할 말재간은 없었지만, 만약 내가 혼자 여행하지 않았더라면 우리가 이렇게 이야기를 나눌 기회는 없었을 것이다. 혼자 여행하면 사람들과 교류할 수밖에 없다. 교류가 없으면 아침에 일어났을 때 내 머릿속에 무작위로 떠오른—〈미스터 에드〉1960년대 미국 시트콤의 주제곡이나 〈Itsy Bitsy Teenie Weenie Yellow Polkadot Bikini〉 같은—노래가 온종일 떠나지 않는다. 나와 같은 환경에서 살던 사람과 여행하면 나의 성격과 관용어, 일상의 식생활을 유지한 채 편한 것만을 추구하기 십상이다. 낯선 장소의 경험을 형성하는 데 필수적인 소외감을 느끼지 못한다. 그리스어만 쓰면서 지내는 동안 나의 내면의 독백은 경감되었다. 내가 사용하는 그리스어는 한정되어 있었기 때문에 난 직접적이고 본질적인 것을 말하는 데에만 집중했다. 잡담할 여지는 없었다. 나는 미국에 있으면 잡담에 아주 서툰 사람이었다. 그런데 지중해에선 그런 티가 나지 않았다. 난 여행 중엔 자연스럽게 보였다.

홀로 다니는 여행의 단점은 식당에서 혼자 식사할 때 생긴다. 여자 한 명이 식당에 들어가서 한 끼를 실속 있게 챙기려면 매우 침착해야 한다. 그나마 다행히 나는 수시로 저녁 식사를 거르고 요구르트와 오렌지만 먹어도 괜찮았다. 나는 때로 이기적이어도 상관없었다. 나의 결정이 다른 사람에게 어떤 영향을 미칠지 고려할 필요가 없었다. 내가 우회하고 싶으면 내 멋대로 그럴 수 있었다. 내가 원하면 쉬엄쉬엄 갈 수도 있었다. 남자의 제안을 받으면 언제나 내 마음이 끌렸다. 이번에 안드레아스와 그리고리가 아프로디테나 수영은 집어치우고 바다낚시를 하러 가자고 말했을 때에도 그랬다. 하지만 내가 나의 욕망을 충족시키는 것을 누군가 방해하도록 놔둘 까닭은 없었다. 내가 아는 한 혼자 다니는 여행은 내가 가고 싶은 곳에 어김없이, 다른 사람이 나를 못 가게 말리는 일 없이 갈 수 있는 유일한 방법이었다. 나는 타인의 노예가 아니었다. 하루하루는 나의 다음 잠자리와 나의 다음 배편, 나의 다음 도시 혹은 나의 다음 해변의 연속이었다. 다음! 아름다운 단어다. 때로는 기쁨을 배가하기 위하여 내가 없는 회사의 일상이나, 깨알 같은 글자로 인쇄된 끝없는 칼럼을 (내가 아닌) 누군가 읽는 모습을 상상했다. 어찌나 고소하던지.

간혹 내게 더없이 적확한 단어가 저절로 떠오르기도 하는데, 정비소에서 안드레아스와 있을 때에도 그러했다. 나는 그에게 난 ανυπόμονη(anypómoni)라고 말했다. 초조하다.

드디어 전조등이 수리되어서 내가 그리고리에게—나중에 렌터카 업체에서 내게 변상할—수리비를 지불하고 우리 셋이 마지막으로 함께 커피를 한 잔씩 마신 후 나는 그들의 볼에 살짝 입을 맞추며 작별 인사를 하고 북쪽으로 향했다.

얼마 못 가서 나는 파포스를 떠나기 전에 주유소에 들르지 않았다는 사실을 깨달았다. 여기가 펜실베이니아 I-80 고속도로와 같은 곳은 아니었지만 그래도 나는 저 앞에 우뚝한 모빌Mobil 주유소 간판이 보이길 기대했다. 난 언덕 위의 마을에 차를 세우고 거리를 지나던 한 남자에게 나의 그리스어를 사용해서 물었다. "어디서 휘발유를 살 수 있을까요?"(미리 연습해두었다.) 그는 내 차에 타더니 나를 kafeneíon(커피숍)으로 안내했고, 거기서 커피를 마시던 손님들은 내게 길을 알려주러 우르르 나와서 내 차를 빙 둘러싸고는 내가 차를 천천히 모는 동안 걸으면서 마치 퍼레이드처럼 나를 주유소까지 호송했다. 휘발유는 펌프가 달린 지하 탱크가 아닌 캔에 담겨 있었고 크기는 두 종류였다. 작은 것과 큰 것. 나는 큰 것을 골랐고 주인이 그것을 부어 주유했다. 난 리라lira. 터키의 화폐단위로 지불했다. 내가 다시 도로로 들어설 때, 나 때문에 커피 시간을 방해받은 마을 남자들은 내게 잘 가라며 모두 손을 흔들었다.

이때까지 내가 본 전쟁의 징표는 리마솔 외곽에 위치한 난민 수용소와 터키계 지역에서 이주한 사람들을 정착시키기 위해서 콘크리드로 시공 중인 많은 건물들이 전부였다. 팔걸이 붕대를 걸친 한 늙은 남자가 반대편에서 히치하이크 중이길래 나는 그를 태워주려고 유턴했다. 키프로스에서 작은 노란색 피아트를 '만탱크' 상태로 몰아보니 나는 큰 부자가 된 기분이 들어서 차편이 필요한 노인을 그냥 지나칠 수가 없었다. 이 노인은 내 차에 타자마자 팔걸이 붕대를 풀어버렸다. 그의 팔은 멀쩡했다. 그의 마을은 아까 내가 지나던 길에 한번 들러보고 싶었던 곳이었는데, 이곳에 도착하자 그는 내게 콜라를 사주겠다고 했다. kaf-eneíon은 구리장이의 공방 옆에 있었다. 키프로스는 자고로 구리의 산지로 유명했다. 구리장이는 그의 가족에게 둘러싸인 채 뚜껑이 달린 둥그런 것을 내게 팔려고 했다. "이게 뭐예요?" 난 물었다. 내가 그리스어 대답을 알아듣지 못하자 그들이 번역했다. "기념품." 우리는 모두 웃었다. 나는 기념품을 원했지만 내가 지중해를 돌아다니는 동안 무언가를 계속 소지하려면 그것은 실용성이 있어야 했다. 이 목가적인 국제무역의 분위기는 키프로스에 사는 한 미국 남자가 번지르르한 대형차를 몰고 나타나면서 깨졌다. 구리장이의 가족을 침묵하게 만든 그는 저 피아트를 빌리는 데 얼마를 지불했느냐고 내게 영어로 심문했고, 내가 대답하자 나더러 바가지를 썼다고 공표했다. 나는 구리 제품으로 눈을 돌려 뜨는 부분이 얕은 소박한 국자 하나를 골랐다. 긴 손잡이의 가장자리가 위쪽으로 접힌 것이었다. 이것은 내 주방에 있다. 녹색으로 변해가면서.

∽

다시 길을 나선 나는 '아프로디테의 욕장'에 당도하고 싶은 간절한 마음으로 지도를 보며 폴리스(도시) 쪽으로 가다가 서쪽으로 방향을 바꿔 내포를 끼고 갔다. 욕장은 10킬로미터 정도 떨어진 곳에 있을 듯싶었는데 내 차엔 주행계가 없어서 10킬로미터를 확인하기가 어려웠다. 도로변에 간간이 나타나기 시작한 표지판에는 "아프로디테 해변 방향" 같은 모호한 메시지뿐이었다. 거기가 내가 전해 들었던 곳일 수도 있겠지만 그리스인들은 속임수에 능했다. 한 식당에 "아프로디테의 해변"이라는 이름을 붙이고 간판을 내걸어서 신화 속 아프로디테의 욕장을 찾는 관광객을 수 킬로미터 떨어진 그 상호가 있는 곳으로 꾀어내기 일쑤였다. 나는 내가 길을 제대로 찾아가고 있는지 확신이 서지 않았다. 내 친구 안드레아스가 전혀 들어본 적이 없었던 이 명승지는 폭포수가 내리쏟아지고 양치식물과 이끼로 에워싸인 내륙의 못이었을까? 아니면 해안을 따라 이어진 후미였을까? 아프로디테는 어느 것을 선호했을까? 그녀는 절름발이 대장장이 신 헤파이스토스와 결혼했다. 호메로스가 『오디세이아』에서 들려준 이야기에 따르면 헤파이스토스는 그의 아내가 아레스와 바람피운다는 얘기를 전해 듣고서 이 두 연인을 침대에서 포획하는 그물을 고안하여 다른 신들 앞에서 이들을 욕보였다. 로버트 그레이브스가 그의 그리스신화 개요서에서 표현했듯, 이후 아프로디테는 "그녀의 처녀성을 갱신하려고" 파포스로 왔다. 특수한 재능이다. 이 여신은 누구나 그녀를 사랑하게 만드는 마력을 지닌 거들도 갖고 있었다.(거들. 내게 플레이텍스Playtex, 미국 속옷 상표를 상기시키는 이 흉한 단어는 여기서 좀 더 멋들어진 옷차림을 의미해야 마땅하다. 벨트나 장식띠?)

나는 "아프로디테의 해변"으로 유인하는 표지판들을 더 이상 외면하지 못하고 그중 하나가 있는 곳에서 옆길로 들어섰는데 막상 가보니 한 식당이 있었다. 손님들이 드문드문 앉은 가운데 주인은 남녀 한 쌍이 있는 테이블에서 주문을 받고 있었다. 나는 맥주 두 병을 사서 혼자 해변으로 내려갔다. 저기 후미 맞은편으로 좀 떨어진 바다 위에 옹기종기 모인 바위들이 보여서 난 그쪽으로 향했다. 해변엔 모래가 아닌 모난 자갈이 깔려 있었다. 나는 가다가 남녀 한 쌍을 지나쳤을 뿐 아무도 만나지 못하고 후미진 바위에 가까이 다가갔다. 거기 있던 또 다른 남녀 한 쌍이 내가 오는 것을 보더니 떠났다. 나의 보이지 않는 '고르곤 방패'가 제 구실을 했나 보다. 나는 돌멩이와 엉겅퀴가 많은 언덕 비탈에 자리를 잡고 내 담요와 수건을 내려놓은 후 수영복만 남긴 채로 옷을 다 벗고 물속으로 걸어 들어갔다.

사랑의 여신 이미지 중 가장 잘 알려진 것은 보티첼리의 〈베누스의 탄생〉이다. 그녀가 조가비 안면에 나체로 서서 팔과 머리카락으로 그녀의 음란한 부분을 가린 채 의인화된 미풍에 의해 뭍으로 떠가는 모습을 담은 그림이다. "웃음을 사랑하는" 아프로디테는 서핑을 하는 소녀들의 원조였다. 사람들이 나를 보고 그녀로 착각해도 무방했다. 나는 바다 위의 바위들로 헤엄쳐 갔는데 그 거리는 내가 눈으로 짐작했던 것보다 더 멀었다. 이곳은 가이드북에 묘사되어 있던, 양치식물이 자라는 장소는 아니었다. 사실 가이드북에 소개되지도 않은 곳이었다. 나는 현지인들을 통하여 이 해변에 관해 들었고 이 바위들 사이에서 수영하는 사람은 영원히 아름다워진다는 전설도 알게 됐다. 나는 흥분됐지만 상당한 거리를 헤엄쳐 가려면 진정해야 했다. 어쨌든 이것은 경주가 아니라 육감적인 행위였다. 급할 게 뭐람? 난 서두르는 것에 익숙했지만 내가 당황하지 않으면 숨찰 일이 없었다. 물은 따뜻했고 해류는 잔잔했다. 나를 보는 사람은 없었다. 나는 내가 할 줄 아는 영법을 다 해봤다. 개헤엄, 평영, 횡영(왼편으로 했다가 오른편으로 했다가)에 배영 두 가지. 한 가지는 발을 개구리처럼 차고 양팔로 아래쪽 물을 끌어올리면서, 다른 한 가지는 발로 물장구치고 두 팔을 번갈아 머리 위로 넘기면서 하는 것이었다. 나는 이러한 영법을 차례대로 하면서 모든 방향의 경치를 바라보았다. 내가 개발한 이 영법을 파노라마식이라 한다. 이것도 올림픽 종목으로 채택되어야 한다. 금메달은 제일 느리고 가장 관능적인 수영 선수에게.

나는 내가 적당한 장소에 와 있기를 바라며 기도했다. 오, 아프로디테여(평영), 목욕하고 손톱을 손질하고 향수를 뿌리고 저를 치장하는 일을 제가 조금이라도 소홀히 했다면(왼편 횡영), 제가 거들을 착용하는 것을 깔보았다면(배영), 부디 저의 허물을 덮어주시고 저의 이런 정성의 표시를 받아주시옵소서(오른편 횡영),

공기와 물(평영), 빛과 상쾌한 기분을 찬양하나니(돌핀킥). 바닷물은 나를 포근히 감싸 안았고 수영은 전혀 힘들지 않았다. 나는 수면에서 소금물 한 모금을 마셔봤다. 뒤쪽의 해변을 바라보니 기슭 너머로 야트막한 초록빛 둔덕들이 보였고, 위쪽의 하늘엔 구름이 깔려 산들을 덮고 있었지만(안드레아스는 트루도스산맥에 비가 내리고 있다고 경고했지만) 저 높은 천공은 맑았다. 그리고 어룽거리는 회색 바다 끝 수평선을 배경으로 요 앞에 하얀 바위들이 보였다. 바위들은 온천에서 요양하고 온 사람의 피부처럼 박피된 흰색이었고 내가 가까이 가서 보니까 저마다 무언가를 많이 닮은 형태였다. 제일 큰 것은 둥글둥글한 팔다리와 풍만한 가슴을 지닌 한 여자가 물 위로 허리를 구부린 모습과 흡사했다. 내가 그녀에게 다가가서 보니까 그녀의 가장 멋진 부분은 물에 잠겨 있었고 이끼투성이 암초에 송송 뚫린 구멍 속에 아주 조그만 연체동물들이 들어 있었다. 나는 그녀의 무릎 위로 올라가 잠시 쉬었다. 믿기지 않았다. 나는 '아프로디테의 바위들'에 도착했고 키프로스 전체를 차지한 것 같았다.

아무도 나를 보지 않는 상황에서 나는 수영복을 벗고 싶은 충동을 느꼈다. 난 예전에 딱 한 번, 뉴저지에 있는 못에서 알몸으로 수영한 적이 있는데 너무 과감한 행동인 듯했다. 바다에 발이 닿지 않는 깊은 곳까지 들어가서 선헤엄을 시작하자 내 가슴이 두근두근했다. 즉시 확성기 소리가 들리고 경찰들이 수륙양용 순찰차를 타고 굉음을 내며 이리로 와서 나를 끌어올려 외설죄로 입건하는 상상도 해봤었다. 자연 속에서 벌거벗는 것은—에덴동산에서 선악과를 먹은 아담과 이브를 야훼(스스로 있는 자)가 발견했을 때처럼—누군가 그것을 비난할 때에만 악행이 될 수 있다. 아무튼 난 강한 충동을 느꼈다. 내가 '아프로디테의 바위들' 주변을 헤엄쳐서 아름다워질 수 있다면 물은 나의 온몸에 닿아야 했다. 은빛 발을 지닌 테티스는 스틱스Styx라는 영생의 강물에 그녀의 아들 아킬레우스를 담글 때 그의 발꿈치를 붙잡고 있었기 때문에 그의 그 부분만 약점으로 남았는데 난 그런 실수를 하고 싶지 않았다.

독자 여러분, 나는 바위 위에서 수영복마저 다 벗고 내려와 다시 바다로 들어갔다. 내가 물속을 둥둥 떠다니는 동안 모든 신경섬유가 곤두섰다. 나와 바다 사이엔 스판덱스 한 오라기도 없었다. 나는 수영복의 끈을 이로 물고 바위들 주변을 레트리버사냥개의 일종처럼 휘젓고 다녔다. 양모 외투를 벗어버린 기분이 들었다. 나는 잔잔한 해류에 실려 물가로 돌아왔고 해끔해진 해조가 두두룩한 곳에서 몸을 씻었다. 축제에서 뿌린 무수한 색종이 조각이 깔린 듯이 푹신한 곳이었다. 난 다시 태어난 것 같았다.

나는 해변에서 점심을 먹었다. 아침에 먹다 남은 치즈샌드위치, 말린 무화과와 쿠키 몇 개를 먹고 맥주를 마시면서 점심시간을 오래 끌었다. 물론 아프로디테에게 술을 넉넉히 부어서 바친 후에. 문득 내 옆에 한 남자가—지금 이 순간을 같이 즐길 사람이—있으면 좋겠다는 생각이 들었지만 후회는 없었다. 나는 키프로스섬과 마찬가지로 자결주의를 지향했다. 나의 두 가지 소망은—사랑과 독립을 동시에 취하는 것은 불가능해 보였으므로—상충하기 마련이었지만 내가 이 두 가지를 원한다는 사실을 인정하면서 난 해방감을 느꼈다. 그리고 만약 내가 다른 사람과 여행했다면 여기서 이러고 있지는 못했을 것이다.

나는 미가 충만한 상태로 차를 향해 걸어갔다. 나의 크레타 담요에 가시랭이가 많이 붙어 있었다. 언덕을 끼고 도는 흙길이 있어서 나는 모난 자갈이 깔린 울퉁불퉁한 길을 피해서 갔다. 이번만은 그냥 편안한 길을 택하고 싶었다. 남들은 이런 나를 보고 변했다고 말할 수도 있겠지만 사실 내 눈엔 모든 것이 다르게 보였다. 마치 마약에 취한 상태 같았다. 바위, 꽃, 자갈, 풀, 엉겅퀴, 바다, 사이프러스, 시더의 빛깔이 모두 고조되어 더욱 아름다웠고 이 모든 것이 손에 잡힐 듯 더욱 뚜렷하게 보였다. 나는 바닷속에 있다가 나의 본바닥인 육지로 돌아와서 만물을 새롭게 보았다. 내가 집에서, 에이잭스가 놓인 화장실의 거울 앞에 서서 "갈수록 더 추해지네"라고 종알거렸던 일은 머나먼 나라의 이야기였다. 나는 차에 탄 후에 내가 지난 몇 년 동안 하지 않았던 행동을 했다. 백미러를 내 쪽으로 돌려서 머리를 매만졌다.

지금 아크로폴리스

사실 나는 미적 수준이 별로 높지 않은 환경에서 자랐다. 이리호는 아름답지 않았다. 난 이곳에서 처음으로 물가에 앉는 경험을 했는데 그때 호숫가를 뒤덮은 녹색 진흙이 내 기억에 남아 있다. 어느 해 7월 4일에, 내가 우리 아빠의 어깨 위에서 목말을 탈 만큼 어렸을 적에 에지워터비치클리블랜드 서쪽 해변에서 보았던 불꽃놀이는 정말 좋았다. 조그만 금빛 물고기들이 다닥다닥 붙어서 거대한 물고기 한 마리로 변했다. 물고기 떼가 물고기 한 마리의 모양을 이루어 밤하늘에서 번쩍거렸다. 이후 나는 이만한 불꽃놀이를 본 적이 없다. 아름다운 곳에서 살지 못했던 나는 드디어 버몬트로 이사해서 애디론댁산맥의 경치와 초목이 무성한 출근길을 즐겼다. 뉴욕은 언제나 내가 뉴욕을 떠날 때 아름다워 보인다. 이것이 세상의 이치인가 보다. 사물이 가장 아름다울 때는 우리가 그것을 마지막으로 보고 있다고 생각하는 순간이다.

그럼 어찌하여 나는 그리스를 좋아하게 되었을까?

모든 것이 내가 예상했던 것과 사뭇 달랐다. 그곳의 빛, 저 유명한 빛은 다른 곳의 빛보다 더 밝지는 않았지만 더 부드럽고 섬세했다. 우유 대신에 크림이나 진짜 메이플시럽을 처음으로 맛보는 느낌이었다. 뾰족한 모서리 대신 수평선을 따라 이어진 여러 겹의 색상, 그늘진 원경, 하얀 회반죽벽, 파란 돔dome, 연붉은 테라코타 지붕 타일이 보였다. 풍경은 신전의 배경이었다. 인공물은 자연을 고양했고 자연은 인공물을 부각했다. 여러 요소들의 완벽한 집합이었다.

어디서나 부모가 아이들을 부르는 소리가 들렸다. "Ἔλα! Ἔλα εδῶ!" "이리 와! 이리!" 그리스에서 사는 아이는 이런 풍경 속에서 자라면서, 자신의 조상이 살았던 육지의 해변에 탈싹 주저앉아 바다를 뜻하는 단어를 배울 것이다. θάλασσα(thálassa). 첫음절에 강세가 있는 이 단어는 밀려온 파도가 부서져 쏴 하고 물러가면 다음 파도가, 다시 그다음 파도가 밀려오는 듯한 어감이 있다. 언젠가 나는 바다를 향해서 언덕길을 내려가던 중에 작은 소나무들이 자라는 층진 정원을 보고 감탄하다가, 한 남자가 교묘하게 연결된 관개망에서 나무토막 하나를 제거하여 물길을 바꾸는 광경을 지켜보았다. "Ἔξυπνος"라고 나는 말했다. ex + hypnos. 직역하면 '잠들지 않은'이지만 그리스어로 '영리한, 총명한, 기민한, 각성된'이라는 뜻이다. 그는 싱그레 웃었다. 이러한 시설은 그가 발명한 것이 아니었다. 수천 년 전에 그의 조상들이 생각해낸 것이었다.

에드 스트링엄은 아테네 외곽의 불리아그메니 해변을 높이 평가했지만 정작 여행하면 도시로 가서 미술과 문화에 관심을 쏟았다. "베나키에 꼭 가봐"라고 에드는 말했다. 고대부터 현대에 걸친 무수한 성화와 조각상, 도자기, 보석, 은붙이 등을 보유한 베나키는 세계 일류의 박물관이다. 에드는 그리스의 역사에 깃든 비잔틴문화의 중요성을 내게 일깨우면서 이 나라는 르네상스를 경험하지 못했다고 말했다. 그리스는 자국의 고대의 영광이 이탈리아에서 재발견되던 시기에 오스만제국의 지배 아래 있었고, 주로 정교회 덕분에 자국의 문화를 보존했다. 에드는 그리스가 서쪽의 여타 유럽 지역보다 동쪽의 아시아에 더 가까워 보인다고 강조했지만 사실 그가 가장 열광적으로 말했던 것은 서구 문명을 상징하는 파르테논신전이었다. 그는 어느 날 밤에 보름달 아래 서 있는 파르테논을 보려고 한 시인과 함께 아크로폴리스에 올라갔었다. 그때의 기억을 되살리던 그는 까무러칠 정도로 감격했다. 대리석의 광채, 하늘을 배경으로 솟은 기둥의 자태, 가슴에 사무치는 유적의 정경은 비애감과 승리감을 동시에 자아냈다. 에드가 파르테논을 바라보았던 순간은 분명히 그의 청춘의, 또는—고대인들이 젊은 남자가 가장 독실해진 시기를 일컬을 때 사용했던 표현을 쓰자면—그의 "개화기bloom"의 하이라이트였다. 처음에 나는 그리스의 풍경과 언어에 관심이 쏠렸지만 에드의 찬사를 들었더니 파르테논을 보고 싶은 열망이 생겼다. 하여간 그것을 지겹게 여길 사람은 없을 테니까.

그래서 1983년에, 내가 아테네에 도착한 당일에 노점상에게 요구르트(yiaoúrti) 대신—발음이 비슷하지도 않은—당나귀(yáidaros)가 있느냐고 물으며 아침 식사를 마친 후 나는 곧장 아크로폴리스로 향했다. 내가 파르테논으로 오르는 계단 옆의 큰 바위에 앉아 있을 때 그리스인으로 보이는 한 남자가 내게 독일어로 말을 걸면서 그의 친구들과 모두 함께 다니자고 제안했다. 난 독일어가 탐탁지 않았다. 내가 독일어를 쓰려고 그리스에 온

건 아니니까. 내가 거절하자 그는 그리스어로 말했다. "싫어요?" 역시 그는 그리스인이었다. 그제야 나는 그가 나를 독일인이라고 생각했기 때문에 내게 독일어로 말을 걸었다는 것을 깨달았다. 피부가 하얀 여자가 그리스를 여행하면 독일인으로 간주되기 마련이었다. 미국인은 더 드물었고, 피부가 하얀 미국인이 자기를 꾀려는 그리스인을 이해하지 못하는 경우는 더욱 드물었다.

아크로폴리스는 '그리스 도시의 높은 곳에 축성된 부분이나 성채' 또는 '피난처'를 의미한다. 고대인들은 고지에 모여서 방어 태세를 갖추고 거기서 적들의 동태를 살피거나 그들을 향해 바윗덩이를 굴렸다. 누구든지 위에 있으면 유리하다. '피난처'라는 정의는 이곳의 이런 기능 때문에 생겼지만, 아크로폴리스를 직역하면—akro는 모서리, polis는 도시로서—위쪽 도시, 고지대다. 영어 acrophobia(akro + phobia)가 고소공포증일지라도 akro는 모서리라는 뜻도 지닌다. 고소공포증이 있는 사람이 높은 곳에 있더라도 그가 모서리에서 내려다볼 일이 없으면 괜찮지 않을까? 아테네는—자전거를 타고 다니기가 쉽지 않을 만큼—언덕이 많은 도시이지만, 산지로 이루어진 북쪽 및 동쪽과 달리 서쪽과 남쪽은 거의 평지처럼 완만한 경사를 이루며 바다로 이어진다. 아크로폴리스는 산맥에서 분리된 산의 정상으로서 지금 도시 한가운데 평평한 산머리에 위치한다. 도시는 이것을 중심으로 성장하며 이것에 의해 영감을 받았고, 이것을 피난처로 삼으며 이것에 의지했다.

오하이오 동북부에 있으며 고무, 타이어, 굿이어 타이어 회사의 홍보용 비행선으로 유명한 애크런Akron이라는 도시의 이름은 그리스어 akro에서 따온 것이다. 나는 고등학생 때 이곳에 한 번 가본 적이 있는데 오하이오의 다른 도시들에 비해서 그 지대가 제법 높게 느껴졌다. 애크런은 앨러게니산맥의 서쪽 고원에, 해발 306미터에 자리 잡고 있다. 아테네의 아크로폴리스는 해발 149미터이지만 고원의 일부가 아니다. 이것은 혼잡한 도시에서 거대한 파편처럼 돌출한 높고 가파른 바위다

당시에 나는 아크로폴리스의 백미인 파르테논을, 즉 동정녀 아테나에게 헌정된 이 신전을 구경했지만 비계와 녹슬어 보이는 기계들 때문에 김이 좀 샜다. 이건 마치 우리가 베네치아에 갔는데 산마르코 종탑이 보수공사 중이거나, 알람브라궁전에 갔는데 '사자의 정원'에 있는 분수대의 배관이 교체되고 있는 상황과 같았다. 실망스러웠다. 나는 파르테논의 역사를 파악하는 데 만족해야 했다. 기원전 490년 마라톤전투가 끝난 뒤에 아테네 사람들이 비교적 소박하게 짓고 있었던 파르테논은 페르시아인들에 의해 파괴되었고, 이후 페리클레스가 통치하던 기원전 447년에 더욱 웅장하게 재건되기 시작했다. 이것은 9년 만에 완공되어 1687년까지 존속하다가 이해에 베네치아 사람들에 의해 폭파되었다. 그들은 오스만인들이 이곳을 무기고로 사용하고 있다는 사실을 (그리스인들을 통해서) 전해 듣고 여기에 박격포를 쏘아댔다. 파르테논은 1983년까지 300년간, 열 세대에 걸친 세월 동안 폐허였다. 나의 생전에 이것이 복구될 가능성은 어느 정도였을까?

나는 『블루 가이드』를 가지고 다녔지만 내가 보려는 것과 거기에 실지로 있는 것은 쉽게 부합하지 않았다. 난 고건축 용어를 알지 못했다. 메토프기둥 상부 프리즈의 판석, 나오스신전의 내실, 프로

필라이온아크로폴리스의 관문. 아크로폴리스에 있는 작은 박물관에서 내가 본 조각상들은 대리석을 침식하는 공해 때문에 손상되어 있었다. 차량 배기가스가 야기하는 스모그를 아테네 사람들은 "구름"이라고 불렀는데 나는 대기오염에 민감하지 않았다. 클리블랜드는 철강 도시이고 뉴저지에는 석유화학 공장이 한두 개 있다. 내게 아테네의 공기는 레트시나그리스산 포도주 같은 송진내를 풍겼다. 그렇지만 돌의 손실은 비극적이었다.

나는 1985년에 다시 아크로폴리스에 올랐다. 난 아테네에 도착하기 전에 런던을 경유하여 '엘긴 마블스'를 구경하러 영국박물관에 갔다. 거기서 엽서와 책을 샀고 헤라클레스를 그의 사자 가죽으로, 헤르메스를 그의 챙 달린 모자와 날개 달린 샌들로 알아보면 된다는 것을 배웠다. 프리즈수평으로 길게 이어진 조각상에는 싸우는 장면이 많았다. 켄타우로스족과 라피타이족, 아마존족의 전투였다. 켄타우로스는 말처럼 생긴 하반신에 인간의 머리와 몸통을 지녔다. 라피타이족은 테살리아그리스 중동부에 살던 신화적 존재로서 주로 켄타우로스족과 싸웠다. 아마존족은 신화적인 여전사 부족으로서 1년에 한 번씩 오직 생식을 위하여 이성과 동침했다. 그들은 궁술에 능했고, 소녀의 오른편 가슴을 지져서 활쏘기에 더 적합한 몸을 가진 여자들을 육성했다고 알려져 있다.(아마존이라는 이름은 '가슴이 없는'을 뜻하는 a-mazos에서 왔음 직하다.) 요즈음 우리는 아마존이란 말을 들으면 제프 베저스의 거대 기업, 혹은 책뿐만 아니라 활과 화살, 브래지어와 보철도 거래되는 온라인 쇼핑을 떠올리기 십상이다. 이 대기업의 이름은 아마존강에서 따왔고 아마존강은 아마존족으로 말미암은 명칭이다.

조각상은—눈을 크게 뜬 채 희생물로서 끌려가는 황소와 히힝 우는 말을 비롯한—동물이 많았고, 판아테나이아 축제의 행렬 속에서 아테나에게 바칠 석류 등의 제물을 나르는 어린 소녀들도 있었다. 아크로폴리스에서 건너온 많은 조각상 중 내 눈에 제일 아름답게 보인 것은 카리아티드Caryatid, 즉 에렉테이온이라는 작은 신전이 포치porch 지붕을 받치고 있던 견고하고 우아한 여인상의 기둥이었다.(나는 Caryatids를 발음할라치면 늘 당혹스러운데, 암튼 난 "**카르**-이-아-티즈"라고 배웠다.) 엘긴 경을 위시한 일당은 이런 기둥들 중 하나를 톱으로 잘라 포치에서 떼어내 런던으로 가져가면서 그 자리에 잡석을 쌓아놓았다. 그들과 동시대를 살았던 바이런 경은 그의 동포가 저지른 아크로폴리스 약탈 행위를 개탄했다. 영국인들은 말한다. 엘긴 경이 오스만제국에 대사로 주재하는 동안(1799-1803) 취했던 조치 덕분에 귀한 대리석 조각들이—당시 이들을 천대했을 오스만인들과 현대에 침식했을 공해를 피해—파괴되지 않았을뿐더러 우리가 영국박물관에서 그 프리즈와 박공벽의 형상들을 가까이에서 자세히 볼 수 있다고. 원래 이 조각상들은 신전의 아주 높은 곳에 있었기에 고대인도 이들을 자세히 볼 수는 없었을 것이다. 하지만 리드미컬한 자태로 서 있던 카리아티드 여섯 개 중 일부를 떼어내는 행위는 신성모독이었다.

아테네에서 나는 아크로폴리스에 다시 올라가 모든 것을 머릿속으로 재조립하려고 애썼지만 파르테논은 조각조각 부서진 상태였고 그 파편들은 유럽 전역에 흩어져 있었다. 이렇게 산산조각이 난 과정도 이제 파르테논의 역사의 일부였다. 설사 내가

150세까지 생존하여 이 도시의 고지에 기어오르거나 가마를 타고 오를 수 있을지라도 온전한 도리스식 기둥들과 저 박공벽에 장대한 대리석 신상들을 갖춘 파르테논을 비계가 없는 상태로 볼 가능성은 희박했다. 나는 한때 아테나의 거상이 있던 신전 안에 들어서서 공간의 비례를 느껴보거나 내 목을 길게 빼고 프리즈를 유심히 살펴보지도 못할 것이다. 현재의 파르테논은 과거의 파르테논을 쓸쓸히 기념하고 있었다.

그런데 불과 몇 년 뒤에 그런 기적 같은 일이 일어났다. 정교하게 제작된 커다란 청동문이 열려 있어서 나는 파르테논 안으로 들어갔다. 이 신전은 우물천장을 갖추었고 메토프와 박공벽, 프리즈의 모든 조각상이 정밀하게 복구되어 있었다. 대단히 넓은 실내에는 황금과 상아로 만든, 페이디아스고대 그리스의 조각가의 거대한 아테나 파르테노스 신상이 12미터가 넘는 높이로 우뚝 서 있었다. 나는 꿈속에 있지 않았다. 하지만 여기는 아테네도 아니었다. 난 테네시주 내슈빌에 있었다.

처음에 나는 내슈빌 파르테논을 어떻게 받아들여야 할지 몰랐다. 난 이게 장난인 줄 알았다. 근데 그렇다면 왜 여기서 다들 웃음을 터뜨리지 않았을까? 나는 이 신전의 문 앞에 있던 경비원에게 이것이 장난이라는 식으로 말을 걸었는데 그는 파르테논을 실물 크기로 본뜬 이 모형이 원물보다 낫다고 참으로 믿고 있는 듯했다. 이것은 아테네에 있는 것과 달리 모든 부분이 온전하며 부스러지고 있지 않기 때문이었다. 그는 한쪽 여닫이문을 닫으면서 "보세요"라고 말했다. "문도 움직여요." 난 의아했다. 아테네에 있는 파르테논은 언덕배기에 있고 이건 평지의 풀밭 가운데 있다는 사실을 아무도 깨닫지 못했나? 바위들은 어디 있나? 높은 곳에 지어진 건물이 주는 신성한 느낌도 없고 신전의 모습이 새파란 하늘을 배경으로 두드러지지도 않는데. 우리는 시내로 들어오는 길에 이것을 멀리서 바라보지 못하고, 차를 타고 이앞을 지나다가 뒤늦게 눈을 크게 뜨고 쳐다보게 된다. 예전에 내가 차창을 통해 백악관을 봤던 때가 생각났다. 그건 민주주의의 장엄한 랜드마크가 아닌, 앞에 너른 잔디밭이 있는 길고 낮은 주택으로 보였다.

파르나소스그리스신화 속 뮤즈가 살던 산의 이름라는 상호에 걸맞은 멋진 서점에서 나는 린 바흘레다라는 여자를 만났다. "우리 파르테논의 건립 배경을 알아야죠"라고 그녀가 말했다. 내슈빌은 "남쪽의 아테네"라고 자부하며, 대학교가 많아서 그리스의 아테네처럼 학문의 중심지다. 이곳의 공공 도서관에는 그리스풍의 돌림무늬가 문양으로 쓰였다.(건축가는 로버트 스턴Robert A. M. Stern. 때때로 도서관은 아테나의 이름에서 유래한 아테나이움athenaeum이라고 불린다.) 1897년에 이 도시에서 테네시주의 연방 가입(1796) 100주년을 기념하기 위하여 파르테논 석고 모형을 처음으로 세웠다. 이것은 피라미드와 대관람차를 비롯한 몇 가지 구조물 중 하나였고, 린의 말대로 이들은 "과거의 경이로운 것들을 보여주면서 외국 문화를 내슈빌에 재밌게 소개하기 위해" 지어졌다. 이 박람회는 1851년 빅토리아시대에 런던에서 열린 만국박람회나 1964년의 뉴욕 세계박람회와 유사했다. "우리 파르테논은 가치가 있어요"라고 린은 말했다. "이것을 여기에 두고 싶어 하는 우리 내슈빌 사람들의 소망을 잘 대변하거든요." 그녀는 시원시원하게 말을 이었다. "이곳은 우리가 지상에서 그 원물의 건축적 볼륨과 시각적 균형을 경험할 수 있는 유일한 장소예요. 분위기는 많이 다르지만요."

1950년대에 꼬마였던 린은 센테니얼파크에 가는 것을 좋아했다. 오리들이 떠다니는 호수와 선큰가든sunken garden, 전투기와 증기기관차가 있는 곳이었다. 린의 아버지는 라틴어 교사로서 그리스어도 공부하여 고전주의 경향을 띠는 가정을 이루었고, 그들이 기르던 개의 품종은 복서, 이름은 프시케였다. 아테나 신상 제작을 위한 모금 운동의 일환으로 신전 안에 마련된 모금함에 어린 학생들은 동전을 넣었다. 30년 후, 1982년에 이르러서 계획을 실행할 수 있을 만큼 현금이 모였다. 앨런 르콰이어Alan LeQuire라는 현지 조각가가 제작 의뢰를 받았고, 린의 친구 애니 프리먼은 그 신상의 모델이 되었다. "그녀는 체격이 아름답고 건장했고 진짜 튼튼했어요"라고 린은 말했다. 미술가이자 작사가 겸 작곡가인 애니는 르콰이어에게 경외심을 불러일으켰다. 그녀는 아테나 신상을 제작하는 일이 "자유의 여신상 기념품을 복제하려는 시도 같은" 것이라고 말했다.

우리가 아는 한 아테나 기념상을 가장 잘 묘사한 글은 기원후 2세기 중반에 파우사니아스가 남긴 기록이다. "이 신상은 상아와 금으로 만들어졌다"라고 그는 적었다.(피터 레비의 번역문.) "그녀가 쓴 헬멧의 가운데에 스핑크스가 있고 양편엔 그리핀풍은 사자,

머리와 날개는 독수리인 괴물이 달려 있다. (…) 발목까지 내려오는 튜닉을 걸치고 똑바로 서 있는 아테나 신상의 가슴에는 메두사의 머리가 상아로 조각되어 있다. 그녀는 8피트약 2.4미터 높이의 빅토리아로마신화 속 승리의 여신와 창을 손으로 들고 있고, 그녀의 발치에 놓인 방패 옆엔 뱀 한 마리가 있다. 이 뱀은 에리크토니오스일 것이다.” 에리그토니오스는 헤파이스토스의 정액에서 생겨난 ‘인간 뱀’으로서 아테네 사람들의 신화 속 조상이다.

　르콰이어는 신상을 8년 만에 완성했다. 그는 우선 시공 재료를 조사하고 저명한 고대 그리스 전문 고고학자들과 연락하며 역사적 고증을 했는데, 그중 브린마워칼리지의 브루닐데 시스몬도 리지웨이Brunilde Sismondo Ridgway는 고졸기archaic와 헬레니즘 시대의 그리스 조각에 관한 책 몇 권을 저술한 학자였다. 리지웨이는 내슈빌 아테나를 어리석은 시도로 치부하지 않고, 기원전 450년경에 페이디아스가 원래의 신상을 건립했던 방식을 이해하는 좋은 기회로 여겼다. 르콰이어는 아테네로 가서 페이디아스의 아테나가 서 있었던 곳의 기단을 측량했다. 그리고 아테네 국립고고학박물관에서, 기원후 3세기 로마 시대에 페이디아스의 원작을 본떠서 만들어진 바르바케이온 아테나라는 작은 모작도 살펴봤다. 그는 차를 몰고 펠로폰네소스를 돌아다니면서 그에게 아테나가 나타나주기를 바라며 그녀와 관계있는 장소들을 찾아다녔다. 그는 이를테면 시대를 초월하여 페이디아스의 제자가 되려고 노력하는 중이었다. 그는 특히 아크로폴리스에 있는 카리아티드의 자연스러운 자세와 주름진 의상에 감탄했다. 그가 이탈리아 브레시아에서 보았던, 기원전 5세기에 펜텔릭Pentelic 대리석으로 만들어진 한 여인상의 머리는 페이디아스의 작품인 듯한데 그는 이것에 착안하여 아테나의 머리를 제작했다.

파르테논 모형이 기념상의 하중을 견딜 수 있도록 시공자들은 거푸집으로 만든 거대한 콘크리트 파일 네 개를 내슈빌의 땅 속 석회석 기반암이 있는 곳까지 박아 넣었다. 아테나의 키는 4층 건물 높이다. 그녀는 강철 뼈대에, 절단 유리섬유로 강화된 석고 시멘트 패널을 씌우는 공법으로 제작되었다. "이 작업은 천막 뒤에서 진행됐어요"라고 린은 회상하며 말했다. 그래서 이 신상은 1990년에 완성되었을 때 "더 마법처럼 드러나는" 효과가 있었다. 신상의 머리는 특별히 컸다. 그렇지 않으면 밑에서 올려다보는 우리의 눈엔 아테나의 머리가 못대가리만 하게 보일 테니까. 그녀는 대단히 커서, 그녀가 들고 있는 1.8미터 높이의 니케(날개 달린 승리의 여신)가 그녀에겐 농구 대회 우승컵만 하다. 우리가 그녀의 발치에 서면 어마어마한 발가락들이 보인다. 애니 프리먼은 세계에서 제일 큰 실내 조각상의 모델이 되었다고 뽐내지 않으며 다른 모델들도 참여했다고 서슴없이 말한다. 르콰이어는 더 나은 발가락을 얻으려고 다른 여자의 발을 사용했다고 알려져 있다. "내가 봐도 저건 내 가슴이 아니에요"라고 애니는 말했다. 그녀는 그녀의 자세와 에너지가 그녀의 코("제 코는 요정 같지 않아요")와 함께 신상에 반영되었다는 생각을 즐기고, 그 조각가가 그녀의 "강단성" 때문에 그녀를 선택했다고 그녀에게 말했을 때 기뻐했다. 아테나의 입술 모델은 엘비스 프레슬리였다.

린은 아테네에 가서 진짜 파르테논을 본 적이 있다. "참 실망스러웠어요"라고 그녀는 말했다. "아주 가까이 다가갈 수 있을 뿐이에요. 어린 시절부터 그 안을 걸어 다녔던 사람이 가서 보면 건물의 비례를 감안할 수 있으니까 확실히 유리하죠." 아크로폴리스에서 린이 그녀의 박식한 안내원에게 고국에 있는 파르테논 모형에 대해 얘기했을 때 그 안내원은 시들한 반응을 보였다. 사실 린은 이렇게 말했다. "그녀는 저를 미련퉁이 취급하듯이 쳐다봤어요." 린이 가상 좋아하는 파르테논 전경은 이 신전의 문이 모두 열려서 내부의 거대한 신상이 들여다보일 때 센테니얼파크의 와토가 호수 건너편에서 보인다. "거기에 이 우람한 여자가 우리를 꿰뚫어 보고 평가하고 격려하고 있어요"라고 그녀는 말했다. "위풍당당한 그녀를 멀리서 보면…… 엄청난 능력과 무기를 갖춘 여자예요."

근래에 이 신상은 도금되었다. "저는 수수하게 드러난 모습이 그립네요"라고 린은 말했다. "현대인인 저의 눈에는 도금이 좀 천박해 보이는데 그래도 저는 역사적 정확성을 기하는 데 대찬성이에요." 조각가도 하얀색 신상을 좋아했지만 파르테논에서 하얀색은 그리스인들의 미감과 전혀 어울리지 않는다는 점을 인정한다. "그들은 최대한 다양한 재료를 구해서 사용했어요"라고 르콰이어는 말했다.

투구와 방패와 창으로 무장한 내슈빌 아테나는 내게 위협적인 모습으로 보였다. 그녀의 얼굴은 도금된 이후 립스틱과 아이라이너로 치장되었다. 이것은 온자한 성모마리아가 아니다. 하지만 내슈빌 사람들은 내 마음을 바꿔놓았다. 조각술은 이른바 조형미술에 속한다. 형태shape로 판가름이 난다. 사실 원래의 석재였던 펜텔릭 대리석을 대체할 재료는 없다. 그래서 엘긴 마블스에 대한 그리스인들과 영국인들 사이의 논쟁이 그렇게 격렬하다. 5번 애버뉴, 34번가에 위치한 뉴욕시립대학교CUNY 대학원 건물에는 뉴욕시립대CCNY에서 소유하는—영국박물관에 소장된 원작들의 형틀에서 석고로 만들어진—파르테논 프리즈 조각상 한 세트가 전시되어 있다. 우리는 조각상을 보면 설령 그것이 마시멜로로 만들어졌다 해도 그 형태를 어느 정도 감상할 수 있다. 최근에 나는 시카고의 그릭타운에서 한 주차장 건물의 옆면에 드리워진 스크린 철망을 보았는데 거기에 파르테논 이미지가 찍혀 있어서 반가웠다.

나는 높은 곳에 있지 않은 내슈빌 파르테논을 얕잡아 보았지만, 이것은 높은 곳에 있지 않으므로 휠체어를 이용하거나 유모차를 미는 사람도 그 안으로 들어갈 수 있다. 이것은 신시내티오하이오주 남서쪽의 도시에서 운전해서 갈 만한 거리에 있다. 그리고 조잡하지 않다. 라스베이거스에 있는 구경거리의 대용품도 아니요, 모종의—브루클린-퀸스 고속도로에서 바라보이는, 에펠탑을 이고 있는 볼썽사나운 호텔 같은—상업적 술책도 아니다. 이 파르테논은 가짜가 아니라 진솔한 것이다. 나는 내슈빌 아테나의 발아래에서 경의를 표하겠다.

❧

2013년 봄에 나는 기자단의 아테네 여행에 초청을 받았다. 그리스 유물 중 비잔틴 시대의 명작들을 워싱턴의 내셔널갤러리와 로스앤젤레스의 게티박물관에서 전시하는 행사를 앞두고 이를 홍보하기 위하여 그리스 문화체육부에서 기획한 여행이었다. 당시 그리스는 유로존 회원국으로서 그 지위가 흔들릴 만큼 경제가 침체된 상태였다. 〈뉴욕타임스〉에는 배곯은 채로 등교하는 아이들과 먹을거리를 찾으려고 쓰레기통을 뒤적이는 사람들에 관한 기사가 연달아 제1면에 실렸다. 그리스의 올림픽항공은 뉴욕과 아테네 간의 항로를 너 이싱 운항하지 않았다. 나는 오스트리아 비행기를 타고 빈으로 가서, 그리스의—시카고 같은—제2의 도시 테살로니키를 거쳐 아테네에 도착했다. 그리스 국적기를 그리스인들과 함께 타던 시절이 그리웠다. 비행기 바퀴가 활주로에 닿으면 그 승객들은 으레 기장에게 박수갈채를 보냈다.

그리스 외무부 공보실에서 파견된 젊은 외교관 두 명이 우리를 이곳저곳으로 안내했다. 둘 다 이름이 안드레아스였다. 한 명은 이스탄불에, 다른 한 명은 리스본에 주재하고 있어서 그들의 동료는 그들을 각각 튀르크와 포르티지라고 불렀다. 내가 '포르티지' 안드레아스에게 포르투갈어를 어디서 배웠느냐고 물었더니 그는 코르푸에 있는 이오니아대학교에서 공부했다고 말했다. 내가 제일 좋아하는 선생님이 거기서 번역 수업을 담당했었다고 나는 그에게 말했다. 도로시 그레고리. "도로시 그레고리를 알아요?"라고 그가 깜짝 놀라며 말했다. "전 코르푸에서 그녀랑 같이 공부했어요!" 우리는 어안이 벙벙해져 서로 쳐다보았다. 이때는 —그리스에서 도라라고 불리었던—도로시가 2000년 3월에, 내가 그녀를 만나러 가려던 차에 코르푸에서 숨을 거둔 뒤였다. 우리 사이에서 그녀가 부활하는 경이로운 순간이었다. "그레고리씨를 아신다니 참 감격적이네요"라고 안드레아스는 말했다.

우리가 4성급 호텔에 체크인을 할 때, 내가 이름을 적다가 i의 점을 너무 힘차게 찍는 바람에 볼펜의 일부가 튕겨 나가서 로비 바닥에 떨어졌다. 나는 기자단과 여행하게 되어서 좀 걱정하고 있었는데 내 방을 보고 나서 걱정이 사라졌다. 우리는 이 나라의 손님이었기 때문에 우리의 숙소는 끝내줬다. 내 방은 아크로폴리스가 바라보이는 발코니가 있었다. 나는 짬이 날 때마다 내가 가져온 쌍안경으로 저 바위 언덕을 바라보며 천천히 움직이는 그림자를 구경했다. 호텔 밖으로 나가지 않아도 좋을 것 같았다. 아테네 중심부에 위치한 이곳은 내게 낯선 구역이었다. 나는 보통 아크로폴리스 아래에 있는 플라카 지구 쪽에 끌렸고 그 남측에 있는 작은 2성급 호텔에서 묵었다. 그런데 이번 숙소는 이 자체로 미술관을 방불케 했고, 옥상의 바bar에서—아테네의 또 다른 인상적인 언덕으로서 아크로폴리스를 손짓해서 부르는 듯한—리카비토스 언덕을 중심으로 펼쳐진 풍경을 바라보며 한잔하는 시간은 향락적인 경험이었다. 불빛이 온통 번쩍번쩍해서 광란의 디스코가 한창인 스튜디오54뉴욕 맨해튼에 있었던 나이트클럽에 와 있는 것 같았다. 나는 우조를 한 모금 마시다가 문득 나도 이런 곳에 익숙해질 수 있겠다는 생각이 들었다. 하지만 부자 행세를 하기에 적절한 시기는 아니었다. 유로존에서 살아남으려고 그리스 정부에서 강행한 긴축정책에 반대하는 성난 그리스인들이 거리거리에서 시위를 벌이고 있었다. 그들은 부패한 정치인들에 의하여 대대로 착취를 당해왔다는 사실을 직시하고 있었다.

우리는 베나키박물관으로 갔다. 이전에 내가 에드의 말을 듣고 방문한 적이 있는 곳이었다. 이 박물관에서 특별히 귀중한 몇

몇 소장품을 미국에서 열리는 비잔틴 전시회에 보낼 예정이었다. 큐레이터는 우리에게 동정녀의 모자이크 성상을 보여주었는데 이는 9세기 혹은 10세기에 콘스탄티노플의 스투디오스수도원에서 제작된 것이었다. 성화는 모름지기 그리스정교회의 명물이고 성화 제작자들은 매우 엄격한 지침을 따라야 한다. 성누가St. Luke는 역사적 인물인 마리아를 실제로 보면서 테오토코스(신을 낳은 사람)를 그렸다고 알려져 있다. 우리가 본 것은 현재까지 남아 있는 독특한 작품이었다. 채색된 나무가 아니라 돌이었고 부서지지 않은 상태였다. 동정녀의 얼굴은 곱고 표정이 풍부했으며 작은 입술과 긴 코, 비대칭적인 두 눈과 부드러운 눈썹을 지녔다. 그녀의 베일은 짙은 회색으로 윤곽이 드러나고 그녀의 머리 모양은 금색과 청록색 원들로 번져 나간다. 다채로운 석재의 후광이다. 이날 베나키에서 내가 구입한 알파벳책은 이 이미지를 곁들여서 프시(Ψ)가 들어가는 단어 ψηφιδωτό(psephidotó)를 정의한다. "색깔이 있는 작은 돌이나 자갈을 이용한 그림." 나는 모자이크를 뜻하는 또 다른 그리스어 전문용어를 발견하고 놀랐다. 그리스어에는 μωσαϊκό(mosaicó)라는 단어도 있는데 나는 항상 이것을 모세Moses와—그가 수많은 작은 부분을 모아서 귀한 무언가를 만드는 일을 맡았던 사람인 양—연관 지었다. 어쨌든 모자이크는 뮤즈Muses와도 관계있고 예술적으로 처리되어 박물관museum에 있을 만한 것이다.

우리가 베나키에서 본 아름다운 작품들 중에는 새끼 양 한 마리를 양어깨에 짊어진 목동의 석상과 같이 기독교적 해석이 가미된 고전적 조각상들도 있었다. 정교회의 입장에서 보면 에드의 말과 달리 그리스인들은 르네상스를 경험하지 못한 것이 아니라 비잔틴제국이 지속했던 1000년에 걸쳐 고전주의와 기독교를 연결함으로써 르네상스를 가능하게 만들었다. 베나키 건너편에 있는—모래색의 낮은 건물이라서 캘리포니아의 선교회 건물처럼 보이는—비잔틴&기독교박물관은 이러한 주제에 초점을 맞추고 있다. 미국에서 열릴 전시회를 위해 이 박물관에서 대여할 〈동정녀 에피스켑시스(보살피는 동정녀 또는 다정한 동정녀)〉는 마돈나와 아이의 모습이 담긴 13세기 모자이크 성상이다. 여기에 붙은 수식어를 직역하면 '살펴보다' 내지 '경계하다'가 된다. 동정녀의 생김새는 베나키에 있는 모자이크 성상과 같다. 작은 입술, 긴 코, 슬픈 눈. 색색의 돌조각들로 윤곽을 이루는 얼굴의 양 볼엔 엷은 장밋빛이 감돈다. 그녀는 짙푸른 바탕에 금빛 줄무늬가 있는 베일을 쓰고 있다. 나는 후광이 모자이크 제작 과정의 부산물일 수도 있겠다 싶었다. 여러 겹의 윤곽으로 인해 머리 주위에 아우라가 생긴다. 이 성상은 세로로 두 줄의 틈새가 눈에 띄게 나 있고 이를 따라 돌조각들이 조금 떨어져 나간 상태라서, 세 부분으로 절단된 후에 합해진 흔적을 보여준다. 이것은 1922년에 티릴예터키 서부의 도시를 떠나 그리스 본토에 도착했는데 이해에 터키인들은 소아시아에서 그리스인들을 추방했고 거기서 대대로 살아온 사람들을 학살하고 스미르나를 불태우면서, 언젠가 그리스가 콘스탄티노플과 소아시아를 되찾을 것이라는 "위대한 구상Megali Idea"을 종식했다. 그리스인들은 이를 재앙이라고 부른다. 〈다정한 동정녀〉는 훼손되었지만 여전히 모자이크 미술의 걸작이었다.

나는 키프로스의 파포스에서 모자이크를 본 이후, 그리고 다프니에 있는 수도원 안에 들어가지 못했던 날 이후 가급적이면 나의 여로를 변경해서라도 모자이크를 보러 다녔다. 잉글랜드 남부 피시본에는 로마 시대의 모자이크가 있다. 로마엔 보석 같은 비잔틴교회가 몇 채 있는데 산타마리아인코스메딘은 그중 하나다.(이곳에는 우라노스로 추성되는 얼굴이 입을 벌리고 있다가 거짓말하는 사람의 손이 들어오면 문다고 알려진 '진실의 입'이 있다. 옛날의 거짓말 탐지기다.) 베네치아에 진열된 훌륭한 모자이크 작품들은 과거에 총독들이 콘스탄티노플에서 수입한 것이다. 나는 산마르코대성당과 토르첼로 및 무라노의 교회들에서 보았던, 동심원으로 이뤄진 소용돌이무늬가 있는 바닥(pavimenti)을 특히 좋아한다. 이는 회색과 흰색과 금색의 삼각형, 혹은 심청색과 버건디와 녹색의 단순한 정사각형 돌조각들을 끼워 맞추고 반들반들하게 연마한 결과다. 이렇게 미려한 모자이크를 보면 나는 바닥에 엎드려서 그 돌에 더 가까워지고 싶어진다.

　이전에 내가 방문했던 폼페이와 헤르쿨라네움, 파에스툼은 모두 나폴리 근처에 있고, 나폴리는 그리스의 식민지로서 생겨났다. 나는 비잔틴제국의 전초기지(이자 단테의 유배지)였던 라벤나에서 한 주를 보냈었고, 차를 몰고 (스릴 넘치게) 팔레르모로 갔을 적에는 팔라티나예배당 안에 들어서서 나의 길동무에게 속삭였다. "여기가 천국이네." 그러자 그는 바로 이것이 창작자들이 추구했던 효과였다고 응수했다. 천국같이 보여야 하는 교회. 하지만 난 아직도 비잔틴 모자이크의 진수를 보지 못했었다. 다프니의 수도원에 있는 것을.

다프니는 우리 기자단의 여행 일정 중에 있다가 사라졌다. 실망스러운 이 소식을 문화부 장관이 직접 전했다. "다프니에 문제가 좀 있습니다"라고 그는 말했다. 복구가 진행 중이었다. 그런데 우리의 외교관 안내원 두 명 중에서 늘 다프니를 사랑하던 '튀르크' 안드레아스는 이곳을 한 미국인이 알고 있다는 사실에 감동하여 그의 고고학자 친구에게 전화를 걸었다. 펠로폰네소스에서 비잔틴제국의 마지막 요새들을 관광하는 부수적인 일정이 있던 날에, 우리 버스는 아테네에서 11킬로미터 떨어진 곳에서 '신성한 길'을 벗어나 다프니에 있는 공원에 정차했다. 난 믿기지 않았다.

외국 기자들이 교회의 문 앞에서 환대를 받으며 안으로 들어가자 근처에서 놀던 아이들이 놀이를 멈추고 쳐다봤다. 내부는 비계가 설치되어 있어서 곡예를 가르치는 학교 같았다. 이곳이 그동안 출입 금지 구역이었던 이유가 단지 안전 문제 때문은 아니었다는 것을 나는 그제야 알게 됐다. 여태껏 여러 번 일어난 지진으로 인해 모자이크가 부서져서 그 돌조각들이 바닥에 널브러져 있었다. 필요한 복구 작업은 내가 가늠하기 어려울 만큼 방대했다. 그들은 전능한 신을 다시 조립하고 있었다. 복구 상태가 제각각인 모자이크 작품들이 벽과 궁륭천장에서 빛났다. 〈성탄〉은 양 떼와 목동들이 함께 있는 장면이었고, 〈그리스도의 세례〉에선 요르단강에 들어간 그리스도의 하체 위의 수면이 물결무늬로 표현되어 있었다. 〈최후의 만찬〉 속 사도使徒는 구세주를 중심으로 모여 있었고 〈현성용Transfiguration〉 장면도 보였다. 우리는 안내를 받으며 비계 위로 올라가 돔 속으로 갔다. 습도나 안정성을 과학적으로 측정하기 위한 짧은 끈이 군데군데 타일에 매달려 있었지만 이는 가슴 벅찬 감동을 조금도 축내지 못했다.

지진이 일어나기 전에, 이 모든 것이 온전한 상태일 때 이곳을 관람했던 패트릭 리 퍼머는 그의 책『그리스의 끝 마니』에서 "아티카 지방의 다프니에 있는 판토크라토르전능한 그리스도의 불가사의한 모자이그"에 관한 글을 남겼다. "한쪽 어깨 위로 넌지시 바라보는 그의 과대한 검은 눈동자는 차분한 손짓으로 축복하고 훈계하는 그의 오른손과 극명한 대조를 이루며 고통과 두려움, 번민과 죄책감을 자아내므로 그는 끔찍한 파멸에서 벗어나고 있는 듯 보인다. 이러한 표현에 어울리는 배경은 겟세마네 동산뿐이겠지만 이 작품은 영광스러운 그리스도-신, 무소불능하신 분의 모습이다. 굉장하고 비극적이며 신비롭고 충격적이다." 나는 판토크라토르 그리스도 바로 앞, 그의 오른손 아래쪽에 서 있었다. 내가 다닌 여행 중에서 에드 스트링엄의 파르테논 경험에 비견할 만한 순간이 있었다면 이때였다. 이때 내가 느낀 감사한 마음 덕분에 이후 나는 좀 더 수월하게 살아왔다.

아테네로 돌아온 후, 나의 여행 동반자들과 더불어 아크로폴리스에 올라 석양을 구경할 기회가 있어서 나는 무척 기뻤다. 이런 경험은 특권을 얻은 사람들만 할 수 있는 것이라서 아크로폴리스 개방 시간이 지난 뒤에 입장하는 이들을 바라보는 hoi polloi('일반 대중'을 뜻하는 그리스어)는 배가 아플 수밖에 없다. 우리는 특이하게 구성된 무리였다. 문화부와 돈독한 관계를 맺으려고 애쓰는 야심 찬 프리랜서, 미국 남부에서 온 신사적인 포도주 작가, 어퍼이스트사이드 출신으로서 미술에 대해 잘 안다고 뻐기는 속물. 모르몬교를 믿으며 라디오 방송국에서 일하는 신출내기 아가씨는 그녀의 장비를 아크로폴리스 위로 운반하고 초대형 애호박 같은 마이크를 꺼냈다. 식사 중에 포도주를 사양하던 그녀는 그리스에 취해서 한없이 기뻐했는데, 난 그런 그녀를 보니까 내 젊은 시절의 모습이 떠올랐다. 그녀는 패드가 달린 커다란 마이크를 들고서 우리의 안내원이었던—카키색 반바지에 남방 차림의—청년을 졸졸 따라다녔고, 그동안 우리는 미끈한 바위 위에 편안히 자리를 잡고 설명을 들었다. 안내원은 복구 작업에 대해 이야기했는데 그중엔 이전 시대에 잘못 복구된 것을 원상으로 되돌리는 작업도 포함되어 있었다. 미국 서부 해안 출신의 한 젊은 리포터는 별나게 생긴 노트에 자주색 펜으로 필기하고 있었는데, 난 그녀가 i의 점을 데이지꽃 모양으로 찍고 있다고 상상했고 그녀가 너무 쉽고 여성스럽게 작가로 보여서 놀랐다.

우리가 한동안 둘러본 후 떠날 시간이 되었을 즈음에 이 서부 해안 작가는 그녀의 펜을 잃어버렸다는 것을 알게 됐다. "내가 젤 좋아하는 펜인데!" 그녀는 목청을 높였다. 그녀가 그것을 찾지 못하면 아크로폴리스가 밤에도 문을 닫지 못하게 생겼다. 우리는 바위 위에서 뿔뿔이 흩어져 펜을 찾기 시작했고, 우리 중 몇몇은 우리 작가 친구의 행복을 위하여 다른 이들보다 더 긍정적이고 적극적으로 나섰다. 아까 그녀가 i의 점을 찍는 동안 내가 그녀를 지켜보았던 곳을 나는 집중적으로 살펴봤다. 그녀의 귀여운 얼굴을 감싸고 있는 까만 머리와 그녀가 두른 짧은 항아리치마가 돋보였던 곳이었다. 그녀는 어린 딸이 있는 유부녀였고 이번 여행에서 줄곧 운이 좋지 않았었다. 빈에서 갈아탈 비행기를 놓쳤고 아침에 늦잠을 잤으며 저녁엔 일찍 곯아떨어졌다. 나는 혹시나 했었는데 과연 나의 예감은 적중했다. 그녀는 임신 중이었다. 나는 이번 여행에 블랙윙연필 상표 한 통을 가져올 만큼 연필을 사랑하는 사람이라서 필기구에 대한 애착을 이해했다. 난 아래쪽을 보며 걷다가 바위틈에 숨어 있는 펜을 발견하고 무심코 "찾았어요"라고 말했는데, 이 말을 하자마자 이를 그리스어로 외칠 기회를 살리지 못해서 아쉬웠다. "Εὕρηκα!" 찾았다! 유레카!

∾

아주아주 오래된 도시는 그다지 많이 변할 것 같지 않지만 그레이터 Greater 아테네는 역동적인 거대도시다. 특히 근래에 하계 올림픽대회를 개최했고 새로운 공항을 건설하고 도시를 가로지르는 번듯한 지하철을 신설했으며 새로운 아크로폴리스박물관을 개장했다. 이 박물관은 아크로폴리스 남쪽에, 로즈메리와 백리향이 늘어선 산책로에서 조금 떨어진 곳에 있다. 입구로 향하는 넓은 경사로에서 방문객들은 바닥의 초록색 유리를 통하여 고대 유적을 내려다볼 수 있다. 내부에는 아크로폴리스에서 발견된 유물들이 긴 복도의 양편 유리 뒤에 진열되어 있다. 이 박물관은 여러 층으로 이루어졌고, 조각상들은 본래 신전에 있었던 각각의 위치를 반영하는 높이에 설치되었다. 방문객은 자연광이 비치는 곳에서 프리즈 및 메토프를 자세히 살펴보거나 바닥에서 천장까지 이어진 유리를 통해 아크로폴리스를 내다볼 수 있다. 공해를 피해 모두 실내로 옮겨진 카리아티드를 가까이에서 쳐다보면서 꼬불꼬불하게 땋은 그 풍성한 머리숱에 감탄하거나, 그들을 뒤편에서 바라보면서 그들과 함께 에렉테이온 신전의 포치에 있는 듯한 기분을 느낄 수도 있다.(아크로폴리스에 있는 카리아티드는 모두 복제품이다.) 그리스인들은 런던에 가 있는 대리석 신들과 희생될 소들과 히힝 우는 말들이 있어야 할 지점을 의미심장하게 빈자리로 남겨두었다.

내가 최근에 아테네에 머물렀던 시기는 2017년 봄인데 이때 나는 폼 나는 기자 패찰 없이 아크로폴리스에 다시 갔다. 그곳이 너무 붐비기 전에 일찍 도착하려고 서둘렀지만 내가 매표소에 도착하니 10시 15분이었다. 날은 벌써 더워졌고 아크로폴리스로 인파가 몰려들었다. 나는 군중 속에서 이리저리 부딪히며 페리클레스 시대부터 소원을 빌러 오는 사람들의 발길에 닳아서 반들반들해진 돌계단을 올라갔다. 가든파티에 어울릴 법한 모자를 쓴 일본 여자 네 명은 서로서로 팔짱을 끼고 키득거리며 군중을 헤치고 나아갔다. 한 남자는 그의 아내의 사진을 찍기 위해 내게 비켜서라고 지시했다. 사진을 망치면 안 되니까. 아무리 공손한 방문객이라도 "대리석을 만지지 마시오"라는 표지를 보면 손을 뻗어서 그 멋진 분홍빛 돌을 쓰다듬고 싶어졌다. 다프니의 수도원과 마찬가지로 복구 작업이 진행 중이었다. 파르테논에 가설된 비계 위에 그렇게 많은 일꾼이 있는 모습을 나는 처음 보았다. 신전 안에는 정방형의 하얀 양산들이 일꾼들을 위한 그늘을 드리우고 있었다. 드릴 소리가 들렸다. 기둥 드럼원기둥형 부재과 슬래브, 디스크원반형 부재가 크기와 형태별로 정렬되었고 각각이 라벨로 표시되어 있었다. 파편들의 도서관이었다. 저 위엔 레일이 있었고 기중기와 도르래, 트랙터, 돌이 가득 실린 손수레도 보였다. 현대의 기술을 차치하면, 파르테논을 처음 짓던 시절의 광경도 이와 흡사했을 것이다. 예전에 에드가 플루타르코스그리스 전기 작가의 저서를 내 책상 위에 둔 적이 있었는데 나는 그 책 속의 한 구절이 생각났다. 아크로폴리스에서 여러 해 동안 일하고 은퇴한 노새 한 마리가 날마다 현장에 나타나 젊은 노새들을 응원했다던데.

이번엔 아크로폴리스의 인파와 비계가 나를 성가시게 하지 않았다. 현대식 시설물이 나와 아테나 사이의 장벽처럼 느껴지지 않았다. 이 여신이 심었다고 알려진 올리브나무의 후손으로 아크로폴리스에서 자라고 있는 나무 한 그루를 나는 찾아냈다. 나는 인파 속에서 벗어나 쐐기 모양의 그늘에 서서 창문을 통해 일꾼들의 찻방 같은 곳을 들여다봤다. 깨끗한 하얀 방 안에 소박한 탁자와 벤치, 난로, 냉장고, 거위목형 수도꼭지가 달린 싱크대, 옷걸이용 훅이 있었다. 이게 전부였다. 나는 아테나의 주방을 보고 있는 것 같았다.

난 고소공포증이 없어서 모서리 너머로 메갈로폴리스(megalo + polis = 대도시)를 즐겁게 내려다봤다. 산언저리로 다가붙거나 바다 쪽으로 몰려가는 건물들이 보였다. 아파트는 대체로 크기와 양식이 동일했다. 6층 내지 8층으로, 야수적 혹은 공리적으로, 흰색이나 파스텔 색조의 정면에 패널로 구획된 발코니가 정렬해 있는 가운데 차양들이 덧붙어 음영을 드리우고 있었다. 지붕 위에는 파란 하마같이 생긴 소형 태양열온수기들이 설치된 와중에 TV 안테나가 삐쭉삐쭉 솟아 있었다. 오랜 세월 동안 하얀 물감이 말라붙으면서 판자처럼 켜켜로 쌓인 듯한 풍경은 이 대도시를 임파스토물감을 두껍게 칠하는 화법로 그려놓은 것 같았다. 땅 전체가 조각sculpture이었다.

이날 오전에 아크로폴리스에서 내려오는 길에 한 젊은 여자가 너무 자지러지게 웃는 바람에 그녀의 일행뿐 아니라 주위의 사람들도 모두 웃었다. 나는 군중에 섞여 계단을 느릿느릿 내려오다가 다리에 힘이 빠져서 어쩔 수 없이 대리석에 손을 대며 몸의 균형을 잡아야 했다. 그러다 문득, 아테네 아크로폴리스에 올라서 아테나 파르테노스 신전을 보기 위하여 전 세계에서 매일같이 몰려오는 인파가 경이롭다는 생각이 들었다. 게다가 아테네 사람들은 그들의 도시에서 과학적인 최선의 방법을 끊임없이 적용하면서 부지런히 유적을 고증하며 보호하고 있다. 이 또한 숭배가 아니겠는가?

바다다! 바다!

내가 처음 그리스에 흥미를 느끼기 시작했을 때 에드 스트링 엄은 내게 세 작가의 이름을 알려줬다. 로런스 더럴, 헨리 밀러, 패트릭 리 퍼머. 나는 더럴의 서정적인 책 세 권—코르푸에 관한 『프로스페로의 작은 방Prospero's Cell』, 로도스에 관한 『머린 비너스 에 대한 고찰Reflections on a Marine Venus』, 키프로스에 관한 『쏠쏠한 레몬Bitter Lemons』—을 순서대로 탐독했고, 그사이 제럴드 더럴에 대해 알게 되어 그를 에드에게 소개해줬다. 그는 로런스의 남동 생으로서, 코르푸에서 꼬마 동물학자 같았던 그의 유년기를 회 상하며 『나의 가족과 그 밖의 동물들My Family and Other Animals』이라 는 재밌는 회고록을 남겼다.(도로시 그레고리는 코르푸의 이 유명한 작가 형제를 래리로런스의 애칭와 제리제럴드의 애칭라고 불렀다.) 밀러가 로 런스 더럴의 초청을 받아서 1939년에 그리스를 방문하고 저술한 『마루시의 거상』은 제2차 세계대전 직전 그리스의 모습을 담은 무비의 걸작이다. 하지만 나의 이상적인 여행 동반자가 될 만한 사람은 영국의 작가이자 전쟁 영웅인 패트릭 리 퍼머였다. 리 퍼 머는—파우사니아스와 브루스 채트윈영국의 여행 작가 겸 소설가이 반 반씩 섞인 인물같이—호기심이 왕성하고 카리스마가 넘치며 박식하고 끈기가 있었다. 나는 그를 알게 되면서 친구를 찾았다고 느꼈다.

리 퍼머는 제2차 세계대전 중에 크레타에서 영국 육군 소속의 군인으로 처음 명성을 얻었다. 그는 크레타의 게릴라 대원들과 협력하여, 이 섬에서 나치군을 지휘하던 독일인 장군 크라이페를 납치했고 이러한 무용담은 1957년 영화 〈야간 기습Ill Met by Moonlight〉의 소재가 되었다.(이 영화는 납치에 가담했던 대원 윌리엄 스탠리 모스가 1950년에 출간한 책을 원작으로 삼았고 더크 보가드를 리 퍼머로 등장시켰는데 정작 리 퍼머는 이 책과 영화에 별로 관심이 없었다.) 리 퍼머의 글은 기억을 원동력으로 삼으면서 밀도가 높고, 박학다식한 면이 드러나면서도 사적인 서신같이 직접적이다. 우리는 이런저런 풍경 속에 그가 구부슴히 앉아서 메모를 남기는 모습을 상상하게 된다. 나중에 이 메모는 몇 단락으로 불어나고 몇 권의 책으로 나올 것이다. 영국의 여행기 장르에 속하는 작품들 속에서 대단히 매혹적인 여러 소제목을 달고서. 「타작과 키질」 「포도주같이 짙은 단어들」 「트란스니스트리아의 고양이들」. 그는 호메로스처럼 목록을 작성하는 일에—두어 가지 예시로 성이 차지 않는 듯—열중하는데 그의 목록은 점강법이 아닌 점층법을 보인다. 그는 『그리스의 끝 마니』의 처음 몇 쪽에 걸쳐서, 즉 「스파르타에서 남쪽으로」라는 소제목 아래의 글에서 전 세계에 산재해 있는 그리스인의 디아스포라 중 "이상한 공동체들"을 아흔한 개나 열거한다. "마케도니아 북쪽에서 슬라브어를 쓰는 사람들 (…) 남근상을 휘두르며 축제를 벌이는 티르나보스 사람들 (…) 이오니아 지방의 베네치아 귀족 (…) 아토스산의 은

자들 (…) 알렉산드리아의 목화 중개인들 (…) 도나우강 삼각주의 그리스인들 (…) 미스트라스의 비잔틴 사람들 (…) 케팔로니아의 광인들 (…) 미국에서 돌아온 헬로보이들."「모자이크 동물상」이라는 소제목 아래의 글에서 그는 스파르타에 있는—오르페우스, 아킬레우스, 에우로페가 등장하는—그레코로만 모자이크 바닥을 묘사하는데, 이것은 이 현대적 도시에서 현존하는 고전적 유산의 유일한 증거다. 여러분이 기억하다시피 고대에 이곳에 살았던 전사들은 펠로폰네소스전쟁에서 승리했지만 기념물을 길이길이 보존하는 경쟁에선 너무나 뒤처지고 말았다.

리 퍼머는 그리스 애호자들 사이에서, 특히 영국인들 사이에서 우상적인 인물이며 유별나게 그리스에서 인맥이 탄탄했다. 그는 1940년대에 카이로에서 만난 사진작가 조앤과 결혼하여 그녀와 함께 마니 서쪽 해안의 외딴 마을 카르다밀리(카르다**밀**리)에 정착했다. 여기서 그는 그의 저서 중 가장 널리 알려진 『선물 받은 시간A Time of Gifts』(1977)을 집필했다. 이것은 1930년대 초에 청년이었던 그가 혹판홀란트네덜란드 남서쪽 항구도시에서 콘스탄티노플까지 이어갔던 도보 여행에 관한 기록이다. 그의 여행기는 『숲과 강 사이로Between the Woods and the Water』(1986)와 『막힌 길The Broken Road』(2013)로 이어졌는데 후자는 그가 죽은 뒤에 출간되었다.(미완성 문장으로 끝난다. 인정하기 싫은 사람이 많겠지만 그는 2011년에 세상을 떠났다.) 리 퍼머는 그의 젊은 시절의 모험을 마치 망원경을 거꾸로 들여다보듯 바라보았다. 먼 옛날의 이야기를 정교한 미니어처처럼 자세하게 들려줬다.

패트릭 리 퍼머의 글은 전염성이 있다. 그의 글을 읽은 사람들은 그의 발자취를 좇고 싶어 한다. 닉 헌트Nick Hunt라는 젊은 작가가 리 퍼머의 여로를 따라서 유럽을 가로질러 4000킬로미터 남짓 걷고 『숲과 강을 지나서Walking the Woods and the Water』(2014)를 출간했다. 이후 네덜란드의 미술가 겸 탐조가 자크 그레구아르Jacques Grégoire는 그와 같은 유럽 도보 여행을 하고 〈북해에서 흑해까지〉라는 프로젝트를 기획하면서 일련의 수채화를 제작했다. 나도 나름대로 리 퍼머의 발자취를 좇기 위해서 2000년에 차를 몰고 마니반도의 해안 도로를 따라, 칼라마타에서 하데스의 입구로 알려진 테나로곶마니의 최남단까지 갔다가 되돌아왔다. 마니의 서해안 위쪽 4분의 1 지점에 있는 유명한 마을 카르다밀리에서 그가 조앤과 함께 지었던 집은 나의 상상 속에 커다랗게 자리를 잡았다. 특히 리 퍼머 부부가 그들의 집을 베나키박물관에 기증했고 이 박물관에서 그 집을 국제적인 문학 행사의 중심지 및 작가들의 주거로 활용할 계획을 세웠다는 얘기를 듣고서 나는 그 집이 더욱 궁금해졌다.

나는 문학평론지 〈TLSTimes Literary Supplement〉의 기사를 통해서 예약금 10유로를 내면 카르다밀리에 있는 그 집을 관람할 수 있다는 사실을 알게 되었다. 물론 거기까지 가려면 별도의 비용이 들지만. 그래서 2017년 3월에 내가 다시 그리스를 찾았을 때, 30년 전에 처음 왔던 에게해에 다시 와서 그때보다 더 오래 머무르겠다는 오랜 꿈을 실현하던 중에 나는 카르다밀리 주택 방문을 신청하고자 내가 그리스어로 정성껏 쓰고 나의 최근 그리스어 선생님 크리샌드가 고쳐준 편지를 베나키박물관에 보냈다. 나는 답장을 받았지만 읽기가 힘들었다. 답장이 관료적인 그리스어로 쓰였을 뿐만 아니라 그 내용이 내 마음에 들지 않았기 때문이다. 현재 이 박물관은 공사 허가를 기다리는 중이었고, 허가를 받는 즉시 그 집을 방문객들에게 더 이상 공개하지 않고 스타브로스 니아르코스재단Stavros Niarchos Foundation의 후원으로 복구공사를 개시할 예정이었다. 나는 기회를 놓칠 듯했지만 혹시…… 어쨌든 이곳은 그리스였고 공사 허가가 지연될 가능성은 있었다. 나는 그리스 신들을 믿어보기로 결심하고 카르다밀리를 나의 여행 일정에 추가한 후 일이 잘 풀리기를 기원했다.

∽

호메로스는 『일리아스』에서 카르다밀리를 언급한다. 아가멤논은 아킬레우스가 다시 트로이와 맞싸우면 그에게 이 땅을 주겠다고 약속한다.(여러분도 기억할 것이다.『일리아스』에서 아킬레우스는 줄곧 그의 천막 안에서 뚱하게 있다가, 트로이 군대의 사기를 꺾으려고 아킬레우스의 갑옷과 투구로 변장한 친구 파트로클로스가 헥토르에게 살해당하자 오직 그 원수를 갚기 위해서 출전한다.) 이 마을은 기막히게 자리를 잘 잡았다. 혹독한 기후를 막아주는—펠로폰네소스의 거대한 산으로서 마니의 끝머리까지 경사지게 이어진—타이게토스산을 동쪽에 두고 서쪽으로 메시니아만과 그 너머 펠로폰네소스 남부의 서단 반도를 향하고 있다. 서쪽에서 불어오는 바람 덕분에 카르다밀리는 겨울에도 온화하다. 아킬레우스는 아가멤논의 선물을 모두 거절했지만 다시 참전했고, 아킬레우스가 죽은 뒤엔 그의 아들 네오프톨레모스가 이 땅을 차지하러 왔다고 알려져 있다.

　리 퍼머는 카르다밀리가 언젠가 관광지가 될지도 모른다고 염려하지 않았다. 워낙 외진 곳이기 때문이다. 네오프톨레모스는 아마 보트를 타고 왔을 것이다. 근래엔 코린토스에서 반도 아래쪽 칼라마타까지 이어지는 현대식 고속도로가 생겨서 육로로 접근하기 쉬워졌다. 하지만 대담한 운전자가 아니면 칼라마타에서 꾸불꾸불한 도로를 오르내리며 카르다밀리까지 가기가 녹록지 않다. 지도상에서 이 도로는 앞뒤로 뱅글뱅글 돌아 작은창자 모양으로 보인다. 그런데 막상 굽이굽이 감도는 산길로 접어들면, 지그재그로 난 길을 통과하면서 높은 벼랑을 따라 달리다 보면 큰창자가 울렁거린다. 바다가 잠시 내 오른쪽 저 아래에 있다가 갑자기 혼란스럽게 내 왼쪽에서 나타난다. 예전에 내가 이타카섬에서 버스를 타고 뫼비우스의 띠처럼 배배 꼬인 길을 지났던 때가 생각났다. 30킬로미터쯤 가면 해수면만큼 낮은 곳에 있는 카르다밀리가 눈에 들어온다. 가장 낮은 도로에 이르러서 핸들을 오른편으로 급히 꺾으면 마을 해변을 따라 늘어선 호텔과 식당이 보이고, 그대로 왼편으로 가면 중심부를 가로지르게 된다. 바로 옆에 붙어서 서로 경쟁하는 두 식료품점, 저 아래 바닷가 낚시터로 쓰이는 부두, 바다를 내려다보는 테라스가 있는 식당들, 중심가를 따라 늘어선 카페, 신문 판매점, 올리브유 전문점 한두 개, 빛바랜 간판을 내걸고 밝은 색상(chrómata)의 페인트를 광고하는 철물점. 마을 남쪽 외곽에 위치한 칼라미트시호텔은 현지에서 산출되는 석재로 지어진, 아치형 창문들과 붉은 타일 지붕을 갖춘 궁전 같은 건물이다. 일찍이 리 퍼머는 카르다밀리의 호텔 방보다 글쓰기에 더 적합한 장소는 없다는 글을 남겼다. 그래서 나는 그의 집을 방문할 수 있기를 바라며 기다리는 동안 발코니의 전망이 기차게 좋은—올리브나무와 감귤나무가 잘 가꾸어진 과수원 너머로 바다가 바라보이는—이 호텔 방에서 묵었다.

바닷소리가 들렸다. 비둘기들이 한결같이 세 가지 음계로만 내는 소리두 들렸는데, 나 이 새소리 때문에 미칠 지경이었지만 이것을 영어 음절로 여기면서 들으니까 참을 만했다. 난 이렇게 들었다. "Your Birth Day!" 또는 "Your Broom Stick!" 감미로운 노랫소리가 나는 곳을 살펴보았더니 레몬나무에 오렌지색 부리를 지닌 까만 새가 앉아 있었다. 양의 울음소리와 염소의 방울이 짤랑거리는 소리도 들렸다. 어느 날 바로 아래층에서 블루그래스 음악미국 컨트리음악의 일종이 흘러나왔다. 마침 그 주는 카르다밀리에서 국제 재즈 축제가 열리는 시기였고 독일인·노르웨이인·미국인 음악가들이 호텔을 가득 메웠다.

호텔에는 고객 전용 해변으로 내려가는 가파른 돌층계가 있었다. 나는 대번에 총총 내려갔다. 거기서 일광욕을 즐기던 남녀 한 쌍은 나를 본체만체했다. 백발의 한 남자가 한쪽 눈을 찡그린 채 계단에서 나타나 수영할 준비를 했고 난 반사적으로 자리를 뜨려고 했다. "가실 거예요? 더 계셔도 되는데"라고 그는 억양이 심한 영어로 말했다. 나는 수영복을 가져오지 않았다고 설명했다. 사실이었다. 그리고 사실 나는 해변에 혼자 있기를 좋아한다.

내 방으로 돌아오면 다시 나가고 싶지 않았고 밖을 내다보지 않을 수 없었다. 햇빛은 저 멀리 회청색 반도 위에 분홍빛을 드리웠고 담청색 새틴보드랍고 광택이 나는 견직물 한 필을 펼쳐놓은 듯한 바다는 하늘과 짝을 이루고 있었지만, 대기의 색조는 변화가 거의 없고 표면도 없는 듯 오직 빛에 의해서 거리감이 느껴질 뿐이었다. 요 앞의 과수원에는 올리브나무의 줄기들이 요염하게 꼬여 있었다. 메시니아만에서 밀려오는 파도는 소나무와 플라타너스, 뾰족한 사이프러스로 뒤덮인 가파른 언덕 아래 바다의 끝자락에서 잦아들었다. 특히 언덕 아래의 바닷물은 진한 회색과 녹색과 청색이 어우러져 취면을 거는 듯했는데 나무의 비취색이 물에 비쳐서 그런 것 같았다. 우뚝 솟은 타이게토스산은 석양빛을 머금고 있었다. 울퉁불퉁한 회색 바위가 많은 가운데 등황색 암벽과 검푸른 빛깔이 드문드문 눈에 띄었다. 자신이 대단히 부유하다고, 자신의 살림과 수입이 아주 넉넉하다고 자부하는 사람이 남들의 집과 재산을 눈곱만큼도 부러워하지 않듯이 나는 이 호텔의 높은 돌투성이 발코니에서 바다 풍경을 즐겼다. 그 표면에 나타나는 색의 농도를 눈여겨봤다. 표면이야말로 근본적인 미가 깃드는 곳이 아니던가? 이를 받아들일 칠감seventh sense이 내게 없는 것이 아쉬울 따름이었다. 여행하는 사람은 사물에 더욱 민감해지기 마련이고 나는 아름다운 것들에 의해 역사적이고 발작적으로 휩싸이는 경험을 하는 중이었다.

나는 애써 마음을 다잡고 밖으로 나와서 신문 판매점에 주의를 기울였다. 입구 앞에 손으로 제작된 간판이 있었다. "Εφημερίδες, βιβλία!" "신문, 책!"(신문을 뜻하는 그리스어는 영어 ephemera와 관계있다. 하루만 지속하는 것.) 이 가게는 하이킹 지도와 각종 수제품도 광고했다. 계산대 뒤에 있던, 머리가 희끗희끗하고 잘생긴 주인은 나보다 앞서 들어온 독일인들을 조급하게 대하면서도 그들에게 그의 수제품들을 팔려고 했다. 단골로 보이는 늙은 마니 사람 한 명이 들어오자 주인은 자동적으로 계산대 밑으로 손을 뻗은 후 그 고객이 애독하는 신문을 탁 내려놓았다. 이 노인은 손으로 머리기사를 가리키고 신음 소리를 내면서 동전 지갑을 열었다. 그 기사는 연금이 또다시 삭감된다는 소식을 알리는 것이었다. 그리스 정부에서 자국의 부채를 줄이고 유로존 회원국의 지위를 유지하기 위하여 그리스인들의 주머니를 더 많이 털겠다는 말이었다. 이러한 시련을 겪어야 하는 그리스인들, 노년에 이르러 생활난에 쪼들리는 그들은 얼마나 괴로울까?

이 상점은 펜과 연필을 위한 진열대를 거대한 연필 촉 모양으로 설치해놓았다. 독일의 유명한 연필 회사 스테들러의 신제품을 본뜬 것이었는데 뾰족이 깎인 어뢰 같았다. 나는 이것을 사진으로 남기고 싶었지만 무턱대고 내 휴대폰을 꺼내서 그 앞에 들이대진 않았다. 난 이런저런 연필을 구경하면서 그리스어로 '사진을 찍다'라는 표현을 생각해내려고 머리를 쥐어짰다. 마침내 나는 계산대로 다가가서 주인에게 물었다. 직역하면 이랬다. "제가 당신의 큰 연필심 사진을 잡아당겨도 될까요?" 음탕한 소리로 들렸지만 그는 격하게 반응하지 않았다. 그는 ναι라는 의미로 고개를 끄덕이고 두 눈을 가늘게 뜨면서 양 손바닥을 가까이 마주 댔다. 내가 사진을 찍을 때 그 큰 연필에만 초점을 맞춰야 한다는 뜻이었다. "모든 걸 다 보여주고 싶진 않아요"라고 그는 말했다.

내가 말을 붙여본 사람들 중에서 마니의 이 신문 판매업자는 더없이 비협조적이었다. 나는 이 마을에서 나이가 많은 고객들은 어느 신문을 선호하느냐고 물었는데 그는 대답을 회피했다.

"전 여러 종류의 신문을 봐요"라고 그는 말했다. "제 의견은 제 가족만 알아요." 이것은 마니 사람들의 전형적인 반응이다. 만약 당신이 카르다밀리에서 누군가에게 식당을 추천해달라고 부탁하면 그는 어깃장을 놓으면서 한편으로 한 사람은 이 식당을 좋아하고, 또 다른 한편으로 다른 사람은 저 식당을 좋아할 거라는 식으로 말할 것이다. 그리고 당신은 어느 식당을 좋아하느냐고 되물을 것이다.

나는 이 가게에서 나의 본분을 다하고 싶었다. 이곳엔 패트릭 리 퍼머의 책이 많았다. 난 그의 이름이 그리스어로 적힌 것("Πάτρικ Λη Φέρμορ")을 보고 좋아했지만, 그의 책을 번역판으로 읽어보고 싶지는 않았을뿐더러 『침묵을 위한 시간』을 제외한 그의 모든 저서를 이미 가지고 있었다. 『침묵을 위한 시간』은 저자가 수도원에서 지낸 경험을 바탕으로 쓴 것인데 이 가게에도 없었다. 새로 나온 서간집 몇 권이 진열되어 있었지만—리 퍼머는 편지를 엄청나게 많이 썼기에—이것은 너무 무거워서 미국으로 가져가기 어려웠다. 아르테미스 쿠퍼가 저술한 전기 『패트릭 리 퍼머: 모험Patrick Leigh Fermor: An Adventure』도 마찬가지였다. 그런데 한 영세 출판사에서 출간한 『시간을 마셔라!Drink Time!』라는 얇은 책이 있었다. 리 퍼머의 스페인어 번역가로서 리 퍼머의 말년에 카르다밀리에 있는 그의 집을 방문하여 그를 만난 적이 있는 돌로레스 파야스Dolores Payás가 쓴 것이었다. 난 이것을 구입했다.

내가 떠나려고 하는데 주인이 나에게 어디서 왔고 무슨 일을 하느냐고 물었다. 나는 뉴욕에서 온 작가라고 그에게 말했다. 그는 플라톤 서표bookmark 하나를 골라 내게 주면서 말했다. "책 많이 쓰시길 바랍니다." 이 말은 내가 그리스에서 나의 저술업에 대하여 받은 축복의 최대치였다.

ↄ

내가 마니에 있는 동인 내 방의 발코니에서 바다를 바라보는 시간은 하이킹이나 수영, 운전을 하는 시간보다 많았다. 이제야 나는 한곳에 오래 머무르며 흠뻑 빠져들 수 있는 여행자로 성숙했다. 나는 발코니에서 돌로레스 파야스의 책을 읽으면서, 지금 내 눈앞에 펼쳐진 것이 오래전에 패트릭과 조앤 리 퍼머가 사랑했던 풍경과 같다는 사실을 알고서 기뻤다. 가파른 언덕을 뒤덮은 심녹색 사이프러스와 연녹색 소나무가 아래쪽 해변으로 이어졌고 올리브나무와 감귤나무가 그 주변을 둘러싸고 있었다. 리 퍼머 부부는 그들의 집을 구상하고 짓기까지 3년 동안 그들의 소유지에서 야영 생활을 했다. 리 퍼머는 매일 수영을 즐겼고, 이 호텔에 있는 것처럼 돌이 깎여 생긴 험한 계단을 통해서 해변으로 갔다. 그는 해변으로 가는 길에서 전략적인 지점들에 지팡이를 숨겨두었다. 돌로레스 파야스의 글에 의하면 리 퍼머는 언제나 문과 창문을 모두 열어놓아서 염소 한 마리가 달려와 집을 통과한 적이 있었다. 난 이것이 현지의 풍습이 아닐까 싶었다. 내가 호텔 방에 처음 들어왔을 때 발코니로 통하는 문이 열려 있었고 난 본능적으로 이 문을 그대로 열어두었다. 이 빛과 공기, 저 경치를 일순간이라도 차단할 필요가 있을까?

리 퍼머 부부는 처음엔 현지인들에게 환영받지 못했다. 리 퍼머 부부가 해변에 지어놓은 오두막집은 다이너마이트로 폭파됐다. 이 마을의 읍장은 패트릭 리 퍼머가 크레타에서 일어난 저항운동의 영웅이며 크라이페 장군을 납치하는 데 혁혁한 공을 세웠다고 알리면서 주민들로 하여금 영국인 부부를 받아들이게 만들었다. 또 그의 딸 엘피다를 보내서 이 부부의 살림을 돕게 했다. 조앤은 2003년에 카르다밀리의 자택에서 숨을 거두었다. 그녀는 고양이를 사랑했고 큰방엔 고양이를 위한 문이 따로 있었다. 그녀가 숨을 거둔 날, 그리스 고양이 몇 마리가 그녀 곁을 지켰다. 리 퍼머는 나이가 들면서—안대와 안경을 착용했고—시력을 거의 상실했지만 그의 포도주 잔을 찾지 못한 적은 없었다.

수평선을 따라 뻗어 있는 메시니아반도의 저편에, 감미로운 목소리를 지닌 네스토르그리스신화 속 노장의 고향인 모래땅 필로스Pylos가 서쪽을 향해 있었다. 네스토르는 『일리아스』에 등장하는 노인이며 (피츠제럴드의 표현을 쓰자면) 서부 항로의 지배자다. 그는 이오니아해를 지배했다. 근대사의 한 페이지를 장식한 필로스는 그리스독립전쟁 중에 영국과 프랑스, 러시아 연합군이 바다에서 터키와 이집트의 해군을 격파한 결정적인 전투(1827년 나바리노해전)의 현장으로 기억되고 있다. 만약 네스토르가 곶 위의 궁전에서 그 전황을 조감했더라면 틀림없이 그것에 관하여 하고 싶은 말이 있었을 것이다. 그는 나이가 들어 예전처럼 싸울 수 없게 되자 트로이로 가서 그리스인들의 고문이 되었다. 호메로스가 네스토르를 등장시킬 때마다 액션은 멎고 이 늙은이는 장광설을 늘어놓는다. 왕년에 "전차를 능숙하게 모는 사람"이었던 그는 파트로클로스의 장례를 위해 열린 대회 중에 전차 경주를 지연시키고 그의 아들에게 코너를 돌 때 꽉 붙잡으라고 조언한다. 흥미롭게도 그는 그가 포도주를 마실 때 사용하던 금잔을 트로이로 가져왔다. 네스토르의 잔은 유명하다. 이에 관한 『일리아스』의 기록과 이것이 금석학 연대기에서 차지하는 위상 때문이다. 나폴리 근처 이스키아에서 문자가 새겨진 도기 파편 하나가 발견되었는데, 우리가 아는 한 이 명문은 그리스 알파벳의 용례 중 극히 초기(기원전 740년경)에 속하는 것으로서 그 파편이 네스토르의 잔의 일부분이었음을 입증한다. 먼 길을 떠날 채비를 하면서 잔을 챙기는 행동은 언뜻 노인네의 기벽으로 보일 수 있겠지만, 우리가 어디에 있든 자기가 늘 사용하던 잔으로 마시면 마음이 훨씬 편안해지지 않을까? 네스토르는 트로이로 갈 때 모래땅 필로스와 함께 갔던 셈이다.

네스토르는 트로이에서 귀국하는 도중에 사고를 당하지 않았던 운 좋은 사람들 중 한 명이다. 네스토르의 노정을 다루는 이야기는 따분할 것이다. 『일리아스』에서 그의 역할은 다른 그리스인들이 겪는 굴곡과 대조를 이루는 안정된 삶을 보여주는 것이 아닐까 싶다. 당연히 그리스인들은 모두 집을 그리워한다. 전쟁터에 나가는 모든 군인은 무사히 집으로 돌아가기를 소망한다. 네스토르에 관한 이야기는 귀가하는 데 성공한 완벽한 사례다. 그의 이름이 이를 암시한다. 동사 néomai(집으로 돌아가다)에서 파생한 nóstos(귀가). 그리스인들에게 nostalgia라는 단어는 귀가를 고대하는 고통과 결부된다. 향수병homesickness. 오디세우스는 집이 그리워서 계속 전진한다.

장황하게 말하는 네스토르는 『오디세이아』에서도 중요한 역할을 한다. 멘토르(아테나)의 조언을 들은 텔레마코스는 그의 아버지 오디세우스에게 일어난 일에 대해 묻기 위하여 모래땅 필로스에 사는 그 늙은 왕을 찾아간다. "네스토르가 이야기하는 동안에 해는 하늘 저편으로 넘어가고 / 땅거미가 내리기 시작했다." 즉, 모두 하품하기 시작했다는 말이다. 네스토르의 조언을 들은 텔레마코스는 육로를 이용해 스파르타로 가서 메넬라오스와 헬레네를 만나지만 거기서 오래 머무르지 않고 왕에게 말한다. "저는 집이 그리워졌습니다." 그는 필로스로 돌아오는 도중에 그의 길동무이자 네스토르의 아들인 페이시스트라토스에게 배를 타고 떠나게 해달라고 부탁한다. 그 늙은 왕이 그에게 긴긴 작별 인사를 하면서, 도시락을 싸주고 이런저런 선물을 챙겨주면서 그를 오래 붙잡을 것이 뻔하기 때문이다.

이즈음 난 향수에 좀 젖어 있었다. 나는 3개월 동안 외지에서 지내왔고 아름다운 것들을 실컷 즐긴 상태였다. 지중해에서 특히 화창한 로도스에 한 달간 머물면서 나의 선생님의 가족이 소유한 과수원에 들어가 향기로운 오렌지를 땄고, 또 한 달 머물렀던 파트모스에서는 성목요일에 성요한 수도원을 찾아가서 세족례가 거행되는 현장 위를 드론의 형상으로 맴도는 성령을 목격한 증인이 되었다. 이후 국제적인 미코노스에서 사흘 밤을 보냈으며, 사흘 낮 동안엔 이웃한 델로스로 가서 주민이 없고 야외 박물관과 다름없으며 아폴론에게 헌정된 그 섬을 답사했다. 그리고 내가 어느새 나의 '문학의 아버지'로 여겼던 한 작가의 집을 방문하기 위하여 나는 에게해에서 이오니아해로, 노스탤지어의 발원지로 넘어왔다.

노스텔지어는 특정한 장소에 대한 그리움을 뜻하지만, 자신이 그 장소에 있었던 시간 내지 그 당시의 자신에 대한 그리움이기도 하다. 내가 에게해를 다시 찾았을 적에 발코니에 앉아서 탁 트인 전망을 즐기며 지난 시절의 내 모습을 가만히 돌이켜보니 마치 워즈워스영국의 낭만주의 시인처럼 시상이 떠오르는 순간이 여러 번 있었다. 이리저리 언탁신슬 갈이디고, 포도주간이 짙은 바다의 심연을 헤아려보고, 나보다 언어 감각이 뛰어난 사람조차도 배우다가 좌절하기 십상인 언어에 능통해지려고 노력했던 시절. 나는 그리스어와 씨름하고 또 씨름하다가, 나의 현대 그리스어 실력은 지난 1985년에 나의 두 번째 그리스 여행에서 정점에 달했었다는 사실을 깨달았다. 그때 나는 이오니아해에 있는 케팔로니아섬에서 투피스 수영복을 입어보고 탈의실 밖으로 나오면서 여점원에게 즉흥적으로—어려운 그리스어 형용사에 여성 어미를 붙여서—말했다. "Είμαι παχιά.(난 뚱뚱해요.)" 여점원은 소리를 길게 늘여서 "Οοοχι!(아니에요오오!)"라고 말했고, 그 수영복을 팔았다. 햇볕에 그은 내 몸통 중앙의 보송보송한 피부엔 물결무늬가 생겼다.

나는 그리스어를 많이 알았지만, 내가 현대 그리스어를 할 줄 알았다고 말하거나 고전학자라고 자처하지 않겠다. 난 그리스어를 사랑한 만큼 사용하진 않았다. 나의 머릿속은 침전물이 쌓인 강바닥 같았다. 긴 세월 동안 퇴적된 여러 지층에서 간간이 무언가 떠올랐다. 나는 고대나 현대의 그리스어에 통달하지 못했지만 이 언어의 특성과 유형, 이 언어가 알파벳을 절용하며 그 스물네 가지 문자로써 사람이라면 말하고 싶을 만한 모든 것을 기록하는 방법을 언뜻언뜻 알아챘다.

아무래도 이번이 나의 마지막 그리스 여행이 될 것 같았다. 이것은 명백히 최근이자 최장 여행이었다. 한때 나는 여기서 1년 동안 있으려는 욕심을 품었다. 하지부터 동지까지, 춘분부터 추분까지 있다가 다시 하지에 돌아오고 싶었다. 하지만 이제 생각해보니 그러면 망명한 기분이 들지 않을 것 같았다. 나는 패트릭 리퍼머와 공통점이 있었다. 나도 젊은 시절에 그리스를 꽤 돌아다니며 추억을 쌓았기에 대가연하면서 나만의 목록을 작성할 수 있었다. 성지주일에 코르푸 구시가에서 성스피리돈St. Spyridon의 미라가 담긴 유리관glass coffin을 주민들이 곧추세워 경쾌하게 흔들면서 거리를 지나다니는 모습.(도로시 그레고리는 "부활절에 코르푸보다 볼거리가 많은 곳은 없어"라는 글을 내게 보냈었다.) 내 친구 폴라와 같이 낙소스에 갔다가 길을 잘못 들어서 우연히 금강사金剛砂 광산촌을 돌아보고(이곳을 누가 알았으랴) 협곡에서 광물을 끌어올리는 낡은 리프트 설비에 감탄한 후, 도로의 끝에 이르러 하얀 자갈이 깔린 리오나스 해변 위로 미끄러지듯 들어가서 보았던, 수정같이 반짝이는 바다와 밖에 나와 손을 흔들며 우리를 반겨준 현지인들. 키프로스 산속의 보잘것없는 호텔 방에서 자다가 웬소리에 깨어 바깥을 내다보았을 적에 길 건너 kafeneíon에서 새처럼 지저귀고 있던 그리스 남자들. 완벽한 타베르나를 찾기 위해 나의 그리스 애호가 친구 신시아와 함께 차를 타고 질주하며 보았던 안티파로스의 풍경. 아테네의 교통 체증 때문에 멈춰 있던 버스 안에서 '튀르크' 안드레아스가 스타벅스를 싫어하는 이유를 말했을 때("네스카페를 안 파니까요") 그와 함께 웃었던 순간.

내가 가보고 싶은 곳은 아직도 많았고—시프노스, 키티라, 포로스, 폴레간드로스, 니시로스, 스페체스, 이드라—나는 그리스어에 능통하기 위한 노력을 멈추지 않을 작정이었다. 그렇지만 나도 텔레마코스처럼 집이 그리워졌다는 말이 나오려 했다.

∼

마침내 나는 패트릭 리 퍼머의 집을 방문해도 좋다는 말을 들었다. 앞서 나는 베나키에 다시 (이번엔 영어로 쓴) 편지를 보냈었고 실로 그 공사 허가가 연기되었다는 답신을 받았다. 집 안에 있던 서적과 가구는 반출된 상태였지만 아직 공사가 시작되지 않았고 방문을 요청하는 사람들이 많았기 때문에 베나키에서 관람을 허용하고 있었다. 나는 신경 써서 차려입었다. 야구 모자 대신 챙이 넓은 모자, 스포츠 브라 대신—아테나에게 어울릴 법한 흉갑처럼 느껴지는—단단한 와이어 브라, 나한테 꼭 맞는 까만 바지, 파란색 상의 위에 청록색 셔츠, 샌들 대신 하이킹 부츠. 나는 작은 숄더백 하나만 들고 여기에 내 선글라스와 휴대폰, 공책, 지갑을 넣었다. 이게 전부였다. 선크림이나 해수욕 용품은 없었다. 이것은 진지하게 일심으로 수행할 임무였다. 나는 올리브 과수원을 가로질러 지름길로 갔다. 나무들 주위에서 노란 나비들이 나의 부푼 기대감을 아는 듯 팔랑팔랑 날아다니고 있었다. 감성적 허위! 나는 길에 널린 것을 보고 처음엔 동물의 배설물이라고 생각했는데, 새끼 양을 코로 밀어 길섶으로 보내는 어미 양을 지나치는 순간 내 위로 오디를 한가득히 달고 있는 뽕나무가 보였

245

다. 나는 오디를 맛본 후 그 집을 관리하고 있는 엘피다 벨로지아니 씨에게 선물하려고 내 모자 속에 조금 담았다. 그녀는 리 퍼머를 위해 일했던, 그리고 돌로레스 파야스의 책에 소개되었던 바로 그 엘피다였다. 베나키에서 그녀를 관리인으로 계속 고용해왔다.

내가 도착했을 때 독일인 남녀 한 쌍이 와 있었다. 잠시 후 내가 호텔에서 아침을 먹다가 보았던 수다스러운 영국인 남녀 한 쌍이 차를 몰고 나타났다. 바깥에 주차된 회색 자동차 한 대는 타이어의 바람이 빠지고 지붕의 칠이 벗어진 상태였다. 나중에 우리가 들은 설명에 의하면 이것은 리 퍼머가 그의 손님들의 편의를 위해서 마련해둔 차였다. 집의 외벽에는 파랗게 칠해진 두짝 문들이 있었고, 창살이 달린 작은 창문들은 키가 큰 사람이 들여다볼 수 있을 만큼 높지막한 위치에 있었다. 이 파란색은 내가 마니에서 자주 봤던 색조였다. 연청색, 연녹색, 연회색의 완벽한 혼합. glaucous! 그리스를 여행하는 동안 나는 닫힌 문 밖에 서서 실망한 적이 잦았다. 우리가 열 수 없는 문은 차라리 없느니만 못하다. 하지만 지금 문설주 사이로 엘피다가 보이는 이런 열린 문은 이전까지 차단되었던 넓은 세계로 우리를 초대한다. 엘피다는 밑동이 회색을 띠는 빨간 머리를 지녔고, 그녀가 입은 검은 특대형 티셔츠에는 키스하는 모양의 큼직한 입술 세 개가 청록색, 복숭아색, 군청색으로 찍혀 있었다.

우리는 안으로 들어섰지만 아직 실외에 있었다. 돌로 만든 아치가 있는 통로를 지나갔는데 지붕은 없었고 바닥엔 자갈로 제작된 모자이크가 있었다. "기카가 이 모자이크를 디자인했어요"

라고 엘피다가 손짓하며 영어로 말했다.("기카가 누구예요?"라고
영국 여자가 내게 물었다. "화가요"라고 나는 우월감을 느끼며 말했다.
니코스 기카Nikos Ghika와 그의 아내 티기—안티고네의 애칭—는 리 퍼머
부부의 친구였다. 기카는 아테네에 있는 자택을 베나키에 기증했다. 그
집은 현재 스튜디오 박물관으로 쓰인다.) 벽에도 기카의 작품이 붙
박여 있었다. 회반죽벽에 놀로 소각된 열 쿨이 박혔는데 그 둘레
엔 붉은색 점선이, 그 밑에는 손으로 쓴 "ΠΡΟΣΟΧΗ!(조심!)"라
는 단어가 있었다. 창틀이 있었음 직한 공간에는 물고기를 잡으
려고 뒷다리로 서 있는 고양이(어쩌면 여우) 한 마리가 연한 파란
색과 갈색 분필로 점묘되어 있었다. 카르다밀리의—사실상 마
니 전역의—집들은 현지에서 구한, 즉 타이게토스산의 채석장에
서 캐낸 돌로 지어졌다. 길가에서 나무망치와 정을 이용하여 돌
을 거친 블록들로 절단하는 남자들을 나는 본 적이 있었다. 코츠
월즈잉글랜드 중서부 구릉지대에 돌로 지은 시골집들, 시칠리아의 노란
사암, 카타니아의 검은 화산암이 예시하듯, 유럽인들이 현지에
서 얻은 돌로 집을 짓는—산중에서 채석한 것을 블록으로 가공
하고, 흙을 파내고 이겨서 벽에다 꼼꼼히 벽토를 바르는—방식
은 참으로 토착적이다. 마니에서 시공자들은 돌에 재미난 표시
를 남기거나 벽에 자화상을 끼워 넣는다. 리 퍼머는 한 창문 주변
의 암석에 조가비들을 박아놓았다. 문 옆에 위치한 좁다란 수직
벽감 안에는 유리 선반이 있었고 그 뒤편의 거울은 그곳을 들여
다보려는 사람을 비췄다. 아케이드 형태의 복도에 면한 문들은
침실과 주방, 아래층으로 가는 계단으로 통했다. 엘피다는 큰방
의 문을 열었는데, 난 파야스의 책을 통해서 이곳이 조앤의 방이

었다는 사실을 알고 있었다. 누군가 방바닥 쪽에 작은 거울을 놓아두어서 고양이가 드나드는 문은 막혀 있었다. 리 퍼머는 별채에 있는 작업실에서 잤다.

거실과 식당은 매우 넓었다. 한쪽 끝에 내민창이 있었고 이것과 나란히 놓인, 얇은 매트리스가 깔린 낮은 붙박이 연단은 심포지엄에 적합할 듯했다. 모든 벽면에는 곧 부서질 것 같은 서가들이 솟아 있었다. 복구공사를 앞두고 책들은 베나키로 옮겨져서 여기에 없었다. 벽난로의 화구를 장식하는 불꽃 모양은 이스탄불의 이슬람 사원에 쓰인 건축 문양을 본뜬 것이었다. 엘피다는 집주인의 취향을 설명하면서 "그는 여행가였어요"라고 말했다. 천장은 우물반자로 장식된 나무였고 바닥은 돌이었다. 거실 한가운데에는 반암斑岩으로 만든 뾰족뾰족한 별 모양의 돌판이 있었다. 독일인들 중 한 명은 "우리 이거 가져가자"라고 농담을 던졌다.

왜 나는 여기에 오고 싶어 했을까? 무엇을 보려고 했을까? 어째서 나는 이 집을 통해서 그리스 애호가들 중의 애호가 패트릭 리 퍼머를 더욱 잘 알게 될 거라고 기대했을까? 리 퍼머는 매우 사교적이었다. 그는 카르다밀리가 더 외진 곳이라서 크레타 대신 이곳을 선택했다. 만일 그가 크레타에 살았으면 한 작품도 끝내지 못했을 것이다. 나는 서가에 책이 없어서 아쉬웠지만 가구가 없으니 오히려 좋았다. 나는 엘피다에게 음료 탁자는 어디에 있었느냐고 물었다. 돌로레스 파야스는 그 탁자와 무한히 제공됐던 포도주에 관해 서술했었다. 네메아 레드. 그래서 내가 이곳을, 이 집을, 펠로폰네소스의 이 곳을 좋아했나 보다. 여기서 드러나는 그리스의 특성을 나는 가장 흠모했다. 검소하면서도 후한 곳.

바닥이 돌과 자갈 모자이크로 포장된 정원에는 로즈메리가 우거진 화단과 올리브나무들을 빙 둘러싼 나무 벤치가 있었다. 석조 벤치는 정원의 저 끝자락을 에워싸며 바다와 맞닿은 비탈 위에 있었고, 나의 호텔 발코니에서도 보이는 그 우뚝우뚝한 소나무와 사이프러스가 왼편을 감싸고 있었다. 이 근처 어딘가에 해변으로 내려가는 계단이 있다는 것을 나는 알고 있었다.

우리가 바깥을 구경하고 다시 집 안으로 들어올 때까지 엘피다는 참을성 있게 기다렸다. 바스Bath에서 온 영국인 커플은 지금 관람료를 지불해도 좋겠느냐고 물었다. 1인당 5유로라고 엘피다가 말했는데 난 10유로짜리 지폐밖에 없었고 그녀는 잔돈이 없었다. 나는 기꺼이 나머지 5유로를 기부하겠다고 말했지만 그녀는 "그럼 제가 또 영수증을 작성해야 돼요"라고 불평하며 그녀의 호주머니에서 잔돈을 꺼내 내게 주었다. 난 이곳을 최대한 오래 둘러보며 내가 가져온 오디를 그녀에게 권했다.(그녀는 예의상 한 개를 집었다.) 나는 인칭대명사를 잘못 써서 "Είναι δύσκολο να φύγει"라고("저는 떠나기가 쉽지 않네요" 대신 "그는 떠나기가 쉽지 않네요"라고) 말했다. 그녀는 그냥 넘어갔다.

∞

이후 나는 리 퍼머의 집에서 길을 따라 내려와 칼라미트시 마을 해변으로 갔다. 주먹만 한 돌들이 깔려 있어서 걷기가 힘들었다. 나는 달가닥달가닥 걸어서 나의 호텔 쪽에 있는 큰 바위들로 향했다. 저 바위들을 지나서 더 갈 수 있는지 알지 못했지만 난 언제나 모퉁이 뒤에 있는 것을 보아야 직성이 풀리는 성격이고, 게다가 리 퍼머의 해변으로 이어지는 돌계단을 계속 찾고 싶었다. 내가 조심스레 바위들을 돌아서 뒤쪽으로 가보니 호젓한 후미에 사이프러스 세 그루가 서 있었고 그 반대쪽은 바위들로 막혀 있었다. 그런데 거기에, 이끼로 뒤덮인 곳에 절벽을 깎아 만든 좁은 돌계단이 있었고 세 번째 단에는 맹꽁이자물쇠가 달린 문도 있었다. 이것은 리 퍼머의 계단이었고 내가 있는 해변은 그가 매일 수영하던 곳이었다.

나는 편안한 바위 위에 자리를 잡고 풍경을 바라보았다. 바위, 바다, 사이프러스, 앞바다의 섬. 여기 아래 해변에도 노란 나비들이 있었다. 나는 수영하고 싶어서, 호텔 발코니의 빨랫줄에 걸려 있는 내 스피도Speedo 수영복을 떠올렸다. 내의만 입고 수영할 수도 있었지만 그러고 나면 호텔까지 걸어가는 동안 불편할 것이 뻔했다. 나는 용기를 내기로 결심했다. 그렇다, 독자 여러분. 나는 셔츠, 부츠, 바지, 브라와 팬티까지 벗고 돌바닥을 살살 걸어가서 물속에 풍덩 엎드렸다. 이렇게 상쾌한 장소에서 헤엄치며 노니까 신이 났다. 저 앞의 수면에 잔물결이 이는 곳엔 틀림없이 암초가 있었겠지만 님프 합창단이 물장구치고 있다는 생각이 절로 떠올랐다. 물에서 일어나는 모든 움직임이 활기차고 의도가 있으며 개성이 넘쳐 보였다. 어떤 신이나 괴물이 금방이라도 물속에서 불쑥 솟아오를 것 같았다. 나는 큰 바위들 중 하나를 돌면서 헤엄치다가 동굴 하나를 발견했는데 그리로 빨려 들어가는 물이 희한한 소리를 냈다. 난 그 속을 탐사하진 않았다. 딸랑딸랑하는 방울 소리가 들려서 그쪽을 쳐다봤더니 높은 바위에서 물가로 뛰어 내려오는 염소 몇 마리가 보였다. 난 흐뭇했다. 이때껏 내가 물속에 몸을 담근 채로 염소를 본 적은 없었다. 나는 다시 해변까지 헤엄친 후 축축한 돌무지를 기어올라 아까 내가 앉았던 바위로 돌아와서 미풍에 내 몸을 말렸다. 수영하고 나니까 긴장이 풀리고 누군가 저 험난한 바위들을 넘어올까 봐 걱정했던 마음도 싹 사라졌는데, 내가 고개를 들었을 때 아까 내가 왔던 길 쪽에서 머리가 검고 배낭을 메고 등산화를 신고 다가오는 한 젊은 남자가 보여서 나는 소스라치게 놀랐다. 난 비명을 지르고 내 셔츠를 움켜쥐어 내 앞을 가렸다. "잠깐만요!" 나는 소리쳤다. "저 혼자 있는 줄 알았어요!" 그는 괜찮다는 듯, 가슴은 훌륭하니 가릴 필요가 없다고 말하는 듯한 몸짓을 취했다. 그는 나를 지나쳐서 저리로 가더니 그의 옷을 벗고 물속으로 걸어 들어갔다. 그러고 조금 텀벙댔지만 온몸이 잠길 만큼 깊이 들어가진 않았다. 나는 그를 쳐다보지 않으려고, 아니 훔쳐보다가 들키지 않으려고 노력했고, 그가 물 밖으로 나온 뒤에는 곁눈질하며 보았다. 그가 배낭에서 스케치북을 꺼내어 해변에 앉아 머리를 숙인 채로 한동안 무언가를 그리거나 적는 모습을.

이 젊은 남자가 옷을 주섬주섬 챙길 즈음에 나도 내 바지와 셔츠를 입고 내의를 내 모자 속에 넣었다. 나는 옷을 다 입은 상태로 그에게 머리를 끄덕이며 잘 가라고 인사했고, 그가 내 뒤편으로 돌아서 떠난 후에 나도 곧 그가 지나간 길로 걸어서 나왔다. 나는 해변에서 알몸인 채로 남의 눈에 띄었다. 무지무지하게 당황스러운 일이었다. 해수욕 중에 옷을 도둑맞아 빨가벗고 돌아가야 하는 처지는 아니라서 그나마 다행이었다. 만일 그랬다면 마치 꿈속을 헤매듯 올리브나무들 사이로 숨어 다니면서, 지나가던 목동이 내게 양모라도 빌려주기를 바랐을 것이다. 숲속에서 아르테미스나 아프로디테가 목욕하는 모습을 우연히 목격한 인간들이 등장하는 신화를 나는 생각해봤다. 나의 나체와 닮은 누드화는 루치안 프로이트독일 태생의 영국 화가의 초상화뿐이었다. 하지만 끔찍한 일은 일어나지 않았다. 내가 겪은 상황은 일말의 죄책감이나 수치심도 남기지 않았다. 펠로폰네소스에서 내가 해변에 알몸으로 앉아 있어도 신경 쓰는 사람은 없었다. 패트릭 리 퍼머의 해변에서 나는 그리해도 괜찮았다.

호텔로 돌아오는 길에—내가 머리에 쓰지 않고 손에 쥐고 있던—내 모자에서 계속 진동이 느껴졌는데 나는 내 휴대폰 때문에 그럴 거라고 생각했다. 하지만 내 휴대폰은 공책, 지갑, 안경과 함께 내 숄더백 안에 있었다. 나는 호텔 방으로 들어가기 전에 모자를 낮은 돌담 위에 거꾸로 놓고 내 속옷을 끄집어냈다. 그 순간 노란 나비 한 마리가 힘차게 정원으로 날아갔다.

감사의 글

새벽의 장밋빛 손가락들이 우리 동네에서 아크로폴리스로 알려진 건물들의 꼭대기에 닿는 지금, 나는 이전의 모든 작가와 여행자, 학자, 번역가, 그리스 애호가에게 사의를 표하고 싶다. 내가 쓴 모든 단어의 이면에서 그들은 대략 3000년에 걸친 언어와 학식에 맞먹는 가치를 지니고 무수히 도열해 있다.

많은 사람들이 이 책에 각별한 관심을 기울였다. 우선 노턴 W. W. Norton 출판사의 담당 편집자 맷 와일런드는 내게 그리스에 관한 글을 써보라고 제안하여 뜻밖의 기쁨을 주었고, 참을성 있게 혼돈 상태를 정리해줬으며, 그리스어 단어도 한 개 익혔다. (ο ράφτης재봉사!)

그다음 애비타스 크리에이티브 매니지먼트의 데이비드 쿤과 더불어 네이트 무스카토와 베키 스워른은 옛것에서 새것을 창출하는 재미를 공유했다.

나는 곳곳에서 도움을 받았다. 코르푸 출신의 도로시 그레고리는 끊임없이 격려하는 선생님으로서, 그녀와 함께한 모든 이들의 기억 속에 살아 있다. 또 다른 인자한 선생님 크리샌드 필리파르도스는 아스토리아에 있는 그녀의 집으로 나를 초대했고 로

255

도스에 있는 그녀의 마을로 나를 보냈다. 케팔로니아의 코스타스 크리스토포라토스는 나의 어색한 그리스어를 친절히 고쳐주었다. 애디론댁산맥의 산중에 살고 있는 피터 빈은 그리스어와 그리클리시에 대해 내게 조언했다. 신시아 코츠는 현대 그리스어에 관한 그녀의 전문 지식을 가끔 아시르티코그리스산 백포도주를 한 병씩 곁들이며 공유했다.

프린스턴대학교의 프로마 자이틀린은 과거에서 출현했다. 로라 슬래트킨과 찰스 메르시에는 그들의 풍부한 지식으로써 나를 구제했다. 메인미국 동북부 연안의 주 해안에 사는 캐럴라인 알렉산더는 고전학자, 작가, 주인으로서 세 가지 의무를 다했다.

팩트체커 보비 베어드와 교열자 엘리자베스 매클린은 내가 낭패를 당하지 않게 해주었다. 존 맥피는 키프로스와 아크로폴리스의 지질地質에 관한 기록을 제공해줬다. 존 베넷과 니콜라스 니아르코스, 브루스 디온스는 결정적인 시점에 열정을 쏟았다. 닉 트로트와인과 도로시 위켄던은 내가 찾던 이름들을 알려줬다. 에드워드 스트링엄에게 받은 선물들은 늘 나의 서가에서 도움이 되었다. 그리고 〈뉴요커〉와 어드밴스 퍼블리케이션스에서 나의 그리스어 학습을 후원했다는 사실을 잊지 말자. 난 그들이 그리한 것을 후회하지 않기를 바란다.

로도스에서 나는 에게해대학교의 엘레니 스쿠르투와 바실리아 카줄리의 친구가 되었다. 아테네에선 유게니아 치르치라키와 게오르게 콜리바스가 나를 응원했다. 리처드 무어도 그랬다. 그리스에서 나와 가깝게 지낸 친구들이 있다. 낸시 홀요크, 드와이트 앨런, 카를 로어, 데니스 로디노, 샘 로디노, 고故 빌 기퍼드,

그레고리 맥과이어, 힐러리 킹엄, 폴라 로스스타인, 신시아 코츠(또!), 안젤리카 그레버(일명 파트모스의 애나). 케빈 콘리는 2012년에 데버러 지스카, 크리스티 마이너스, 제임스 커너웨이, 안드레아스 스타마티우, 안드레아스 스피루와 함께하는 여행을 기획했다. 이 여행을 계기로 나는 베나키박물관의 미르토 카우키 부인과 연락을 주고받았고 마침내 카르다밀리로 향했다.

내슈빌에서 내게 영감을 주었던 린 바흘레다, 애니 프리먼, 앨런 르콰이어, 웨슬리 페인. 나는 프린스에드워드섬에서 열린 빅토리아 문학 축제에 참여하여 팸 프라이스, 린다 길버트, 에마 프라이스, J. C. 험프리스, 모 더피 코브, 렉시와 레아 우드를 만나서 대화를 나누었고 이들 덕분에 그리스 알파벳을 재발명했다. 메리엄웹스터 소속의 피터 소콜롭스키는 나의 은인이다. 안드레아 로첼라는 그의 고향 시칠리아에 관한 지식을 전해주었다. 뉴올리언스의 존 포프는 '피 베타 카파'에 대한 견해를 밝혔다. 자코데 그루트는 스키로스와 암스테르담에서 책과 발췌한 신문 기사를 보내주었다. 나는 뉴욕에 돌아온 이후 FIT뉴스룸의 린다 앵그릴라이 덕분에 힘을 냈다. 또 나와 죽이 잘 맞은 만성한 라틴어학자 앤 패티, 교육자이자 평생 그리스 애호가 신디 콜더, '불꽃 지킴이' 수재나 코피. 조지 깁슨은 니컬러스 후메스와 나를 연결해줬고, 노린 토마시는 나를 일레인 무어 허시에게 소개해줬다. 월터 스트라콥스키는 뜻밖에 유용한 책들을 나의 문 앞에 놓아두었고, 제인 슈램은 그 책들을 우편으로 보내줬다. 그리고 나는 에슬리 샘버그와 함께 일한 시간을 잊지 못할 것이다.

노턴 출판사는 내게 많은 축복을 내렸다. 줄리아 리드헤드, 낸시 팜퀴스트, 돈 리프킨, 잉수 리우, 애나 올러, 에린 시네스키 로 벳, 댄 크리스티앤스, 자리나 파트와, 레미 콜리에게 특별히 감사 드린다. 화려한 표지를 제작한 닉 미사니에게도.

타호^{미국 서부에 있는 호수} 소녀들(메리 그림, 수전 그림, 트리시아 스프링스터브, 크리스틴 올슨)은 주의 깊은 검토와 훌륭한 비평으로 언제나 나의 글을 발전시킨다. 켈리스아일랜드 동아리(찰스 오번도르프, 제프 건디, 도나 자렐, 수전 카펜터, 로라 월터, 재키 커민스)는 나의 고향 같은 이리호에서 내게 의지가 되어준다.

오랫동안 우정을 쌓아온 친구들에게도 고마움을 느낀다. 데니스 로디노, 클랜시 오코너, 앤 골드스타인, 엘리자베스 피어슨그리피스, 토비 앨런 슈스트, 에밀리 넌, 댄 코프먼, 샤론 캐머런, 배럿 맨덜, 앨리스 트루액스, 재닛 아브라모비츠, 비키 데자르댕, 라디 델라이라, 퍼넬러피 로랜즈, 캐슬린 화이트, 페니 린 화이트, 비키 라브, 낸시 우드러프 해밀턴, 그리고 세상을 떠난 린슬리 캐머런 미요시.

나의 오빠 마일스는 나의 첫 번째 글쓰기 선생님을 자처했고 라이시엄에서 내게 그리스어 단어를 처음으로 해석해줬다.("유레카!" "너 냄새나!") 내 여동생 디스는 항상 나를 솔직하게, 분발하게 만든다.

나를 그리스로 이끈 노리스

나는 이 책을 번역할 기회를 주저 없이 잡았다. 한 해 전에 메리 노리스의 첫 저서를 번역했었기에 은근히 자신감이 있었다. 난 이제 메리 노리스에 대해 꽤 많이 알고 있다고, 그러므로 이번 작업은 한결 수월할 거라고 믿었다. 그런데 막상 뚜껑을 열어 보니 나의 자신감은 무지에 근거했다는 것을 깨닫게 되었다. 노리스는 여기서 홀연 그녀의 색다른 면모를 드러낸다.『뉴욕은 교열 중』은 그녀의 직업적 특기에 관한 내용이 주를 이루지만『그리스는 교열 중』은 무엇보다 그녀의 문화적 취향이 흠뻑 배어 있다. 전자는 빙산의 일각이다. 전자가 노리스의 에고ego라면 후자는 이드id다.

내게 이 책은 오디세우스의 모험담을 방불케 했다. 노리스가 그리스어 알파벳을 찬찬히 설명해줄 때에는 기나긴 모험을 떠날 채비를 차리는 기분이 들었고, 이 깐깐한 교열자가 뜬금없이 연극 무대에 섰을 때에는 그녀의 폭넓은 '외도'가 무척 의외로웠다. 특히 그녀의 가족에게 일어난 비참한 사건을 담담한 어조로 (고대의 신화를 들려주듯) 서술한 대목을 통과하는 동안에는 한 자 한 자 옮기기가 벅차서 여러 번 쉬어 가야 했고, 그녀가 바다에서 알몸으로 수영하는 동안에는 행여 누가 나타나면 어쩌나 싶어서 가슴을 졸였다.

나는 이 책을 번역하면서 그리스에 꼭 가보고 싶은 마음이 생겼다. 책장이 넘어갈수록 그 마음은 더욱더 간절해졌다. 그래서 본문 번역을 마치고 약간의 용기와 시간을 내서 그리스에 왔다. 좀 더 따뜻할 때 왔으면 더 좋았겠다는 생각도 들지만 너무 붐비지 않아서 좋은 점도 많았다. 나는 지난 열흘간 이 나라의 몇몇 도시와 섬을 여행하면서, 노리스가 기록한 것들과 조우하는 순간에 특별한 기쁨을 느꼈다. 비행기 바퀴가 활주로에 닿자마자 환호하며 박수를 치는 그리스인들, 아크로폴리스 언덕을 오르던 중에 맡았던 솔향기, 얼음과 만나면 우윳빛으로 변하는 우조, 유적지나 골목길을 배회하며 사람들을 여유롭게 대하는 개와 고양이, 그리고 배를 타고 산토리니와 근처의 화산섬을 오가며 보았던 γλαυκός! 나의 궁금증이 풀렸다. 메리 노리스가 왜 그렇게 바다의 색깔에 대한 이야기를 많이 했는지, 왜 바다색을 이야기하면서 회색을 말했는지, 왜 바다의 표면을 따로 강조했는지 나는 비로소 알게 되었다. 육지에서 멀어지는 배에서 바다를 바라보면 그 표면이 정말 회색으로 변한다. 신화 속 아테나의 눈동자 색깔을 보여주듯 광채를 발하는 회색 물결이 넘실대는 가운데 바다의 속살이 연한 파란색을 띠며 여기저기 드러난다. 내가 난생처음 보는 묘한 빛깔이었다. 갑판 위에 앉아서 종일토록 바라보아도 지루하지 않을 것 같았다.

내가 만약 이 책의 번역을 맡지 않았다면 나는 이렇게 선뜻 그리스를 여행할 결심을 하지 못했을 것이다. 어쩌면 영영 못했을 수도 있다. 그리스의 다채로운 면을 속속들이 기술한 메리 노리스에게, 그리고 그녀와 나를 책으로 연결해준 마음산책에 감사를 드린다. 그리스신화에 관한 나의 부족한 지식을 수시로 보완하여 번역에 큰 도움을 주었을 뿐만 아니라, 나와 더불어 그리스 여행을 계획하고 함께한 현이와 세이, 동윤에게도 고마운 마음을 전한다. 귀국을 앞둔 지금, 일전에 아테네 판아테나이코 겨기장 내부의 통로에서 보았던 표어 하나가 떠오른다. "Η περιήγηση μας συνεχίζεται.(우리의 방랑은 계속된다.)" 이 여행이 끝날지라도 나의 방랑은 계속될 것이다.

2019년 2월 아테네에서

김영준

책·편·매체·영화·프로그램·곡명